EUの規制力

遠藤 乾・鈴木一人【編】

日本経済評論社

目　次

序　章　EUの規制力──危機の向こう岸のグローバル・
　　　　スタンダード戦略……………………………………遠藤　乾　1

　　　1　越境する標準と規制──グローバル化時代の政治学　1
　　　2　EU──標準・規制分野における知られざるパワー　4
　　　3　本書の構成　8

　第Ⅰ部　EU規制力の論理，手法，起源

第1章　EUの規制力の定義と分析視角………………鈴木一人　17

　　　はじめに　17
　　　1　「規制力」の定義とその源泉　20
　　　2　「規制帝国」と「規制力」の関係　28
　　　3　「規制力」の分析視角　30
　　　おわりに　33

第2章　EUの規制力と法………………………………中村民雄　37

　　　はじめに　37
　　　1　EUの規制力の性質分類と法的発現の関係　37
　　　2　EUの規制力と法の役割　45
　　　おわりに──ヨーロッパ流の正義感を示し，公共善を求める
　　　　　　　　法　56

第3章　EU規制力の史的形成 ……………………… 川嶋周一 63

    はじめに──EU規制力の歴史的形成をどこに求めるか　63
    1　規制による統治構造の生成──コミトロジーの誕生と展開　65
    2　コミトロジーの「変質」　72
    3　コミトロジー手続による規制力の強化　78
    おわりに　80

第4章　EUの標準化戦略と規制力 …………………… 臼井陽一郎 87

    はじめに　87
    1　標準化の政治　88
    2　シングル・マーケットを作る標準化　90
    3　グローバル経済戦略のための標準化　94
    4　ISOにおけるEUのプレゼンス　99
    おわりに　104

第Ⅱ部　グローバル市場におけるEU規制

第5章　EU競争法の対外的な規制力 ………………… 青柳由香 111

    はじめに　111
    1　域内市場法としてのEU競争法　112
    2　EU競争法の重要性・実効性　112
    3　EU競争法の国際的な運用　119
    おわりに　124

第6章　国際貿易を通じたEUの規制力
　　　――「動物福祉」貿易制限の評価と意義 ……… 関根豪政　129

　　はじめに　129
　　1　EUアザラシ製品事件　131
　　2　WTO協定上の評価　135
　　3　WTOにおける判断の意義　138

第7章　EUの環境政策と規制力 ……………………… 臼井陽一郎　145

　　はじめに　145
　　1　環境規範のグローバルな追求　146
　　2　EU排出量取引制度の場合　150
　　3　経済戦略としての環境規制　153
　　おわりに　157

第8章　国際金融ガヴァナンスにおけるEUの規制力
　　　――リーマン・ショック後を中心に ……… 浅野康子　161

　　はじめに　161
　　1　EUの規制力　161
　　2　リーマン・ショック後のEU――グローバル，
　　　　リージョナルなリーダーを目指して　164
　　3　ユーロ圏の債務危機とEUの規制力　170
　　おわりに　175

第9章　航空政策におけるEUの規制力 ……………… 河越真帆　181

　　はじめに　181
　　1　EU航空市場統合による規制力の内部強化　182
　　2　規制力の対外進出――アメリカとのオープンスカイ

協定　184
　　　おわりに——規制的アクターとしてのEUの台頭　193

第Ⅲ部　移民・開発・平和——政治的規制主体としてのEU

第10章　人の移動に対するEUの規制力……………前田幸男　201

　　　はじめに——EUにおける人の移動規制はどこで，どのように行われるのか　201
　　　1　EUの規制力が生み出す複雑な空間編成を把握するために　202
　　　2　人の移動管理が引き起こす二つの脱領域化　203
　　　3　アイデンティティ確保としてのセキュリタイゼーション　210
　　　4　EU空間——人の移動が管理されるすべての場所のこと　212
　　　おわりに——規制によって防衛されるものとは　214

第11章　EUの国際開発援助政策に見る規制力の限界
　　　——利他性・規範性の後退……………………元田結花　221

　　　はじめに　221
　　　1　EUの開発援助政策の概要　223
　　　2　被援助国との関係——地域ごとの影響力の差　226
　　　3　国際的な開発援助政策との関係　230
　　　4　国際的合意との関係　233
　　　おわりに　235

第12章　平和構築におけるEUの規制力とその限界
　　　………………………………………………五十嵐元道　241

　　　はじめに　241

1　EUと平和構築　242
　　2　平和構築および治安部門改革（SSR）に内在する規制力　247
　　3　規制力の浸透性の限界　250
　　4　原理的普遍性の限界　254
　　おわりに　258

第Ⅳ部　日本はどうするべきか

終章　EUの規制力と日本へのインプリケーション………………………………………鈴木一人　267

　　1　EUの規制力の実像　267
　　2　EUの規制力の特性　268
　　3　日本へのインプリケーション　271

あとがき　277
索　引　280

序章

EUの規制力
――危機の向こう岸のグローバル・スタンダード戦略

遠藤　乾

　本書は，欧州連合（EU: European Union）のもつ規制力に着目し，その論理，手法，射程を推しはかろうとするものである。

　なぜいまEUなのか。あるいは規制力なのか。不思議に思う向きもあろう。現在進行形のユーロ危機は，EUの存在意義に疑問を投げかけた。また，規制やそれと密接に関連する標準といった一見テクニカルな事柄を扱う意味も当然視しうるものではなく，説明が求められる。

　以下では，後者の標準・規制の方から，言葉や文脈に留意しつつ，主題を特定化してゆきたい。

1　越境する標準と規制――グローバル化時代の政治学

　グローバル・スタンダード（世界標準）なる言葉が流行し，市民権を得て久しい。いうまでもなくこの背後には，経済のグローバル化があり，越境する諸現象のマネジメントには，同様に標準やそれにともなう規制自体もグローバル化するだろうという見込み，ないしそうするべきだという認識があった。実際に1999年の段階で，世界貿易の8割，年4兆ドルほどが，標準や関連する規制の影響を受けていたといわれる（OECD, 1999: p. 4）。その後，金融，環境，会計基準など，グローバル・スタンダードの設定が進んだ分野は数多い（会計基準の事例を含め，遠藤，2008b 参照）。

　さて「標準（standard）」という時，それは何を含意しているのだろうか。

もともと 'standard' とは，古代フランス語の 'estandard' を語源としており，軍勢を集める場所やそのための目印のことであった。そこからはっきりと見える目標，転じて判断の基となるような規則や基本を意味するようになった（奈良，2004：20-21頁）。現代においては，それは広く認知され，共通性をもち，反復的に使われるルール・要件の総体を指し，そのことで達成すべき水準を指し示す目印となっている。

　この標準には，狭義のものと広義のものが認められよう。狭義のそれは，ネジの規格から世界的に利用される携帯電話規格 GSM（Global System for Mobile Communications）や会計基準に至るまで，直接的に経済活動に関わるものである。他方，広義の標準は非経済的な領域において達成すべき水準，ルール，要件を包含する。例としては，人権規範や市場原理など，国際開発援助の際に付されるコンディショナリティ（条件づけ）や，平和構築に用いられる望ましい国家のあり方などが考えられる。本書では，狭義の標準を中心としながら，広義の標準にも目を配り，ひろく標準と（すぐ下に述べる）規制がもつ作用について考察していきたい。

　この「標準」は，多くの場合ただ単に設定されるだけでなく，暴力的な意味でなくとも市場アクセスにおける不便など，なんらかの制裁をともなう「規制（regulation）」とセットで登場し，社会的に意味をもつ。この「規制」は，同様に語源を探ると，もともとインド＝ヨーロッパ語でいう 'reg' という接頭語が「真っすぐのラインを動く」ことを意味していたところ，ラテン語の 'regula' がものさしや定規，ひいてはルールを指すようになり，そこから規定する，取り締まるといった含意をもつ 'regulare' が派生したという。現代における「規制」とは，何らかの「標準」に従って，社会的に意味のあるかたちで影響を及ぼす行為を指す。

　以上をまとめると，本書では，広く共通して参照すべき水準とその達成のための要件および（一般的な意味で言う）ルールを，狭広義にかかわらず「標準＝スタンダード」と呼ぶ。「規制」とは，その設定された標準から逸脱した際には何らかの制裁を科すことで社会的に意味のあるかたちで影響を及ぼす行

為とし,「規制力」はそのような「規制」行為を貫徹する能力をいう[1]。

そして,これらのルールや水準が国境を越えて形成・適用され,規制を伴いながら社会的に意味のある影響を与える現象が起きている。それを背景とし,国際標準,世界標準,グローバル規制といったことばが登場した。本書が主題とするのは,その現象である。

なお,上記の狭広義とは別に,通常「標準」には二種類あるといわれる。一つは,いわゆるデファクト・スタンダードといわれ,市場において競争に勝利し事実上支配的になったものである。これに対し,デジュール・スタンダードと呼ばれるものは,権威的に文書化され規範性を帯び,その意味で何らかのかたちで公的な「規制」をともなう標準であり,前者と区別される[2]。たとえば,自動車の排ガス規制や国際会計基準は後者の例であり,マイクロソフトのウィンドウズなどは前者の典型例である。本書においては「標準」と「規制」をセットで取り扱うが,それは後者のデジュール・スタンダードに重点を置くことを意味している。

わが国でも一時グローバル・スタンダードへの関心が高まった。主要紙における関連用語の登場頻度は世紀末に飛躍的に伸びた(遠藤,2008b のグラフ参照)。渡部福太郎・中北徹などの著作(2002)をはじめ,『国際問題』誌において特集号(2000)も組まれた。にわかに ISO などの世界規格を取得する企業が増えたのも記憶に新しい。しかしながら,近年,グローバル化そのものに対するバックラッシュが見受けられ,まだ日が浅いグローバル化やグローバル・スタンダード形成や規制への関心は,内向化の潮流の中で何とも高まらない(最近の例外として『世界』特集号,2010)。

より深刻なのは,そうした標準やそれにともなう規制をだれがどう設定しているのか,正面から分析した類書が極めて少ないことである(この点に関する重要な先行研究として,邦語では坂村,2005,英語圏では Drezner, 2007; Mattli, 2009 参照)。言うまでもないことだが,グローバルな標準や規制が現実にインパクトをもつ中で,その形成過程へのアクセスは権力関係をかたちづくる。そうした標準や規制の策定にはだれもが平等に関われるわけでなく,他方,

その指示内容への不服従には何がしかの不利益がともなうからである。しかしながら、その形成過程は控えめに言っても見えにくく、わかりにくい。官民を問わず、国内外にまたがる多数多層のアクターが同過程にネットワーク状に関与する構図は、典型的に「グローバル・ガヴァナンス」といわれる状況を指し示しているが、そのようにいうだけでは理解が進まない。

　本書の一つの目的は、この研究上の赤字を少しでも埋めることにある。ここでは、グローバル・スタンダードの形成を、具体的な事例にあたりながら、特定の政策セクターごとに追跡してゆく。その中から、だれがどのように標準や規制を設定しているのかの把握に向け、少しでも歩を進めたい。

2　EU──標準・規制分野における知られざるパワー

　本書のもう一つの狙いは、標準・規制パワーとしての EU 理解の前進にある。すなわち、グローバル・スタンダード設定の解明を進める際、本書は、その過程に静かに影響力を及ぼしている EU という独特なアクターに焦点を当て、そこからグローバル・スタンダード形成過程を具体的に把握するとともに、EU それ自体の理解を深めることを企図している。

　この点については、多少なりとも丁寧な説明が必要だろう。というのもまず、現在の世界政治経済において G2 などと言われて圧倒的なプレゼンスをもつ米中を前にした時、多くの日本の読者にとってヨーロッパは後景に退いて見えるかもしれないからである。また、たとえ EU が注目を浴びる場合でも、浮き沈みの激しい統合過程にばかり目が行き、近年では欧州憲法条約の挫折、ギリシャ発のソブリン危機、あるいはそれに引き続くユーロ全体の信用危機など、否定的なニュースがあふれたのである。

　ここで最初に確認すべきは、EU は2010年の時点で27の加盟国、約5億の人口を抱え、名目上の域内総生産では約12.3兆ユーロをもつ最大の世界経済体だということである。EU の世界貿易に占めるシェアは、2003年時の数字で約19％、世界総生産の4分の1、域外への直接投資は世界の46％、域内への投資

は世界の24%を占める。

　EUは、そうした市場の規模を背景に、グローバル・スタンダードや規制の形成に影響力を及ぼしている。企業合併、会計基準、環境保護、生命倫理など、多くの分野でEUは静かにその刻印を残している。ちなみに「静か」というのはこうした影響力が比較的目立たないという意味だが、それは、上記のような劇的な統合の前進や挫折にばかり目が囚われることにもよるとともに、そもそも標準や規制の形成過程が見えにくいことに起因する。

　また本書では直接は扱わないが、EUは一大経済体としての規制力をもとに、自らの声を反映させる代表性（representation）を巧みに確保し、間接的にも影響力を行使している。たとえば、国連やG8などの国際的な討議フォーラムにおけるEU代表を構成国と重複して送りこんでいるのは典型であろう。近年トップが入れ替わった国際通貨基金（IMF: International Monetary Fund）の専務理事人事も同様である（国際標準化機構（ISO: International Organization for Standardization）における過剰なほどの代表については、第4章を参照されたい）。ここでは、歴史的にヨーロッパ諸国の影響力が強いのであるが、新興国が力をつけている最現代においてもEUのプレゼンスゆえに影響が保持されている面がある。さらにいうと、このEUの影響力は、経済分野に限定されるものではない。市場とは直接に関係のない平和構築や入国管理などの多くの分野でEU基準の浸透が見受けられるのである。

　この延長上に出てきたのが、いわゆる「規制帝国」（鈴木、2006）としてのEUイメージである。ここでEUは、標準や規制の設定（および代表の確保）を介して、いわば「知られざるパワー」として存在感を示し続けている。

　このEUの静かな影響力には、いくつもの要因が作用していよう。そもそも19世紀以来、国際行政の協力的な慣行を蓄積してきた総本山にあって（城山、1999）、20世紀後半は市場統合を深め、各国ごとに異なる標準や規制の調和化に取り組んできた歴史がヨーロッパにはある。さらに、特に1980年代以降、域内市場の完成に向かうに従い、周りをひきつける引力を醸成し、多数からなる加盟国間ですり合わせた標準や規制が域外国にも受容されてゆく素地があった

（競争法が典型だが，経済関連分野ではスイスやノルウェーなどの周辺国は EU 法をほぼ丸々コピーして「立法」する。Kux and Sverdrup, 2000: pp. 244-246, 251）。その影響力が顕著になった契機が21世紀初頭の東方拡大であり，そこでは旧東側諸国の加盟にあたり，銀行，原発，はては地方政府のあり方をブリュッセルが指示するにいたった。また，ブッシュ（George W. Bush: 43代大統領）政権下でアメリカのヘゲモニーが揺らぐ中，ヨーロッパの伝統的な「裏庭」であるバルカン半島をはじめ，アフリカ大陸などの世界各地に開発援助や平和構築に出かける際にも，EU 基準を投射する現象が見られたのである。

　こうしてグローバル化する世界にあって無視できない一大標準・規制主体となった EU は，日本にとっても，その等身大の影響力を正視すべき存在である。というのも，日本が多国間ルールを基調としたグローバル化を前提として生きる以上，時に一方主義的な行動に陥る米中にのみ視線を注ぐのは得策ではないからである。曲がりなりにも，地域における多国間対話の中からグローバル化のマネジメントを探る EU の手法は，それ自体日本が学ぶ余地があるだけでなく，日本がいざという時に EU 基準・規制の設定に外延からでも関与するためにも，その特性の理解が求められるはずである。

　しかしながら他方で，よく見ると，世界貿易機関（WTO: World Trade Organization）のような世界機構が確立している貿易の分野では，EU の影響力は取り立てて特筆すべき水準のものではない。むしろ同分野では，ますますその意にならないことが多いのである。同じことは，航空業界における規制についてもいえよう。そこでは，支配的なアメリカの規制力を後追いするかたちで，最近になってようやく EU も規制力をつけてきたに過ぎない。

　こうした政策セクター間における EU 規制力のばらつきは，二つの点で EU とグローバル規制の理解にヒントを与えている。一つは，経済規模の大きさがそのままグローバルな規制力につながるわけではなく，他のアクターや制度のあり方などの多くの変数が介在するということである。言い換えれば，規模は必要条件であっても十分条件ではないことになる。この点は，たとえば米中（あるいは日）のようなアクターの規制力を考える際にも大切なポイントとな

ろう。

　もう一つは，EU についての偏向した理解を正すことにつながろう。それは，得てして，影響力を過大視されるか（ユーロ危機直前の典型的な喧伝の例として：真壁，2009），あるいは崩落寸前のものとして過小視されるか（最近の例として：榊原，2010）のどちらかに偏り，その統合過程に合わせた毀誉褒貶が EU の等身大の理解の妨げになる点については，すでに述べたとおりである。ここで問題にしたいのはその点ではなく，そうした両極端な言説がいずれにしても EU を単体としてみなす傾向である。じっさいのところ，EU という大きなブラックボックスを開けてみると，それは政策セクターごとで影響力に大きな落差を見せる（Wallace, Pollack and Young, 2010）。本書はそのようなばらつきを抱える存在として EU を等身大に把握し，同時に標準化や規制設定における影響力がどこから来るのかという条件を考察してゆきたい。

　なお，EU が独特なアクターであるというわけは，規制分野における（静かな）パワーであるだけにとどまらない。むしろ，EU の政治体としての本質に，規制という手法が内在している点に留意する必要がある。

　この点について最も体系的な考察を起こしたマヨーネ（Giandomenico Majone）によれば（Majone, 1990, 1994, 1996, 1998, 2005），ある国家において特定政策へのコミットメントが選挙サイクルに左右されるのを避けるため，その分野における政策決定を，専門知識をもとにして，その政策に深くコミットする規制主体に委任するという現象が生じる。近年における典型的な例は，通貨政策であろう。この分野では，選挙直前に得票目当てで利子率を操作するようなことのないよう，中央銀行のようにインフレを抑える独立した規制主体に決定権限を移管するわけである。

　EU の場合，加盟各国が単一市場（ひいては単一通貨）の完成にむけて多大な努力を払うにつれて，共通規制の作成・実施・監督を独立した規制主体に委任する契機が強まる。というのも，自国の市場障壁の撤廃が他の加盟国でも同様になされ，また各国の規制が新たな市場障壁を形成しないよう，目を光らせる必要が増すからであり，その任務は，各国ごとに遂行するよりも，欧州委員

会（あるいは欧州中央銀行）などの独立機関に委託したほうがより確実に全うしうるからである。今度は，政策コミットメントが，選挙サイクルでなく，抜け駆けする国家によって骨抜きになるのを避けようとする。このようなメカニズムが働く結果，たとえば域内市場関連，競争政策，社会政策，環境政策，そして通貨政策など，部分的ではあれそれ自体広大な政策分野において，EUが「規制国家」化し，権力を行使するようになるのである。

とすると，規制はEUという政治体の中核に深く内在していることになろう。本書は，この規制について掘り下げることで，EUの本質に迫ることを企図している。これは翻すと，グローバルな標準・規制をめぐるポリティクスにEUが影響力を及ぼす程度に応じて，そこにEUの本性がもち込まれることを意味するわけで，グローバルな標準・規制形成メカニズムの解明にも資するものと思われる。

したがって本書は，このグローバルな標準・規制の設定に静かに影響力を及ぼし続けるEUに焦点を当て，領域ごとに事例を検討しながら，具体的にだれがどのように標準や規制を決めているのか分析を試みる。その際，それらの事例が必ずしも一様にEUの規制力を指し示しているとも限らないことに留意し，「成功」「失敗」を含めた多様な事例から何がEUの規制力をもたらしているのか特定していきたい。また，それらの事例を横断的な分析（枠組み）で串刺しにすることで，グローバル・スタンダード一般の理解を一歩でも前進させることとしたい。

3　本書の構成

本書は，まず第Ⅰ部でEUの規制力について，分析視角，内的論理，法的手法，史的源流を明らかにしたうえで，第Ⅱ・Ⅲ部の事例研究に移り，重要な個別テーマについて詳細な検討を加える（具体テーマに主たる関心がある読者は第Ⅰ部を飛ばしてもらってもかまわないが，それがあることで分析は個別を超え，標準・規制分析一般にも資すると考える）。第Ⅳ部終章では，本書の到達

点を要約的に確認し，日本への含意を具体的に探りたい。

　第Ⅰ部「EU の規制力の論理，手法，起源」は3章からなる。まず第1章「EU の規制力の定義と分析視角」（鈴木一人）では，そもそも標準や規制とは何か，それが成立するとはどういうことか，また何故に EU が標準や規制の設定に影響力をもつのかといった点を一つ一つ説き起こし，全体の分析枠組みを提示する。とりわけここでは，市場の引力，ルールの普遍性，多国間枠組みの利用，地理的特性などの観点を組み合わせ，標準・規制一般と EU 特性の双方について見取り図を指し示している。

　次の第2章「EU の規制力と法」（中村民雄）では，EU 規制力がどんな性格を帯びているのか，とりわけ「法」との関連から考える。標準や規制は，通常，固い法から柔らかい指標まで様々なかたちを取りうるが，EU の場合（ちょうど19世紀後半の州際通商法後のアメリカ合衆国に見られたように），市場統合の際に多くの国のあいだで異なる規制をすり合わせることから，明文化し法形式をとる場合が多かった。それゆえ「法化」現象が進行したのである。本章は，規制力が法形式を採り，強制力を発揮する領域は主に経済分野で，政策分野によって相当落差があること，また相対的に EU の権限が弱い非経済的分野では，「法もどき」の道具立てを通じてある種の文明的価値の推進が試みられる様を活写している。他方，EU の規制が法形式を取る際，それにより EU（諸国）の利益が増進される面とともに，それが法である以上，EU の規制力自体を規制する面があることを強調している。

　第3章「EU 規制力の史的形成」（川嶋周一）は，歴史的な観点から EU の規制力を跡づける。EU が本格的に規制国家化するのは，1992年末を期限とした市場統合を契機としているが，その歴史的源流は，すでに1960年代の農業統合と70年代におけるその発展，加えてイギリスの EC 加盟交渉の中に見出せる。本章は，コミトロジーという EU 独特の統治システムの成立と展開をたどることで，他章とは異なる歴史的・長期的な視点から，EU 規制力の基盤を問い，その発展を跡づける。

　第4章「EU の標準化戦略と規制力」（臼井陽一郎）は，現代における EU

がいかなる戦略・論理の下に,グローバル・スタンダードの時代を生きているのか明らかにしている。そこでは,「社会」や「環境」といったいわゆるヨーロッパ的な価値が重視されるのであるが,ヨーロッパはその価値が世界的な標準や規制により制約を受ける可能性を見て取ると,その当の世界標準・規制をヨーロッパ化する道を自覚的に選び,そのために様々な資源や回路を最大限利用しているのがわかる。

これを受け,次の第Ⅱ部「グローバル市場における EU 規制」では,市場に寄り添う EU の規制力について政策分野ごとに検討したい。

まず第 5 章「EU 競争法の対外的な規制力」(青柳由香)では,EU 競争法を取り上げ,その起源,特性,最近の顕著な(たとえば制裁金の高騰など)傾向について,背景要因を含め,分析する。それを通じて確認されるのが,EU 競争法のもつ強力な規制力であるが,他方で最強の権限を備えるこの分野においてすら,法の内容はアメリカからの借りものであることが多く,その点で必ずしも自前で世界標準を作っているわけでないということである。

第 6 章「国際貿易を通じた EU の規制力——『動物福祉』貿易制限の評価と意義」(関根豪政)は,EU が「勝者」とは言えない貿易政策の分野が主題である。ここでは,大市場を抱える EU もまた WTO という世界的な機関に制約される局面が,アザラシ皮製品への輸入規制という具体的事例の検討を通じて明らかにされる。そこから,「人道性」といった普遍的価値を装って対外的に投射される EU 規制力の効力と限界両面について考察を深めることとなろう。

第 7 章「EU の環境政策と規制力」(臼井陽一郎)は,いまでは EU の代名詞のような環境規制を考察する。じつは,その歴史はそう古くはない。本章では,1980年代以降の EU 環境政策の展開を一瞥し,そのグリーン・アイデンティティを確認したうえで,EU が多国間主義への強い志向の下,巨大市場の引力と洗練された規範の浸透力によって環境スタンダードの対外発信を間接的なかたちで可能にしたことを明らかにする。

第 8 章「国際金融ガヴァナンスにおける EU の規制力——リーマン・ショック後を中心に」(浅野康子)は,近年最も熱いテーマである金融規制を取り上

げる。本章ではまず，サブプライム危機後のEUの規制改革に対する取り組みを概観したうえで，グローバルな標準や規制への影響力を推しはかり，その源泉を分析した後，現下のユーロ危機がEUの規制力（の低下）に与える含意を考察する。

第9章「航空政策におけるEUの規制力」（河越真帆）は，貿易政策分野と同様，EUの規制力がそう大きくない政策セクターを取り扱う。1980年代以降アメリカが主導した航空自由化に対して，EUは当初受け身であったが，アメリカとのあいだで結んだオープンスカイ協定をきっかけに，グローバルなアクターとして台頭しつつある。本章は，域内における規制の整備と域外への規制力の投射のあいだにある相互作用に留意しながら，この分野におけるEU規制力の変遷を描く。

第Ⅲ部「移民，開発，平和──政治的規制主体としてのEU」は，以上の第Ⅱ部が市場に直に関わる分野でのEUを追跡したのに対し，非市場分野へのEU基準の波及や浸透を検討したい。まず第10章「人の移動に対するEUの規制力」（前田幸男）では，域内への非EU市民の流入をどのように管理しているのか分析する。EUの豊かさは，不可避的に移民をひきつける。かつて国ごとに行っていた入管政策は，現在相当程度共通化され，EUが前面に出てきている。本章では，欧州近隣政策およびEUの国境管理組織であるFRONTEXに着目し，どのように人の移動を規制しているのか，そのシティズンシップへの含意を含めて検討する。

第11章「EUの国際開発援助政策に見る規制力の限界──利他性・規範性の後退」（元田結花）では，開発援助を扱う。これは，次章で扱う平和構築と同様，人の越境移動やテロの国際化などとともに，グローバル化時代のアジェンダとして改めて注目を浴びたテーマである。EUは，総額でいうと世界最大の開発援助体であり，近隣諸国やアフリカなどへ一定の影響力をもち，またNGOもEUの出す援助の指針や条件を常に注視している。ただし援助そのものがどこまで対象国の厚生に実際に役立っているのか定かでなく，言われるほどEUの規制力が作動しているかどうか疑わしい。本章は，この開発援助分野

におけるレトリックとリアリティの乖離を見つめ直す。

　第12章「平和構築における EU の規制力とその限界」(五十嵐元道) は平和構築における EU の権力性とイデオロギーを検討する。バルカン半島やアフリカにおいて，EU は外から国家再建する際の困難に直面している。脆弱国家を立て直さない限り，難民，移民，テロ，感染症が越境してくるため，関与の必要から逃れられない。そこで，EU は人権，法治，民主政などの一定の価値の導入を試みているが，外からできることは限定されており，成功しても帝国主義の再来と批判される。本章は，アフガニスタンやボスニアなどの具体的事例の検討から，EU のもつ対外的な規制権力が非経済的領域でどのように立ち上がるのか，問題性を含めて明らかにする。

　最後の第Ⅳ部「日本はどうするべきか」は終章「EU の規制力と日本へのインプリケーション」(鈴木一人) のみからなる。ここでは，本書の到達点を一筆書き状に確認し，EU 規制力の特性を見極めたうえで，日本はいかに考え，行動すべきか，考えてみたい。

参考文献

遠藤乾 (2008a)「グローバル・ガバナンスの最前線」同編著『グローバル・ガバナンスの最前線』東信堂，1-32頁。

遠藤乾 (2008b)「世界標準の形成」同編著『グローバル・ガバナンスの最前線』東信堂，33-58頁。

『国際問題』(2000)「世界標準と産業界の現実」特集，第482号。

榊原英資 (2010)「アメリカも欧州も没落する」『週刊朝日』第115(24)号，6月11日，111-113頁。

坂村健 (2005)『グローバルスタンダードと国家戦略』NTT 出版。

城山英明 (1999)「ヨーロッパにおける国際行政の形成」小川有美編『EU 諸国』自由国民社。

鈴木一人 (2006)「『規制帝国』としての EU――ポスト国民帝国時代の帝国」山下範久編『帝国論』講談社，43-78頁。

『世界』(2010)「グローバル資本主義・国家・規制」特集号。

奈良好啓 (2004)『国際標準化入門』日本規格協会。

真壁昭夫 (2009)「米国主導の世界地図が塗り替わる？――EU『連邦国家化』への期

待と警鐘」『ダイヤモンドオンライン』2009年10月13日。

渡部福太郎,中北徹編(2002)『世界標準の形成と戦略――デジューレ・スタンダードの分析』日本国際問題研究所。

Baldwin, Robert and Martin Cave (1999), *Understanding Regulation*, Oxford University Press.

Braithwaite, John and Valerie Braithwaite (1995), "The Politics of Legalism: Rules versus Standards in Nursing-Home Regulation," *Social and Legal Studies*, vol. 4: pp. 307-341.

Braithwaite, John and Peter Drahos (2000), *Global Business Regulation*, Cambridge University Press.

Drezner, Daniel W. (2007), *All Politics Is Global: Explaining International Regulatory Regimes*, Princeton University Press.

Kux, Stephan and Ulf Sverdrup (2000), "Fuzzy Borders and Adaptive Outsiders: Norway, Switzerland and the EU," *Journal of European Integration*, vol. 22: pp. 237-270.

Majone, Giandomenico (1990), *Deregulation or Re-regulation? Regulatory Reform in Europe and the United States*, Frances Pinter.

Majone, Giandomenico (1994), "The Rise of the Regulatory State in Europe," *West European Politics*, vol. 17, no. 3: pp. 78-102.

Majone, Giandomenico (1996), *Regulating Europe*, Routledge.

Majone, Giandomenico (1998), "Europe's 'Democratic Deficit': The Question of Standards," *European Law Journal*, vol. 4, no. 1 (March): pp. 5-28.

Majone, Giandomenico (2005), *Dilemmas of European Integration*, Oxford University Press.

Wallace, Helen, Mark A. Pollack and Alasdair R. Young (eds.) (2010), *Policy-Making in the European Union*, Sixth Edition, Oxford University Press.

Mattli, Walter and Ngaire Woods (eds.) (2009), *The Politics of Global Regulation*, Princeton University Press.

注

(1) 厳密な法的議論では,規制を「ルール」を土台にし,公権力による命令たる法や指令によるものと,よりソフトな(規制主体と比規制主体のあいだの対話による)水準設定として「標準=スタンダード」を用いるものとに峻別する議論がある。たとえば,Braithwaite and Braithwaite (1995) 参照。

本書では,この峻別を自覚はするものの,それを貫徹させることはせず,標準

や規制をより包括的にとらえることとする。というのも,「標準=スタンダード」は,確かに望ましい水準を意味する一方で,通常の語法では,その水準達成のための要件や(一般的な意味で言う)ルールをも含みうるからである。また本書は,法令による規制だけでなく,「標準=スタンダード」の設定とそれによる規制行為に見られる権力作用をも重視する。

なお規制についての標準的な教科書としては以下を参照されたい。Baldwin and Cave (1999): esp. chap. 9.

(2) 規制が「公的」という時,それは政府によるものだけを指すとは限らない。民間企業の連合体や職能団体など,いわゆる業界が自主的に定める標準が「公的」な作用をもつこともあるからである。ただし,それが効果的である(制裁を実効的にする)ために,国際機関や政府(連合体)のお墨付きを得ることで官民共同ガヴァナンスを志向するケースが多い。これについては,遠藤2008a 参照。

第Ⅰ部　EU 規制力の論理，手法，起源

第1章

EUの規制力の定義と分析視角

鈴木 一人

はじめに

　アメリカの覇権が衰退し，中国の経済力が目覚しく発展するにともなって軍事的な存在感を増しつつある中，現代の国際秩序のあり方をめぐって様々な議論が起きている。米中が世界を共同統治するという「G2論」(Bergstein, 2008)に始まり，「極」となる大国が存在しない「無極化世界」(Haass, 2008; Bremmer and Roubini, 2011)まで，幅広く議論が展開されているが，これらの議論はいずれも伝統的な国際秩序のイメージ，すなわち，軍事力と経済力を指標とした国家のパワーを尺度とし，そうしたパワーを持つ国々が国際秩序を形成するという前提に立っている。

　しかし，グローバル化が進む世界において，果たしてこのような世界観がどれだけの意味を持つのだろうか。イラク戦争やアフガニスタンにおける困難を見ても，強大な軍事力が国際秩序を作り出すと断言することは難しいであろう。中東・北アフリカで起きた「アラブの春」と呼ばれる民主化運動による独裁政権の崩壊／弱体化は，暴力のみによって国内秩序を維持することが困難になったことを示すだけでなく，民主的なプロセスという正統性なしには統治が成立しにくいことを明らかにしている[1]。中国の台頭は国際的な関心を高めてはいるが，中国が主導して世界秩序を作るという段階にはなく，一定の実力を伴うにつれ，自国の利益を主張する局面も見られるが，一般にはグローバルに通用

するルール（たとえば世界貿易機関［WTO: World Trade Organization］の国際貿易ルール）に適応しようとする努力も見られる（Linden, 2004; Tatsumoto, 2011）。

このように，グローバル化する現代の国際秩序は，軍事力や経済力といった国家の実力の赤裸々な行使によって形成されるのではなく，一定のルールに基づき，何らかの正統性を持った秩序形成主体によって形づくられていくものになってきている。その背景には，経済的相互依存が高まり，各国ごとに異なる規制やルールを設けることが取引コストを増大させ，特殊な規制を設けることはグローバル市場から自国市場を切り離す結果となるからである。自国の特定の市場を保護するために特殊な規制を設けるケースはしばしば見受けられるが（特に非関税障壁による特定産業の保護），多くの国では，グローバル市場から自国市場を切り離すことは望ましくない結果をもたらす可能性が高い。そのため，各国はグローバルな市場ルールや規制を導入し，一定の国際秩序の中でその存在を確立しようとするのである。

しかしながら，グローバルな規制やルールを構築する主体があるわけではない。一国の国内市場であれば，政府が法律を制定し，度量衡を定め，通貨を発行し，裁判権を有し，徴税する。しかし，グローバル市場においては，国内市場における政府に該当する機関が存在せず，わずかに WTO や経済協力開発機構（OECD: Organization for Economic Cooperation and Development）のような国際機関や国際レジームが緩やかな国際共通ルールを設定するのみである（ただし，WTO は例外的に厳しいルール運用がなされているが）。

では，誰が，どのようにグローバル市場の秩序を形成し，維持し，運営しているのであろうか。アナーキーである国際秩序の中では，これまで「覇権安定論」（Kindleberger, 1973; Modelski, 1987）に代表される，グローバルなヘゲモニーを持つ超大国が秩序を作り出すという前提があった。確かに，第二次世界大戦直後に設立されたブレトン・ウッズ体制はアメリカの理念，価値観を反映した自由貿易制度と，アメリカ（の保有する金）が国際金融のアンカーとなる IMF を生み出した。しかし，そうした「覇権国」による国際秩序形成能力は

1971年の金=ドル兌換停止，1973年の第一次石油ショックを境に失われ始め，次第に先進国間の協調体制，すなわちG7（のちにロシアを含めたG8）体制へと移行した（Keohane, 1984）。しかし，このG7体制でもアメリカの衰退は隠すことが出来ず，1980年代の日米貿易摩擦に代表されるように，経済的劣位を政治的な優位性（日本では「ガイアツ」として受け取られた）を用いて調整するという方法を取るようになる。

こうした，グローバル市場における調整は冷戦後，貿易の分野ではウルグアイ・ラウンドの妥結（マラケシュ協定）と引き続くWTOの発足で一定のメカニズムを得ることになったが，一層拡大する「地球的諸課題」を調整するメカニズムは緩やかな「国際レジーム」というかたちで調整され，アメリカは必ずしもその中でリーダーシップを発揮することが出来なくなっていった（Krasner, 1983; Young, 1989; 山本, 2008）。地球的諸課題には，本書でも取り上げる環境問題や移民をめぐる問題，地域紛争と平和構築，金融システムのマネージメントのほか，航空行政，独禁政策の調整，開発援助など，セクターごとに分かれたテクニカルな問題も多数存在している。これらの地球的諸課題に対し，冷戦後の超大国となったアメリカが一国行動主義（unilateralism）的に関与し，アメリカのルールを適用することが難しくなっている。環境問題では，世界第二位の温室効果ガス排出国として，京都議定書に反対し，移民問題についてはメキシコとの国境管理の問題や対テロ対策をめぐる問題，地域紛争においてはソマリアでの失敗を契機に国際的なコミットメントを避けつつ，対テロ戦争としてアフガニスタンやイラクへの戦争を仕掛けるなど，アメリカの一国行動主義が地球的諸課題を解決するというよりは，むしろ課題を深刻化させる結果をもたらしたものも少なくない。

このような中で，国際秩序を形成し，グローバル市場を調整するメカニズムを提供しているのは誰なのだろうか。本書は，欧州連合（EU: European Union）の役割に注目する。EUは27カ国の主権国家によって構成される政体（Polity）であり，それ自身が「覇権国家」として認知されることはほとんどない。しかし，1950年代から続くヨーロッパ統合のプロセスは，域内市場の統

合を手に入れ，EU が市場の規制主体となって，27 カ国に共通するルールを作り上げている。しかも，そのルールの体系は必ずしも中央集権的で，一元化され，一貫性のあるものではない。政策領域ごとに分割され，それぞれの領域で異なるガヴァナンスの仕組みを導入しながら，構築されてきたものである。さらに，EU は経済統合から出発し，加盟各国の主権に強く関わる外交防衛，安全保障分野での権限（Competence）を確立するにはいたっておらず，グローバルな秩序を形成する主体としての権力が十分ではないと考えられることが多い。

　にもかかわらず，EU をグローバル化が進む現代の国際秩序において，グローバル市場を調整するメカニズムを提供する主体として見ていくことに意味はある。そこでカギとなるのが「規制力」という概念である。本章では，EU が持つ規制力を定義し，その規制力を評価するための分析枠組みを提供する。ここで定義した規制力の概念を切り口として，EU がグローバル市場を調整する能力を持ち，それが現代の国際秩序を形成する枠組みを提供していることを明らかにする。しかし，本書の中で論じられるように，EU が常に規制力をもって国際秩序を形成しているというわけではなく，政策領域ごとに，その力の強弱や，力の行使の巧拙は異なる。つまり，EU は見る角度によっては覇権国家と並び立つほどの，グローバル市場への影響力を持つ主体であり，別の角度から見ると，主権国家の集まりにしか見えない極めて脆弱な存在である。そのことを前提に踏まえ，EU の規制力とは何かを論じていきたい。

1　「規制力」の定義とその源泉

　では，「規制力」とはどのような概念なのか。本書の基本的な概念であるだけに，きちんとした定義をしておく必要があるだろう。なお，本書の各章は異なる執筆者によって書かれているため，この定義を共有はしているが，その解釈に関しては，若干の差異があることを断わっておく。

　まず，「規制力」とは，ある経済的・社会的・政治的行動主体が，他の行動主体に対し，相互に認知し，共有し，それに従って行動するルール・要件

(「標準」）に基づいて行動することを，誘導ないし強制すること（「規制」）を担保し，実効的なものとする能力のことを指す。この「規制力」は国内においては政府による立法や様々な行政命令などによって「標準」を定め，それを「規制」する権力が与えられ，その権力を用いて「規制」を履行する。しかし，政府が介在しなくても，業界団体によるデファクト・スタンダードの設定や業界内自主規制が成立し，その規制が個々のアクターによる自発的な自己抑制によって実効的に履行されている場合もある。このように，「規制力」は必ずしも法的・制度的な権力関係にのみ発生するわけではないが，本書では「EUの規制力」に着目するため，主として規制主体としてのEUが持ちうる政治的な権力性に焦点を絞った分析を行う。

ただ，ここで留意しておきたいのは，国際関係論の一般的な理解として，グローバルな場における標準作りや規制を担保する能力は覇権国家が持つ，という前提があった（Agnew, 2005; Zarif, 2003)。しかし，後述するように，EUは覇権国家でもなく，また覇権国家が持ちうる，規制の実行性を担保するための軍事力などを持ち合わせているわけではない。そのため，そうした物理的な能力を持ち合わせていないEUが規制の実効性を担保する「規制力」を持ちうるには，以下の四つの能力が必要となってくる。

(1) アジェンダ・セッティング能力

アジェンダ・セッティングとは，しばしば「議題設定（能力)」と訳されるが，ここで検討するアジェンダ・セッティングという言葉が含意するものはもう少し広い。アジェンダ・セッティング能力とは国際社会の中で，今，何が問題で，その問題をどのように解決していかなければならないのかという「アジェンダ」を提示する能力であり，そのアジェンダの重要性を多くの国々に知らしめる能力である。つまり，EUが自らが重要だと認識し，それを国際的な「アジェンダ」にして，国際機関や域外諸国を巻き込んで，「解決しなければいけない問題」にしてしまう能力をアジェンダ・セッティング能力という（Milner, 1997 esp. Ch. 4)。

EUが望む「アジェンダ」を国際的な関心事項にするには，ただ単に大きな声で叫べばよいというものではない。そこには周到な根回しと準備が必要となる。通常，国際社会において根回しをするとなると，非公式な外交ルートや首脳会談の準備会合などが想定されるが，EUが得意とするのは，NGOやグローバルに影響力のあるメディアを通じたアジェンダ・セッティングである（Hicks, 2005）。NGOとEUとの関係はほかの章でくわしく取り扱うため，詳細には立ち入らないが，EUがNGOと密接に連携することで，国際世論を形成し，公的なチャンネルを通じなくても，国際社会（この場合，国家政府によって構成される社会というだけでなく，世界中の市民によって構成される社会）において，アジェンダを作っていくことで，それに反対する国であっても，容易にEUの立場を批判することが難しくなる。

　また，そうして醸成された国際世論を背景に，すばやく国際会議を設置し，その会議をEU域内の都市で開催し，そこで議長国の立場を固めることで，アジェンダをコントロールしやすくなる。ごく最近のケースでは，福島第一原発の事故を受け，世界的に原子力安全が問題になると，フランスがいち早く手を上げ，パリで原子力安全に関する会合を開催するなど，状況に応じて迅速に会議を設定し，議長国の役割を担うことで，アジェンダに強い影響を与えている。

　さらに，そうした会議を開催し，議長国の役割を担うということは，議長国が会議の総括文書や最終的な合意案を提案し，その草案を準備することが求められる。欧州各国はすでに多くの外交的な蓄積があり，短い準備期間でも会議参加国のあいだの落とし所を見極めつつ，欧州の価値観や利害を含んだ草案を作成することが出来る（Klein, 2010）。さらに，欧州各国の「マルチ慣れ」も指摘しておくべきであろう。「マルチ慣れ」とは多国間（multilateral）外交を日常的にEUの首脳会議や理事会で行っているため，普段から異なる利害や主張を調整し，落とし所を見つけて最終的な合意案を作成するという経験が豊富である。そのため，会議に参加する各国にとっては，ある種の安心感と信頼感をともなって，欧州が議長国の役割を果たし，草案を起案することを受け入れるような状況にある。

このようなアジェンダ・セッティング能力があることで，欧州はグローバルな規制やスタンダードを設定する入り口を制し，自らの価値観や利害を含めた規制を域外各国に適用することを求めることが出来るのである。

(2) 説得力

武力のような物理的強制力や，巨額の資金による経済援助などの手段を持たない EU が域外諸国に影響力を行使するためには，他国を説得し，他国の行動を変えさせる能力がなければならない。そのためには，規範や理念，認識に働きかけることで，国際社会のあり方を自らが望む方向に転換させ，国際秩序の形成に影響力を与えることが必要である。では，そうした説得力を獲得する条件は何なのだろうか。

第一に不偏性（impartiality）が求められよう。ある特定の国家や国家群（新興国など）の特殊利益を基礎として展開される議論は，他国にとって受け入れ難くなる傾向があるだけでなく，国際社会において，特定の国にのみ有利な状況を作り出すことは，自国にとって不利とみなされることが多い。そのため，他国に受け入れられるためにも，EU 自身の特殊な利害を表に出さず，特定の国家や国家群に肩入れすることなく，不偏であり中立的な立場を取っていると見られることで交渉を優位に進めようとする。

そこでしばしば用いられるのが科学的根拠である。科学は特定の国家の利益を反映することなく，不偏で中立的であることを強調するのに最適なツールである。ゆえに，EU は地球温暖化問題や遺伝子組み換え食品の規制，特定有害物質の使用制限（RoHS: Restriction of Hazardous Substances）指令や化学物質の登録，評価，認可及び制限（REACH:Registration,Evaluation,Authorisation and Restriction of Chemicals）規則といった製品に含まれる化学物質の規制など，様々な分野で科学を前面に出した規制のリーダーシップを取っている。しかし，これらは科学を前面に出しつつも，EU が自らの価値観を実現するための政治的解釈を加え，科学の名の下に自らの利益を実現しようとする姿も垣間見える。その代表例が，EU が主張する「予防原則」であろう。これは，科学的にリス

クがはっきりしないもの、ないしは科学的根拠が明確でないものについては、予防的な措置を取ることを認めるという原則であり、その原則に基づいて、特定国（とりわけアメリカ）の製品の輸入を制限したり、排除することを可能にしている（村木，2006）。それは一般的に非関税障壁と言えるものであるが、科学的根拠に基づき、予防原則という政治的な解釈を加えることで、自らの域内の産業を保護するということを可能にしている。

　説得力を成立させるもう一つの要素は普遍性（universality）であろう。域外国にとって、いかに経済的な依存関係が強度であったとしても、受け入れるべき規制が特定の利益を反映したものであるとすれば、域外国の国内勢力（往々にして既得権益を持つ勢力）による強い反発があるだろう。したがって、域外国が、単なる経済的・物理的利益を越えた、普遍的価値を実現するために規制を受け入れる、という言説を構築する必要がある。その言説には人権や環境といった「西洋文明の普遍的価値」に基づいて構築されるものもあれば、日本でも良く議論の対象となる「グローバル・スタンダード」言説、すなわち世界で通用する常識だから受け入れるべきであるという言説もある。これらはまさに普遍的価値であり、EUの特殊利益を反映した価値ではないというニュアンスを持つ規制の正当化言説である。

　EUは複数の加盟国から成り立つ組織であり、特定の国家や特殊利益を直接反映しているというよりは、EUの複雑な意志決定メカニズムの中で、多様な利害や規制を巡る価値が議論され、交渉され、調整され、妥協される必要がある。その際、特定の価値ではなく、EU各国社会の中で受容されている「普遍的価値」（たとえば環境保護や食品安全）が交渉の土台となり、その普遍的価値に基づいて政策が収斂される傾向にある。その価値に基づいて構築された規制は、普遍的な価値を含むものとして対外的に展開されていくのである（Bowden, 2006）。こうして価値の普遍性が強調されることによって、域外諸国も否定できない正当性を持つ結果となるのである。

　これは「覇権国家」として自らの規制を他国に受け入れるためのリソースを持っているアメリカや中国と比較すると一層EUの「普遍性」が際立ってくる。

アメリカは，単一の国家であるだけでなく，意志決定メカニズムの透明性が高く，ロビイングや政治献金などを通じた特殊利益の影響力が可視化されやすい。その結果，アメリカの政策や規制が何らかの普遍的な価値に基づいたものであったとしても，ある種の特殊利益や圧力団体の利害を代表する価値に基づいていると理解されることが多くなる。逆に中国は，共産党による一党支配体制の下で意思決定メカニズムの透明性が低いが，上意下達のトップダウン型意思決定が行われ，中国の利益を最優先とする行動をとる傾向が強いため，中国の提示する規制を受け入れることは，その非対象的な力関係の下で中国による支配を警戒するようになる。それに対し，EUは複雑な意思決定の中から生まれた「角の取れた」規制の普遍性に基づいて影響力を拡大しようとするため，アメリカの特殊利益や中国の国家利益に支配されるといった警戒心を呼ぶことなく，その規制力を拡大することが出来るのである。

(3) 集合的行動能力

　EUが規制力を高めていくうえで有力な武器になっているのが，国際機関を通じた公的でグローバルな規制策定過程における「数の力」である。国際機関は原則として加盟国が平等な権利（一国一票）を持って意志決定に参加するため，国連安保理のように特定の国家に特殊な権力（拒否権）を与えていたり，国際通貨基金（IMF: International Monetary Fund）のような金融を司る国際機関で行われている加重投票制（出資額に比例した投票制度）でない限り，特定の国家が支配的な役割を果たすことは難しい。しかし，EUは一国一票の制度を採る国際機関において常に有力な一大勢力を形成している。というのも，27カ国の加盟国がそれぞれ主権国家として国際機関に加盟しているため，EUとして27票の投票権を持ち，EUの共通外交安全保障政策（CFSP: Common Foreign and Security Policy）を通じて共同行動を取るため，一定の影響力を維持することができる（皮肉なことに，国連安保理において英仏が拒否権を持っているが，イラク戦争を巡る事例のようにしばしば両国は共同行動を取らない）。特に，個別の政策領域におけるIMFやWTOなどの専門的国際機関に

おいては，こうした集合的投票行動は，単にまとまった票を獲得できるだけでなく，意思決定過程において，域外国の説得にあたるにしても，会議場でアピールをするうえでも極めて効率的に他国に影響を与えることが出来る。さらに，特定のイシューに関して態度が決まっていない域外国は，しばしばEUと同じ投票行動をすることで，国際的な非難を受けるようなリスクを回避するといった「長いものに巻かれる」投票行動をする場合があるため，EUの投票に追従する傾向も見られる。EUが集合的に行動する主体であることは，国際機関における秩序形成過程においてEUに極めて強い規制力を与えることとなる。

また，集合的行動能力という点で，もう一つ重要なのは，EUが域内において，有効な共通規制を実施しているかどうか，という問題がある。EUの規制に普遍性があったとしても，それがEU域内で実施されていなければ対外的に規制力として，域外国に影響を与えることはできない。すでに述べたようにEUは政策領域によって，域内での規制の強弱が大きく異なる。そのため，EUが独占的に権限を持っている政策領域においては，対外的にもより強力な規制力が発揮される一方，加盟国の政策を調整する権限しか持たない政策領域には十分な規制力を行使することが出来ない。

その点で近年のEUの規制力が著しく低下している分野がある。それは通貨と人の移動に関わる分野である。ギリシャ危機に端を発するユーロの危機は，これまでの金融通貨統合のあり方に大きな一石を投じただけでなく，危機に直面したギリシャやアイルランド，ポルトガル等をユーロ圏の国々，とりわけドイツが支援するかどうかが問われることとなった。しかし，ドイツは債務危機に直面した国々を救済することに積極的ではなく，EU域内の不協和音が高まっている（第7章参照）。また，人の移動に関しても，ユーロと並んでヨーロッパ統合の象徴であったシェンゲン協定が不安定な状況となっている。北アフリカの「アラブの春」の混乱から生じた難民の受け入れの問題やEU域内における反移民感情の高まりなど，EUが自らの規制力の源泉として使ってきた，人権という価値の普遍性を損ない，EU自身が自らの規制を実現できないという現状を作ってしまった（第10章参照）。

このように，EU が自ら設定した規制を維持することが出来ず，各国のエゴが前面に出てくると，EU の集合的行動能力は低下し，EU が域外国に対して働きかける際にも，その規制力は落ちていくことになるであろう。ゆえに，EU が独占的な権限を持っている政策領域であっても，各国の利害が前面に出され，EU としての集合的行動の意志が共有されていなければ，その集団的行動能力が下がり，EU の規制力も弱まると考えてよいだろう。

(4) 市場の引力

グローバル化を調整していくために最も重要となるのが，域外からの資本と商品をひきつける「引力（gravity）」である。EU に限らず，巨大な経済規模を持つ市場は，その域外国がその市場を無視することが出来ず，その引力にひきつけられた国々は，その域内に投資・輸出するために，当該領域で実施されている規制やルールに合致した経済活動が求められる[2]。たとえば，EU 市場に輸出しようとする企業は，EU の規制やルール（たとえば環境規制や安全基準など）に適合的な行為が求められ，主として EU 向け輸出が多い国は，そうした規制に自らの国内規制を調整する必要に迫られることになる。つまり，単一市場としてはアメリカの GDP よりも大きな市場を持つ EU は，域外国にとっては無視できない存在であり，域外国が自発的に EU の規制を受け入れることで，EU の規制力は強められていく。

この EU 市場の引力の強さとは，簡単に言えば，域外国の EU に対する依存度によって規定される。地理的に近接した国家であれば，必然的に物流や人の流れのコストが低く，経済的な統合度が高まる。そのため，EU の引力に引き込まれやすい。共産主義体制が崩壊した直後の中東欧諸国や現在のトルコ，「アラブの春」を経験した北アフリカ諸国などは，EU の引力を強烈に受けている地域と言える（Mouritzen and Wivel, 2005）。

このように，規制力が市場の引力によって規定されるということは，必然的にグローバル市場において規制力を持ちうる主体の数は限られてくる。ざっと見渡しても EU のほかにアメリカ，中国，日本といったすでに経済規模の大き

な国々以外にも，ロシア，ブラジル，インドといった国々や，特定の領域においてはカナダや南アフリカなども一定程度の規制力を持ちうると言えよう。本書では，こうした国々の規制力と比較しながら，EUがグローバルな舞台でどの程度の規制力を持ちうるのかを検討する。

このように，EUが規制力を発揮するためには，アジェンダ・セッティング能力，説得力，集団行動能力，市場の引力の四つの力が必要となる。これらは，政策領域や規制が対象とする行為や財，サービスによって異なってくる。本書では，様々な政策領域を取り上げることで，異なる政策領域において，EUがどの程度の規制力を持っているのかということを明らかにすることを目的とする。

2 「規制帝国」と「規制力」の関係

その前に，筆者がこれまで議論してきた「規制帝国」の概念と「規制力」の関係について整理しておく必要があるだろう（鈴木，2006，2008）。「規制帝国」とは，「グローバルな市場経済の発展にともなって出現した新たなタイプの『帝国』，ないしは『帝国性』を含んだ政治主体」であり，その特徴として，(1)自らが実施する様々な市場活動の規制を，帝国の領域外諸国に受け入れさせる，(2)軍事力などの物質的権力（暴力）の直接的行使をしない，(3)規制を受ける側が自発的にそれを受け入れる，(4)自発的な従属国を生み出す規範の普遍性を挙げた。

この「規制帝国」の概念は，筆者がEUの第五次拡大（2004，2007年の旧共産主義国への拡大）を分析するうえで有効な概念として用いたものであり，そこにはEUが第五次拡大に見せた「帝国性」を強調することが含意されていた。EUへの加盟を熱望する候補国に対し，EUは非対称な権力を持ち，候補国はEU域内の規制やスタンダードをすべて受け入れる（アキ・コミュノテールの受容）ことを条件としてつけたことで，候補国の国内統治のあり方まで規定

することが可能となっただけでなく，絶対的な立場の優位性に基づき，傲慢とも言える一方的な要求を繰り返した[3]。こうした非対称的な権力に基づく一方的な影響力の行使は「帝国性」を帯びたものであり，それを明示的に示すため，「規制帝国」という表現を用いた。

　しかし，本書で論じる「規制力」は，この「規制帝国」とは重なるところもあるが，異なる概念である。第一に，「規制帝国」は政治主体をさす用語であるが，「規制力」はEUが規制の実効性を担保するための能力であり，EUがグローバルな秩序形成の過程において行使しうる力（影響力と読み替えても良い）を指す。したがって，「規制力」はグローバルな舞台でどの程度EUが諸外国の規制に影響を与えうるのかを判断するための概念である。本書では，様々な政策領域を取り上げることで，グローバルな舞台でEUの規制力が発揮されているのかを検証する。

　第二に，「規制帝国」は非対称的なパワー関係の中で成立するが，グローバルな舞台においては，EUが非対称的に優位なパワーであることは数少ない。そのため，加盟候補国のように限定された関係性の中で「規制力」が発揮されるわけではなく，EUの「規制力」に対抗しうるパワーを持つ国家も存在している中で，どの程度，EUの「規制力」が通用するのか，ということを検討の対象とする。

　第三に，EUの「規制力」の有無や強弱は，EU域内における規制のあり方に規定されるという点である。加盟候補国に対して，非対称的な権力を行使する「規制帝国」においては，仮にEU域内で規制の実施が徹底されていないものに関しても，EU法という形式が整っている限り，「アキ・コミュノテールの受容」というかたちで加盟候補国に受け入れを要求することが出来た。しかし，グローバルな舞台では，EU域内の法制度が整備されているだけではなく，それが実質的に運用され，効果を生んでいるという「信頼感」が必要となってくる。EU自体が守れないような規則やルールを諸外国が受け入れる筋合いはなく，EUが加盟国間の利害関係や合意の不在によって規制が実施できていない場合は「規制力」を発揮する条件が整っていない，ということが出来るだろ

う。

このように，本書で扱う「規制力」の概念は，これまで筆者が論じてきた「規制帝国」と強く関連するものの，同じ概念ではない。本書はこうした前提に立って，EU がグローバルな舞台，とりわけグローバル市場の管理に関する分野で，どのような国際秩序形成能力を持つのかを明らかにすることを目的とする。

3 「規制力」の分析視角

上記で論じた「規制力」の概念を用いて，本書は EU が国際秩序形成にどのような役割を果たしているかを，様々な政策領域ごとに分析していく。その際にいくつかの分析視角を提示しておきたい。これは必ずしもすべての章で一律に同じ角度から分析することを意味するものではなく，ここで挙げたいくつかの分析視角のうち，一つないし複数の視角からの分析を行うということを意味する。

(1) 狭義の「対外政策」ではなく，EU が総体として持つ力の分析

2009年に発効したリスボン条約では，「EU 外務大臣」や「EU 外務省」といった，EU の対外政策を司る機関が創設され，EU が域外国に対して働きかけを行う窓口が一本化したが，本書で扱う規制の多くは外務官僚によって交渉されるのではなく，それぞれ専門化された分野の国際的な会合や市場での取引を通じて影響力が行使される。したがって，本書での分析は，狭い意味での EU の対外政策としての影響力ではなく，グローバル市場の秩序形成に EU がどのような役割と影響力を持っているのかを分析することとなる。

(2) EU の規制力の巧拙，濃淡の分析

すでに述べたように，EU は政策領域によって，与えられている権限が異なり，それによって，規制力の強弱が異なる。しかし，EU が強い権限を持つ政

策領域であっても，必ずしも規制力を巧みに使いこなし，EU が目指す理念，価値観と利益を実現することに結びついているとは限らない。時には交渉に失敗し，時には妥協を迫られるのが国際秩序形成過程の常である。本書では EU が規制力をどの程度持っているのかという分析にとどまらず，それがどのように行使され，どの政策分野で規制力が働き，どの相手には有効であったのか，といった EU の規制力の巧拙，濃淡についても分析の対象とする。

(3) 法的・技術的規制やスタンダードだけでなく，そこに含まれる理念や価値観の分析

規制を巡る議論は，しばしば技術的な閾値や規格といった無機的な議論に陥ったり，法的な定義や文言，解釈の分析に終始してしまうことが多い。しかし，本章で論じてきたように，そうした法的・技術的なスタンダードであっても，EU が持つ理念や価値観と無縁であるとは限らない。EU がマヨーネ (Giandomenico Majone) の言う「規制国家」(Majone, 1996, 2005) として，技術官僚（テクノクラート）に権限を委譲しているとしても，彼らが無機的に判断をしているというよりは，何らかの対外的な影響力を獲得し，自らの理念や価値観を実現することを目的としているという仮説に基づいて分析を進めていく必要があるだろう。

(4) EU が実現しようとする戦略や利益の分析

マナーズ (Ian Manners) 等の「規範的権力論」(Manners, 2002, 2006; Pace, 2007; Sjurisen, 2006) で論じられるようにしばしば，EU が規制力を行使する場面では，普遍的な理念や価値観が前面に押し出され，EU は自己利益を犠牲にしてでも何かをなし遂げようとしているかのように見えることがある。しかし，EU は自らの利益や野心を全く持たないわけではなく，一つの政治共同体として，自らの利益を実現することを放棄するわけではない。EU が放つ美辞麗句の裏には，EU としての戦略や利益が存在していると考えておくべきであろう。

(5) ヨーロッパ統合の歴史的ダイナミクスを踏まえた分析

1950年代のシューマン・プランやローマ条約など，現在のヨーロッパ統合につながる一連の出来事からすでに50年以上が経ち，当初は石炭鉄鋼共同体であったものが，現在では単一市場と単一通貨を獲得し，「EU大統領」と呼ばれるポストが出来るまでにいたった。しかし，現在ではユーロ危機に直面し，単一通貨の将来が危ぶまれている。このダイナミックなプロセスの中で，新たな政策領域がEUの権限として加えられ，加盟国間の調整をするだけの権限から，独占的な権限に移行した政策領域もある。こうしたヨーロッパ統合のダイナミクスは，時として分析をする際の大きな障害となる。というのも，歴史のある時点を切り取ったスナップショットを分析するだけでは，そこにいたるまでのプロセスや，そのあいだに蓄積されたEUの統治機構の特性ないしは癖のようなものを理解することが困難であり，また，現代につながるダイナミックな変化を見落としてしまう。ある時点で正しかった分析が，EUの外部環境の変化のみならず，内的な統治構造の変化によって，その妥当性を失うこともある。したがって，本書での分析は，こうした統治機構としてのEUの歴史的変化を踏まえて行っていく。

(6) 規制力を獲得することを可能にしたEU内部の統治構造の分析

ヨーロッパ統合のダイナミックな変化を踏まえつつ，分析の対象とする時点でのEU内部の統治構造を分析することは，EUの規制力を計るうえで重要である。すでに述べたように，EUが規制力を持つためには，EU域内での規制が機能している必要があり，それを可能にするEUの統治構造を踏まえた分析が必要である。さらに，EUが規制力を発揮し，対外的な影響力を行使することによって，EU自身も状況の変化に対応していかなければならない状況も生まれてくるだろう。こうした内部統治構造の変化がEUと加盟国のあいだの関係を変化させ，その政策領域におけるEUと加盟国の権限配分の関係などを変化させていくこともあり，そうした積み重ねがヨーロッパ統合のダイナミクス

を生むことになる。

おわりに

　本書では，ここで述べたEUの規制力の定義に基づき，EUがそれぞれの政策分野でどの程度規制力を持つのかを分析する。その際，分析視角として，EUが国際秩序形成に関与する一つの主体としての役割の能力という観点，政策領域ごとの規制力の行使の巧拙，規制の中に潜む理念や価値観，EUが実現しようとしている利益，歴史的ダイナミクスと，それを踏まえた統治構造の変化という6つの点に着目し，EUがどのように規制力を行使しているのかを分析する。

　本書で展開する「規制力」という概念を切り口にEUを分析することによって，現代世界における国際秩序におけるEUとは何者なのかを見出し，グローバルな市場において，規制を通じて静かにその秩序を構築し，維持管理していくEUの姿をあぶりだしていきたい。それが最後には，同じくグローバル化する世界の中で日本が生きていく道を照らすことになると考えている。

参考文献

鈴木一人（2006）「『規制帝国』としてのEU」山下範久編『帝国論』講談社選書メチエ。

鈴木一人（2008）「グローバル市場における権力関係：『規制帝国』の闘争」加藤哲郎・國廣敏文編『グローバル化時代の政治学』法律文化社。

村木正義（2006）「予防原則の概念と実践的意義に関する研究(1)：起源，適用，要素を踏まえて」『経済論叢』（京都大学），第178巻第1号。

山本吉宣（2008）『国際レジームとガバナンス』有斐閣

Agnew, John A. (2005), *Hegemony: The New Shape of Global Power*, Temple University Press.

Bergsten, C. Fred (2008), "A Partnership of Equals: How Washington Should Respond to China's Economic Challenge," *Foreign Affairs*, July/August 2008.

Bowden, Brett and Leonard Seabrooke (eds.) (2006), *Global Standards of Market*

Civilization, Routledge.

Bremmer, Ian and Nouriel Roubini (2011) "A G-Zero World: The New Economic Club Will Produce Conflict, not Cooperation," *Foreign Affairs*, March/April 2011.

Haass, Richard N. (2008) "The Age of Nonpolarity: What Will Follow U. S. Dominance," *Foreign Affairs*, May/June 2008.

Hicks, Barbara (2005), "Setting Agendas and Shaping Activism: EU Influence on Central and Eastern European Environmental Movements," in: JoAnn Carmin and Stacy D. VanDeveer (eds.), *EU Enlargement and the Environment: Institutional Change and Environmental Policy in Central and Eastern Europe*, Routledge.

Keohane, Robert O. (1984), *After Hegemony: Cooperation and Discord in the World Political Economy*, Princeton University Press

Kindleberger, Charles P. (1973), *The World In Depression, 1929-1939*, University of California Press.

Klein, Nadia, Tobias Kunstein, and Wulf Reiners (2010), "Assessing EU Multilateral Action: Trade and Foreign and Security Policy within a Legal and Living Framework," *MERCURY E-paper* No. 6.

Krasner, Steven D. (ed.) (1983), *International Regimes*, Cornell University Press.

Linden, Greg (2004), "China Standard Time: A Study in Strategic Industrial Policy," *Business and Politics*, vol. 6, no. 3.

Majone, Giandomenico (1996), *Regulating Europe*, Routledge.

Majone, Giandomenico (2005), *Dilemmas of European Integration*, Oxford University Press.

Manners, Ian (2002) "Normative Power Europe: A Contradiction in Ferms?", *Journal of Common Market Stndies*, vol. 40 No. 2, pp. 235-258.

Manners, Ian (2006) "Normative Power Europe Reconsidered: Beyond the Crossroads", *Journal of European Public Policy*, vol. 13 No. 2, pp. 182-199.

Milner, Helen V. (1997), *Interests, Institutions and Information: Domestic Politics and International Relations*, Princeton University Press.

Modelski, George (1987), *Long Cycles in World Politics*, University of Washington Press.

Mouritzen, Hans and Anders Wivel (eds.) (2005), *The Geopolitics of Euro-Atlantic Integration*, Routledge.

Pace, Michelle (2007) "The Constraction of EU Normative Power". *Journal of common Market Studies*, vol. 45 No. 5, pp. 1041-1064.

Sjursen, Helene (2006) "The EU as a 'Normative' Power: How Can This Be?", *Journal of*

European Public Policy, vol. 13 No. 2, pp. 235-251.
Tatsumoto, Hirofumi (2011), "Global Standards, Consensus Standardization and the International Division of Labor: The Case Study of the Introduction of GSM Mobile Phone into Chinese Market," *MMRC Discussion Paper*, Apr. 2011.
Young, Oran R. (1989), *International Cooperation: Building Regimes for Natural Resources and the Environment*, Cornell University Press.
Zarif, Javad (2003), "Indipensable Power: Hegemonic Tendencies in a Globalized World," *Harvard International Review*, Winter 2003.

注
(1) もちろんこれは軍事力が無意味になったとか、軍事力が経済力に置き換わったといった類の議論とは異なる。Joseph S. Nye, "Has Economic Power Replaced Military Might?", *CNN World*, June 6th, 2011 〈http://globalpublicsquare.blogs.cnn.com/2011/06/06/has-economic-power-replaced-military-might/〉を参照。
(2) 国際貿易や人口移動など、社会科学の分野でも「重力モデル (gravity model)」が使われるが、本書では、EUが他国の政府や企業を「引きつける」ことを強調することも含め、"gravity"を「引力」と訳して使用する。
(3) EU加盟10周年の節目に議長国となっていたポーランドが加盟交渉期を振り返り、いかにポーランドがEUについて無知であり、自国の個別利益よりもEU加盟を優先したことでEUの規制を受け入れ、それがポーランドの国益を損なったかを語っている。Honor Mahony, "'Coming from Mars' — Poland Looks Back on EU Entry" *euboserver.com*, June 7, 2011.

第2章

EUの規制力と法

中 村 民 雄

はじめに

本章では，欧州連合（EU: European Union）のどの類型の規制力が法の形式で発現するのか（第1節），EUの規制力に対して法の果たす役割は何か（第2節）を一般的に論じ，規制力と法の関係をめぐる総合的な考察で結ぶ。EUの個別分野の具体的な規制力は，後続の各章において考察される。

1　EUの規制力の性質分類と法的発現の関係

EUの規制力の分類は様々な観点から可能である。技法から分類するなら，規制研究一般で用いられる分類（Baldwin and Cave, 1999: pp. 34-62）を使い，Command and Control（命令統制），Self-Regulation（自主規制），Incentive（利益誘導），Market（市場競争活用），Disclosure（情報提供），Direct Action（規制者の直接行動），Rights and Liabilities（権利義務創設），Public Compensation（公的補償・社会保障）の各類型にEUの規制力を分類することも可能である[1]。しかし，どの規制力が法的に発現するかを理解するうえでは，技法による分類ではなく，規制の客体が服従する動機から分類する，Command and ControlとVoluntary Cooperationの区別が有益である。近代法は，（主権者の）命令と（当事者の）自発的同意の二種類に法の拘束力の正統

化根拠を求めるからである。

(1) Command and Control 型の規制力と法

Command and Control 型の規制力は，一定の目的を達するために規制の主体が命令を発して規制の客体の行動を統制し当該目的に導くことができる権力現象である。導くために強制力・執行力・制裁力が行使されることもあるがそれは絶対的な必要条件ではない。命令に利益や情報提供を添えて，命令された方向へ行かざるをえない状況を作り出し，事実上客体を駆り立てる圧力さえもてるならば，この権力現象を認めることができる。EU の例でいえば，1980年代後半からドロール（Jacques Delors）欧州委員会は，1992年末までの域内市場統合の完成を（当時の欧州共同体［EC: European Community］）立法により命令し諸国と人々に強制しただけでなく，市場統合に見込まれる経済的利益をチェッキーニ報告書（Cecchini, 1988）で示させ（利益誘導），PR ビデオを作り（情報提供），1992年統合政策は好機だのメッセージをビジネス界に送り続けた。1992年に向けて行動するのが当然かのような雰囲気を醸成し，乗り気ではない諸国や人々も駆り立てた。

「法」の定義を，関係当事者が正統とみる人または機関の定める規範であって，強制力をもって特定の価値や結果を実現するように人々を差し向けるものとする立場（ベンサム［Jeremy Bentham］ら）からすれば，「法」はまさに Command and Control 型規制力の手段となる。この視点からみれば，EU 法[2]は，確かにその大部分が，EU の政策を法の命令として提示し，法の強制力をもって人にその政策を確実に実現させる手段として使われていると評価しうる。たとえば対内関係での EU の競争政策は，EU 運営条約（旧 EC 条約）と実施規則により，違反への課徴金という制裁までともなって命令が実現されている（本書第5章）。対外的にもたとえば，かつて東欧諸国が EU 加盟にむけて EU と締結した「欧州協定（Europe Agreements）」は，「EC 法の既得成果（acquis communautaire）」を全面的に無条件で受諾することを東欧諸国に義務づけたが，これは東欧諸国が加盟をめざす EU からの導きの光として各種の支援

をする「灯台計画（PHARE programme）」と抱き合わせであった。利益誘導をともなう法的命令で加盟準備過程を統制したのである。

　もっとも，EU はすべての政策領域について強い立法権をもつわけではない。ゆえに Command and Control 型の規制力を法の形態で発揮するとしても，どれほど拘束力や強制力の強い法を作れるかは，政策分野によって異なる。リスボン条約は，EU の対内・対外的政策領域を，EU のもつ立法権の強度から，「排他的権限」（最も強い）＞「共有的権限」（まあまあ強い）＞「支援補完調整的権限」（弱い），いずれにも属さない権限（強さは不透明）に分類した（EU 運営条約 3～6 条，EU 条約 24 条）。ゆえに，関係政策分野がどの権限類型にあるかをみれば，法の形態をとる規制力の拘束と強制が強く及ぶかどうかの大方の予想をつけうる。

　さらには，同じ政策分野であっても，EU の規制力が「規則」と「指令」のどちらの法形式をとるかによっても拘束力と強制力が異なってくる。「規則」は各国で直接適用されるので，そうではない「指令」よりも拘束力も強制力も強い（EU 運営条約 288 条）。ゆえに，規制力が法的に発現する場合，関係政策分野の立法権限類型（マクロの強度），具体的な法令形式（メゾの強度），その法令での命令の規定ぶり（ミクロの強度）の三局面から，規制の法的強度（拘束力と強制力）の違いを測ることができる。

(2) Voluntary Cooperation 型の規制力と法

　ところで，規制力は，規制主体の命令に客体が服従を法的または事実上迫られるという現象だけではない。規制客体が自ら進んで規制を作りそれに服する現象もありうる。たとえば業界各社が製品の規格や基準，共通の業務ルールなどに合意し，各自進んで遵守するようなものである。

　このタイプの規制力も，法として発現しうる。その場合の法の定義は，さきの法定立者の命令という定義よりも広くなる。もはや国や主権者という一定の公的な法定立者を想定しない。その規制ルールに服する者の大部分が，どれが正統な権威のあるルールかを見極めて承認するためのメタ・ルール（承認のル

ール［rule of recognition］）を一つ共有する状態があるとき，そのメタ・ルールと，それにより認められたルールのセットを法と定義する（Hart, 1961）。

　たとえば業界内の自主的合意は，合意する主体であり合意したルールに服する客体でもある同業者の大多数が〈仲間内で適切に相談して定めたルールは正統だ〉と承認する一つのルールを共有する状態が安定的に存在していれば，合意した自主規制ルールと当該承認のルールのセットを業界「法」と評価しうることになる（もっとも「法」として評価するには，内容的に正義を達成するとの条件も加わるとの立場もあるが詳論は省く）。なお，政治学者が「ソフト・ロー」と表現するものは，この広い意味の「法」に対応するものが多いが，「ソフト」という形容詞が誤解を招きかねないので使用には注意を要する（本節(3)後述）。

　EUでは，Command and Control 型の規制力の発現であるEU立法に，業界のVoluntary Cooperation 型の規制力が生んだ法のルールを，公式にEUの法として認知して取り込むやり方が1980年代後半に登場した。1985年に発足したドロール欧州委員会が採用した製品の規格や安全基準についてのEU立法の新方式である。それ以前はEUの立法者は全面調和（full harmonisation）方式をとっていた。これはCommand and Control 型規制力が法的に発現し，すべての構成国に共通の規格・基準を詳細に定めるものであった。しかし厳格さにこだわるあまり立法に時間がかかり，産業界の要請に迅速に対応できない難があった（Lauwaars, 1988: pp. 154-155）。ドロール委員会の新方式では，全構成国に共通の最低限の安全基準など不可欠の水準のみEU立法で設定し，規格や基準のその他の面については関係業界の自主規格・基準に委ねるとEU立法で規定して，業界の自主的ルールをEU法として認知するやり方にした。立法のフットワークを軽くし，業界の技術革新についていきやすくするメリットもあった。

　民間自主ルール（Voluntary Cooperation の法的発現）を立法（Command and Control の法的発現）に取り込むという，この複合技法の類例として，フランスやベルギーで民間の有力労使団体間で結んだ労働協約を，国が法として

一般的効力を認めることで，当該団体に属さない労使一般にまで適用範囲を拡張するやり方がある（盛，1989）。EU でも社会政策の分野で同様の拡張方式を取りうることが1990年代の EC 条約規定に盛り込まれた（旧 EC 条約139条＝現 EU 運営条約155条）。

純粋に Voluntary Cooperation 型規制力だけの法的発現として例に挙げられるのは，EU の対内関係では，EU の裁判所と構成各国の裁判所（以下，各国裁判所）のあいだの協力関係である。これは規制力風にいえば，EU の裁判所である欧州司法裁判所（ECJ: European Court of Justice）から発される司法的規制力が各国裁判所に及ぶ現象であるが，この規制力の性質は，1950年代から1990年代初頭までは Voluntary Cooperation であって Command and Control ではなかった。この点は意外に思われうるので，説明しよう。

1950年代の EC 設立当時から1992年のマーストリヒト条約による EC 条約改正があるまでのあいだ，ECJ と各国裁判所の関係は，相互独立の裁判所間の対等の協力関係として運用されていた[3]。各国裁判所は，各国の法により成立する機関であって，国内では司法の独立が保障されるから，立法・行政部からも独立である。ECJ は EU の設立条約により成立する司法機関であって，やはり EU の立法・行政機能を発揮する諸機関から独立である。そして ECJ と各国裁判所は相互に法的に独立である。こうした独立の ECJ と各国の裁判所とは，上級審と下級審といった上下関係にはない。とはいえ両者は EC 条約が設けた「先決裁定制度」（旧 EC 条約234条＝現運営条約267条）により相互に協力するよう期待されていた。ただしこれは期待であって，協力は各国の裁判所の自主判断に委ねられていた。

では先決裁定制度とは何か。これは EC 法の統一的な解釈・適用を確保するための制度である。EC 条約は EC が規則を制定でき，その規則は構成各国で直接適用されると定めた（旧 EC 条約249条＝現運営条約288条）。そのため各国内の個人が EU 規則上の権利を国や他の個人に主張する各国裁判所での裁判が予想され，EU 規則の解釈や効力が争点になりうる。そのような場合に ECJ が統一的な解釈判断を下せるように，各国の裁判所は ECJ に EU 法上の争点

を先決問題として付託する。それにECJが裁定を下し，その裁定に示されたEC法に基づいて各国の裁判所が判決を下す。この制度が先決裁定制度である。設立条約は，各国の裁判所のうち，終審の裁判所は先決問題を付託する義務があるが，下級審は付託する裁量をもつと定めた。ゆえに，下級審にとっては文字通り自主的協力である。また終審にとっても，付託せずにいても1990年代初頭までは不利益を科されえなかったので，実際には自主的な協力と同然であった。

　このように先決裁定制度は，本質的に各国の裁判所の自発的利用（自主的協力）に依存した制度であった。ECJは各国の裁判所の自主的協力を取り付けなければ，EC法の解釈・適用の統一性は図れないであろう。そこで各国の裁判所の自主的協力を取り付けることは重要な利害となった（取り付けの成功については第2節後述）。ここで確認すべきは，先決裁定制度に支えられたEU司法部の規制力が本質的にVoluntary Cooperation型の規制力の法的発現形態であったこと，それゆえ〈ECJがいうEU法が正統なEU法である〉という承認のルールを各国の大部分の裁判所に共有してもらう状態をECJが作り出せるかどうかが各国でのEU法実現のカギとなったということである。

　これまでの検討をまとめよう。
　①規制力は事実の世界の権力現象である。それは法の形式で発現することもあるが，全部がそうというわけではない。
　②EUの規制力の多くはCommand and Control型の規制力であって，それらの多くは対内的にも対外的にも法として発現している。
　③しかし，EUの対内的・対外的な立法権限は政策分野によって強弱をつけて付与されているから，Command and Control型の規制力を法により発揮するにしても，どれほど拘束力と強制力の強い命令としてのEU立法ができるかは，政策分野により異なる。また採用する法令形式によっても異なり，さらには具体的な規定の仕方によっても強さは異なる。
　④規制力はVoluntary Cooperationからも生じうるし，それが法的形態をとることもある。

⑤そこで EU の立法権限が弱い分野や，EU の立法手続が全構成国政府の全会一致を要するなど重すぎて社会変化に適時についていけない立法事項については，詳細な立法の代わりに枠組だけの命令がつくられ（③），詳細は業界内の Voluntary Cooperation 型規制力から生まれた自主的ルールを（④），EU の法としても認めるとして，EU 立法の大枠に取り込むといった複合技法も工夫されたりしている。

(3) 規制力と「法もどき」

EU が詳細に立法できない分野（＝立法権自体が法的に制約された分野）や，立法しにくい事柄（＝立法権の行使が政治的に困難ないし遅延する立法事項）についてなお EU が規制力を及ぼそうとするとき，「法もどき」の言説が用いられることも少なくない。

「法もどき」の言説（pseudo legal discourse）とは，法ではないことを強調する筆者の造語である。すなわち，「法」の狭い定義（定立者の命令）にも広い定義（一つの承認のルールとそれにより統率される一群の具体的法ルールの集合）にも該当しないが，あたかも法であるかのような外見をもつ言説である。その言説は，広狭いずれかの定義の「法」に将来は結晶していくかもしれない（その途上にあるものは「法準則候補（quasi legal rules/principles）」と呼びうる）が，最後まで「もどき」で終わるかもしれない。

EU の対外的な国際法形成活動（条約や協定の交渉，国際組織での新原則の提案など）や対外的な外交活動を見ると，しばしば EU 域内で確立した規制力を域外にも「法もどき」の言説で及ぼそうとしていることに気づく。もちろん EU の規制力を「法」を使って及ぼそうとする直截の企てもある（EU 競争法の域外適用など——本書第 5 章）。

「法もどき」の例としては，「人権保障」「法の支配」「民主的統治」の原則を国際舞台に持ちだして開発援助の条件にする例（本書第11章）や，「動物の福利厚生」を WTO の紛争解決手続で主張する例（本書第 6 章）などがある。「人権保障」「法の支配」「民主的統治」は今や EU の「価値」とされ（EU 条

約2条)，かつEU外交の指導原則とされている（EU条約21条)。「動物の福利厚生」（運営条約13条）はEUの政策の形成と履行においてEUと構成国がつねに考慮する義務を負う重要な原則として，基本法規たるEU設立条約に定められるにいたった。いずれもEUの対内関係においては，EU市民社会のあり方に関するCommand and Control型規制力の正統な法的発現である。しかし対外関係において，EU域外の国や人々にまで，それが正統な法原則と承認されるかどうかは別問題である。承認されないならば，EU域外では「法もどき」にすぎない。仮に承認されて「法」といえるとしても，内容について諸当事者の解釈を許すようなら，法の内容は不確定となり，拘束力も微弱となる。その結果，規制力の効果としては「法もどき」と大差ないかもしれない。

　より一般にいえば，現在も国際社会は一つの政府に統一されていないので，承認のルールも全世界で一つに収斂していない。貿易紛争を扱う専門店として世界貿易機関（WTO: World Trade Organization）を設立し，貿易については〈WTOで決めたことを正統な法として承認する〉というルールをWTO加盟諸国は共有するのでWTO法は加盟諸国間では法であるが，非加盟国からはWTO法の権威（正統性）を認められない可能性がある。国際社会は，問題ごとにWTOや世界保健機構（WHO: World Health Organization）や国際労働機関（ILO: International Labour Organization）など部分的な法秩序が多数散在している。そういう専門店の部分的法秩序や諸国間の法秩序に横断的に共通する国際法原則（法の一般原則や強行規範など）も存在すると国際法学者は考えるが，具体的にそれが何かは争われている（Orakhelashvili, 2006: pp. 40-44)。また専門店の法秩序の相互関係についても，法的にあるのかどうかは不透明である（Lavranos, 2004)。EU法もそうした国際社会の部分秩序（専門店）の一つであって，そこでの「動物の福利厚生」の配慮原則が，別の専門店（WTOなど）での法として承認されるかどうかは，それぞれの専門店のもつ承認のルールに左右される。

　そのような国際社会では，必然的に「法もどき」言説が多く飛び交う。専門店EUは自分の店内では規制力の法的発現が多いから，その経験をもとに，よ

り広い国際社会に向けて「法もどき」の言説で規制力を及ぼそうとすることが，有力国家以上にやりやすいであろう（環境分野の例は本書第7章。またEU域内の「予防原則」を国際社会にも売り込む例は，中村，2001）。けだしEUはヨーロッパ地域での国際的・越境的な規制力の法的発現実験をしており，それをグローバルな単位での規制の先行モデルになると宣伝でき，他の国家も国際組織もこの宣伝に比肩しうる経験蓄積が今のところないからである。加えてリスボン条約は，対外関係規定の総則に，EUの価値を対外的に広めることを目標に掲げたから（EU条約21条），「法もどき」EU価値外交の法的根拠まで完備した。ゆえに今後も続くことであろう（中村，2010）。以上が，EUが発揮する規制力の諸形態の性質と法の対応関係の概観的整理である。

　なお，本章で「ソフト・ロー」という用語は意図的に用いていない。「ソフト・ロー」のソフトは，ハードとの対比で，強制力がないことや内容の明確さを欠き拘束力を認めがたい規範ゆえソフトといわれることが多い（Senden, 2004: pp. 111-113）。しかしそれより以前に「ロー」と評価できるには，そもそも関係する主体のあいだで正統な権威があるものとして認知される必要がある（さらに内容的に正義を達するかという正当性も法の評価では問われうる）。ハードとソフトの対比は，ローとしての権威が成り立つうえでの対比である。その点を自覚しないと，宗教的戒律や道徳律（これらはそれを信奉する人にしか権威がない）を通して関係主体すべてを説得し誘導する現象まで「ソフト・ロー」による規制力と表現しかねない。これでは「法」と「道徳」の区別をめぐる法学の長年の議論を無にし，「法」の概念を希薄にし，権力現象たる規制力を産みも規律もする「法」の固有の役割や意義を考察できなくなる。それゆえ本章では，法としての権威の発生の側面を強調し，価値外交に現れる言説や法にしようと企てる言説にあらわれる〈法命題めいたもの〉については，「法もどき」と表現して「法」ではないと言い切る立場をとった。そうすることで政治学においても，「法」でないのは正統な権威が欠けるからなのか，内容上の正当性（正義）に欠けるからなのかといった分析へ進むことができ，その際に法学の知見を利用できるであろう。

2　EUの規制力と法の役割

EUの法は，以上のように規制力を発生させ維持する意味で規制力の基礎と

なり、また道具となる。しかし規制力を規律し統制する役割も担う。EU の規制力の歴史的展開を振り返ると、EU 法は当初は規制力の基盤・道具としての役割を大きく果たした（今日でもその役割を担っている）が、ときには EU の規制力を統制する役割も見せてきた（十分かどうかは議論の余地がある）。

(1) 規制力を発生させ強化し拡大する役割

EU 法は、(command and control 型であれ voluntary cooperation 型であれ) 規制力の根拠を提供し、かつそれを正統な権力として演出できる点で固有の役割を果たす。これは、「法により規制権力が生じたから正統だ」と人々が考えるという意味だけでなく、そもそも権力の正統性を人が観念する思考枠組みそのものを法言説が作り出すという根本的な意味に及ぶ。

その例が、EC 条約が作りだす法秩序の性質についての ECJ の言説であった。EC 設立初期から ECJ は、EC 条約が「条約」のかたちではあるが、国家間の自発的合意としての伝統的な「条約」を超えていると主張した。すなわち、構成国から独立の統治権（立法・司法・行政権）を限定された範囲でもつ共同体を設立し、その共同体では、構成諸国だけでなく諸国民も統治の直接の主体かつ客体となる。これは前例のない「新しい法秩序（new legal order）」である。そのような共同体のために、EU 各国は主権的権利の一部を無期限に制限ないし移譲した、と考察した[4]。

ECJ は伝統的な条約と違う新しさを、分野限定的ながら包括的な統治三権を EC がもつことと、EC の統治に EC 諸国民も主体かつ客体として関与している点に求めた。統治三権、そして国民の主体性に着目する論法は、伝統的にヨーロッパにおいては近代啓蒙期以降、国民国家の権力を構想し正統化する際の思考枠組みである。それに意図的に訴えて、構成各国の「憲法」において共有されてきた〈国家では最終的な決定権力の保持者であるべき国民だけが「憲法」を正統につくりうる〉という人民の「主権（sovereignty）」や「憲法制定権力（pouvoir constituant）」の論法が EC に類推できると人々に暗示した。多くの人がその言説に引き込まれるなら、〈EU 諸国民が各国政府という代表を

通じて超国家機関EUに権力の一部を信託あるいは付与したがゆえに，EUにも何がしかの国民由来の政治的な正統性があるのだ〉という理解も出てくるであろう[5]。事実そういう理解は生じて持続し，2004年の欧州憲法条約においては第I-1条の明文（「この憲法は，共通の未来を建設する欧州の諸市民および諸国家の意思を反映して，欧州連合を設立」する）となって現れたりもした。皮肉にも無視できない数の市民の反対意思表明によりこの欧州憲法条約は頓挫し，この条文もリスボン条約では消えた。とはいえ，国民・市民由来の正統性を語ってEU権力を正統化する思考枠組みは今も根強く残っている。このように，すでに人々が近代国民国家の枠組みで慣れ親しんだ法的論法・思考枠組みの類推に訴えることで，ECの支配の正統性を人々にも各国に観念するように導けるのは，法に独特の役割であった。

　もちろん，こうしたECJの言説にどれほど説得力があったかは別問題である。むしろECJの言説が発された当時，それが伝統的な国際法とも各国憲法とも一線を画す「新しい法秩序」の論理であるがゆえに，多くの国や人々には単なる「法もどき」に映ったかもしれない。特に当時のEC法制度は，ECJとEC各国の裁判所との自発的な協力関係に支えられていたから（前述・第1節(2)），各国裁判所がECJの言説を受け入れなければ，ECJの権威は「もどき」のまま失墜したであろう。ところが，実際にはそうならなかった。むしろEC法の運用に関与する諸主体（各国裁判所，各国政府，各国の人々）はECJの言説を受容するか，少なくとも拒否はしなかったのである。

　何故受け入れられたか。①人々はECJの言説のおかげで，国内裁判所でも行使できるEC法上の新たな自由（国を超えて経済活動を自由にできる権利）を得た。大部分の人にこれは純粋にプラスの獲得物であった。②各国政府は条約起草時の意図と異なる解釈をECJがしても，それを容易に覆せなかった。構成国はそもそもEC法をめぐる紛争はEC条約に定める裁判機関（＝ECJ）以外では争わないと確約していたから（旧EC条約292条＝運営条約344条），ECJの権威を進んで認める自分の約束に拘束されていた。そして当のECJも言説をEC条約の「解釈」として展開したので，ECJの権力濫用（司法の仮面を被った立法）とは断言できなかった。ECJのEC条約「解釈」を変更させる道はEC条約の改正であったが，これは全構成国の合意と批准を要した。各国の対EC利害が異なる中での条約改正の全員合意は極めて高いハードルであった。

③各国裁判所がECJの言説を受け入れた理由については，政治学者オルター（Karen Alter）が（各種の先行説を批判したうえで）「裁判所間競争（inter court competition）」から説明している。すなわち，ECJにも各国裁判所にも固有の利害がある。ECJは各国裁判所のもつ強制力を獲得することと，EC法を各国で統一的に適用させることに利害をもつ。各国裁判所は国内法では達成できない正義をECJを通して実現することに利害をもつが，国内法の体系的一貫性を維持することにも利害をもつ。この利害の違いから，特に国内の下級裁判所は上級裁判所からの拘束や国内法上の制約をEC法に訴えることで逃れられるのでECJに先決裁定制度を通じて積極的に協力する。しかし国内上級の特に最上級の裁判所は，国内の政治部門が国内法の改革に消極的であるといった国内法のもたらす不正義を克服する一つの手段としてEC法に訴えて法改革を推進するときはECJに協力するが，国内法に特に難もないときや国内法からみてEC法のほうに難があるときは，ECJの言説を全面的に受容する利害はもたない。ゆえに上級審ほどECJとの協力は必ずしも安定的ではなくなる，と説明する（Alter, 1998: pp. 241-244）。

　この説明は，ドイツやフランスなどの上級の裁判所が時折見せたECJ言説への拒否反応をよく説明するが，説明が利害の打算に傾き過ぎている。専門職としての法学の話法がもつ独自の説得力も要因として説明に追加すべきであろう。裁判所間の協力は，利害の打算だけで成り立つものではなく，法学という専門知識共同体（epistemic community）の話法に従ったものでなければそもそも成立しないのである。法的な概念や論理の共有または共有可能性がなければならない。ECJはその点に当初から敏感であって，巧みにヨーロッパ諸国に共通の法の遺産をもちだしては，多様な各国法の基層をなす（かにみえる）「ヨーロッパ共通法（ius commune）」（の幻想）に訴えかけた。たとえば「新しい法秩序」の神話を，各国憲法に普遍的だった国民の「主権」や「憲法制定権力」の法的論法の類推に暗に訴えたのもそうである。「直接効」や「優位性」の法理を導く際に，法典の解釈方法に即してEC条約を（憲法典に見立てて）解釈したのもそうである。さらにまた，欧州基本権憲章（2000年公布）が作られるまでEC法には個別具体の人権規定がほとんどなかったにもかかわらず，1970年代からすでにECJは不文のEC「法の一般原則」の一つに人権・基本権の保護があると述べて[6]，素人からみればEC法の「穴」に見えるものを，法の専門家のあいだでは立派に通用する「不文法」の論理で塞いだ。そのときも，具体的な人権・基本権の特定は，「各国憲法の共通の伝統」やEU諸国が加入した国際条約（欧州人権条約など）から着想を得るとECJは述べ，具体的権利の特定への手がかりとなる法的素材が，ヨーロッパ諸国に共通に存在すると強調

することを忘れていない。このようにヨーロッパ諸国の法学知識集団に共通する基層・遺産に訴えながら，EC法と各国法の相互乗り入れ可能性（inter-operability）を各国の法曹・裁判所に説得していったのである。ECJの論法は法学の話法に従っている限りは，各国裁判所に新しくはあっても奇異には響かなかった。

こうしてEC運営の関係当事者すべてが，設立初期に展開されたECJの言説に異論を唱えないままEC運営を続けた。この政治的事実の蓄積から〈ECJがいうEU法が正統なEU法である〉という認識が関係当事者（人々・各国政府・各国裁判所）にやがて広く共有されて承認のルールとなり，ECJの論法に従ったEU法秩序の性質理解が（たとえ当初は「もどき」だったとしても今や）「法」的理解として定着していったのである（中村，2005）。

さて，EU法は規制力の根拠を提供し，かつ正統化するだけでなく，規制力の強化と拡大も進めた。主たる貢献者は，1960-80年代においてはECJ（判例法の展開）であり，1980年代後半からはEUの立法部門（1992年市場統合立法）と構成諸国政府（EU条約改正）であった。立法や条約改正による規制権限の強化と拡大は自明であるから割愛し，ECJの貢献例を瞥見する。

ECJは，法のかたちをとった規制力の強制力を強化する一連の判例法理を展開した。対内関係から見ると，1960-70年代には，①旧EC条約（＝現運営条約）におかれた基本原則（商品・サービス・資本・労働者の自由移動原則など）の規定や，EU立法（規則・指令・決定など法的拘束力のある措置）について，文言と内容が明確かつ無条件であるなら，各国の法的措置を通した受容がなくても，直接に各国の国民に各国の裁判所で行使できる権利を発生させる効果があると判例法で認めるようになった（「直接効」の法理）[7]。②そして直接効のあるEU法は，抵触するあらゆる各国法に優先して適用されるべきものと判断した（「EU法の優位性」の法理）[8]。

この二つの法理を各国の裁判所が受け入れるならば，EU条約の基本原則を害する構成国の行為（立法など）から不利を被る各国の国民個人が，直接に国内の裁判所でEU法上の権利を主張し，優先的にその権利の保護を受けられる。各国の裁判所は各国内での独立の司法部として，当該国の政府や立法部に対し

て強制力のある判決を下すことができるので，EU法上の権利も強制力を得ることになり，EUの規制力は格段と強化されるであろう。特に1970年代にEUの立法部門の活動が停滞したあいだも，ECJはEC条約の基本原則規定に次々と直接効を認めて域内の経済市場の自由化を進め，各国の裁判所も概ねECJのそういう判断を受け入れた。またECJは，EU条約の基本的自由（移動の自由など）の多くは，私人と構成国の（垂直）関係だけでなく，私人間の（水平）関係にも直接効が生じると判断したので，EUの規制力は構成国に対するだけでなく私人間にも拡大した。

③1980年代に入ると，EU法は各国法の上位に立つ規範ゆえに，各国の裁判所は各国法を関係するEU法と矛盾抵触しないように適合的に解釈する義務があるとECJは述べるようになった（「適合解釈」義務の法理）[9]。④1990年代になると，EU法に十分重大に違反した構成国の行為のために損害を被った当該国の個人は，当該国に損害賠償（国家賠償）を求める権利があるという，賠償責任法理が，EC条約に「内在する」とまで言うようになった[10]。

これらの法理も各国の裁判所は受け入れた。以上の①から④の累積により，法の形態をとるEUの規制力は，構成国に対して強化され，また域内の私人に対して拡大された。

1986年以降は，「域内市場」の完成のために立法をする権限を定める広い根拠規定がEC条約に挿入されたので（旧EC条約100a条≒運営条約114条），280を超えるEC立法（形態の規制力）が多分野に現れたが，この広い立法根拠規定が許す範囲を超えた違法な立法とECJが認めた例はほとんどなかった[11]。EC立法の範囲が拡大するほど，構成国の立法権限は制限されるが，ECJはEC側の立法権限の限界を画する法理をさして熱心に展開しなかった（そのため，リスボン条約でこの点が明文化されることになった）。

対外関係についても，EUの規制力強化がECJの判例法により進められた。中でも，1970年代初頭に，ECJが判例法によりECの対外的な「黙示的条約締結権限」を認め，しかも場合によってはその権限がECの「排他的権限」となると認めたことは大きな貢献であった。

敷衍すると，1980年代末まで，EC条約が明文でECに与えた対外権限は，通商権限にほぼ限定されていた。他の政策分野の対外行動権限は，未だ各国に残留するとEC設立当初は考えられていた。ところがECJは，1970年のERTA（AETR）事件[12]で，EC域外のヨーロッパ諸国とのERTA条約（陸運業労働者の安全措置を定める国際条約）を締結する主体は，ECの構成諸国かそれともECかが争われたとき，一般論としてはECが対内関係で立法権限を行使した事項については，並行して対外的な条約締結権限もECに黙示的に生じると認め（「黙示的条約締結権限」の法理），しかも係争の国際条約の内容によってはECに専属排他的に締結権限が属しうると判断した（「排他的権限」の法理）[13]。対外権限の明文が閑散としていた1980年代末までのECにとって，この一般論は一獲千金に値した。ECが対内立法により規制力を各分野に発揮すればするほど対応して対外的にも条約締結権限が黙示的に生じ（しかも内容によりECに排他的に生じ）るから，域外国へもECが「条約案」（「法もどき」）を堂々と提示し，アイディアを波及させることができるようになったのである。

その後1990年代の（マーストリヒト条約・アムステルダム・ニース条約による）EC・EU条約の改正のたびに，ECの分野別・事項別の対外権限の明文が増えた。それらは黙示的権限法理による実務の追認であることが多かった。また1990年代の特徴は，外交・安全保障の分野にEUの条約締結権限が認知され，確立していった点にある。1993年発効のマーストリヒト条約では，EUの外交安全保障政策分野に「閣僚理事会」が条約締結権限をもつと認められた（当時のEU条約24条1項）。ただし当初そこにいう「閣僚理事会」が，個々の構成国の集合表現なのか，構成国から独立のEUの機関としての表現であるのか曖昧であったため，EUとして外交安全保障の分野で条約を締結する実務はなかった。しかし，2001年発効のニース条約で，外交安全保障分野の閣僚理事会が締結した国際条約は「EU諸機関を拘束する」との規定が追加された（当時のEU条約24条6項）。しかも2001年には，EUの名で第三国と国際条約を締結する例も現れた[14]。こうして構成国とは別個独立のEUが国際法上の主体とし

て条約を締結しその義務を負うという根拠と実務が整っていった。ついに2009年発効のリスボン条約ではEUに法人格が明文で付与され（現EU条約47条），外交安全保障を含め，分野・事項を限定しない，一般的な条約締結権限を明文で与えられるにいたった（EU運営条約216条。詳細は，中村，2010）。こうしてEUは確固とした対外行動の法的根拠を（EU対内的には）得た。しかも，リスボン条約では，EUの対外関係の総則において，EUの国際舞台における行動は，「民主主義，法の支配，人権および基本的自由の普遍性および不可分性，人の尊厳の尊重，平等および連帯の諸原則，ならびに国際連合憲章の諸原則および国際法の尊重」に導かれ，それらを広い世界において推進するものとされる（現EU条約21条1項）。つまり，これらのEUの価値を国際社会で積極的に推進するマンデート（交渉使命）を，EU条約によりEU諸機関は負わされている。EUはすぐれて法的に成立した団体であり，現在のところその行動を法的に（権威があるとの）正統化と（内容的に正義であるとの）正当化をするのが対内的には最も有効であるから，今後ますますこのような価値的な側面を加えて対外行動を推進するであろう（後述「おわりに」）。たとえばEUは韓国との自由貿易協定を締結する際に，並行して政治協力枠組合意（という名の法的拘束力のある国際条約）もセットにして交渉するように迫り，それを達成した[15]。これは経済力をテコにしてEUの政治的価値の認知を韓国に法的に迫り成功した例であり，EU規制力の対外行使の強化例である。

　規制力の強化に対するECJの判例法の別の面での貢献は，WTOや国連など他の国際組織の作りだす国際法に対するEU法の独立・自律性の強調である。これはEC/EUが明示的に引受けた国際条約上の義務でない限りは，EC/EUの側から自発的に国際条約の義務をEC/EU法よりも上位の規範として受け入れることに消極的な判例として現れる。

　これはWTOとの関係で顕著である。ECJは，域外国に対してとったEUの通商制限的な措置をWTOの法に照らして違法性を審査することはできないと述べる[16]。その結論は当該EU措置がWTOの紛争解決機関で違法と認定されたとしても変わらない[17]。その理由は，ECJによれば，そういう審査

をするには，WTO 法が EU 法秩序内で直接の効力があることを認めることが前提であるが，それは認められない。何故なら，EU 法は共同体を形成する法であるのに対して WTO 条約の法は国家間の交渉を基本とする法であるから根本的に性質が違うからである。さらに ECJ は外交政策的考慮も理由に挙げている。すなわち，EU の有力な貿易相手国（アメリカなど）が WTO の法の国内直接適用性を認めておらず，国内では WTO 法に拘束されないという解釈をしているとき，EU だけが進んで WTO の法に EU 法秩序内でも拘束されると解釈するなら，WTO 法の実施をめぐる国際交渉で EU だけが進んで WTO 法への自縄自縛の不利を背負うことになって戦略的に不適切であるというのである[18]。このような理由づけは（リスボン条約で EU が強調する国際法と多国間主義の尊重という立場と整合しないように思えるがともあれ），国際法における EU 法の自律性を強調することで，グローバルな国際社会における主権国家と相応の規制力発揮の地場を EU に保証しようとする狙いは明らかに読み取れるであろう[19]。

(2) 規制力を統制し規律・制限する面

他方，EU 法は EU の規制力を規律し統制する役割もある。対内的にはこの面が強く意識されていた。EC 設立時から起草者は，EU の法的行為（「規則」「指令」「決定」などの形式をとる）の効力の有無を ECJ が審査する訴訟手続を備えた。実際，EC・EU の法的行為のうち個別具体的な人や状況を特定した法的措置（行政的措置）については効力を審査し，取消や無効を宣言した例が豊富にある。これはしかし，規制力の存在そのものを否定せず，個別事例へのその適用の違法を正すものにすぎない。

そのような事例で近時の著名な例は，テロリスト資産凍結事件である。その一つ，カディ（Kadi）事件（ECJ 上訴審判決）[20]では，国連安全保障理事会の制裁決議を EU 内で実施するために，同決議にテロリスト支援者として名前が挙げられた特定の諸個人の資産凍結を EU は EC 規則で命じた。不意打ちで資産の凍結を受けたカディ（Yassin Abdullah Kadi）氏は聴聞もなく不利益処分

を受けた違法があると主張しEC規則の無効を訴えた。ECJは,「法の一般原則」として保障されるEC法上の基本権の一つである公正な裁判を受ける権利(の一部としての聴聞の権利)を侵害するので当該EC規則は無効と判断した。

　この事例での注目点は二つある。第1は,EU自体の規制力の発揮に対する統制というより,グローバルな国際組織・国連の規制力がEUおよび,それをEUがEC規則により実施した例だという点である。それに対してあえてECJが法的な統制をかけたということは,EC規則の統制のかたちを取りながらも,実質的には国連レベルで行われる対個人の一方的な制裁制度では,人権保障が手薄であるという批判をECJが国連に対してする意味合いがあったともいえる。ゆえにこの事例は,グローバルな規制力に対するEC法からの統制を試みた果敢な例ともいえる。

　第2は,本件でカディ氏の主張を認めても,前提となるグローバルおよびEUの対テロ規制力自体は裁判所が否定していない点である。本件はEUのテロリスト規制力を前提にし,その一個の適用例での手続上の違法性を論難したにすぎない。それゆえ,カディ氏からみれば,およそ自分を含めテロ防止目的での個人への経済制裁などEUの設立目的ではなく,EUが手を染める権限などないという主張(EUの権限欠如＝EU規制力の全否定)が通ったわけではなかった。カディ事件のECJは,EC/EU条約に一般的なテロ防止目的や第三国への経済制裁の手段を規定するからには,テロリスト支援者と目される特定個人を経済制裁する目的も,明文がなくてもEC条約の「背後」に「黙示的」にあると論じ,その結果,EU政治部門によるテロリスト規制力行使という既成事実を追認することになった[21]。

　ゆえに,EUの発揮する規制力そのものに対する根本的な法的統制があるかどうかは,規制力を根拠づけるEC・EUの一般的な立法への司法審査(当該EU立法がEC条約や「法の一般原則」などの上位規範に反して無効といった判断)をECJがした例を探らなければならない。

　そのような例は1990年代までは少なかった。そもそも当時はそのような訴えを起こしにくい構造であった。一般的に適用されるEC立法をEC諸国の個人

は原則として争えないというのが古くからのECJの判例である[22]。その結果,一般的に適用されるEC立法の効力を争えるのは,立法の当事者(EC諸機関と構成国)に限られていた。しかし1980年代半ばまでEC立法は,欧州委員会が提示し,閣僚理事会の修正を欧州委員会も容認したうえで,閣僚理事会が全会一致で採択していたから,採択した立法を後になって違法と争う構成国やEC機関は現れにくかった。1990年代以降,欧州議会が「共同決定手続」(≒現「通常立法手続」)により立法の採択権を閣僚理事会と同等に行使できるようになり,閣僚理事会も欧州議会のつける修正を無視はできなくなったうえ,閣僚理事会は「共同決定手続」では原則として特定多数決で採択すべきものとされたので,欧州議会との妥協で形成された閣僚理事会の多数決に反対した少数派の構成国が,採択された立法を違法と訴える例が散見されるようになった[23]。そうなってもなおECJが,一般的に適用されるEC立法を違法とする例は少なかった。

特にEC/EUの立法権限の欠如を理由にEC/EU立法を無効とする例はほとんどなかった。EC/EUの立法権限は(カディ事件に典型のように)拡張的にECJに解釈され続けたからである。構成諸国は,テロリスト制裁など事象によっては拡張を歓迎したものの,野放しにすることには国内の世論・政治からの批判もあり反対であった。そこでリスボン条約では,EUの「隠れた権限拡大(competence creep)」(=構成国の自律的な立法権力への浸食)を防止するために,EUが条約で付与された権限しかもたないことを明文化し,かつEUのもつ立法権限を性質分類して,「排他的権限」「共有的権限」「支援補完的権限」などの類型ごとにEUと構成国の立法権限の配分を法的に明確化しようとした(運営条約2〜6条)。構成諸国は,立法的手法(EU条約の改正)により,EUの規制力の自己増殖的な拡大を法的に規制しようとしたのではあるが,ECJが構成諸国の期待通りに規定を解釈する保証はない。

ECJがEU立法に対する司法の統制を効かせる面もないわけではない。数は多くないが,EU法上の人権・基本権に照らしてEC/EU立法の効力を審査する立場は比較的早くからECJもとってきたが,最近までEC/EU立法を無

効とした例はなかった[24]。しかし，リスボン条約の発効によりEU基本権憲章に法的拘束力が付与された2010年代以降は，基本権侵害を理由にEU立法の無効を宣言する例もでた。たとえば，農業補助金氏名公表事件[25]では，EUの農業補助金の受給者の情報開示制度を定めるEC立法が，受給期間後も受給者の個人情報を公表し続ける義務を一律に課している点で個人のプライヴァシーや個人情報を保護される権利を過度に侵害するものとして無効とされた。また男女保険料平等事件[26]では，保険サービス提供について男女平等原則の適用除外を明確な期限なく続けうる規定が争われ，明確な期限のない例外の容認は原則の実効性を損ねることから，男女平等原則に違反し無効とされた。

おわりに——ヨーロッパ流の正義感を示し，公共善を求める法

　人権・基本権に基づくEU立法（に具現される規制力）への統制の例から，EUにおける法の第3の役割が明らかになる。それは法が，EUなる社会を想像かつ創造し，そこで共有されるべき正義ないし公共的価値を表明し，EU社会での公共善の形成に資するよう言説を展開し続けるという役割である。これは規制力の強化にも統制にも働く。

　1950-80年代にかけて，ECは，ヨーロッパ地域の平和の恒久化のために，経済分野に広汎な諸国・諸国民の「連合の基礎」を築くと表明していた（ECSC条約・EC条約の前文）。当時，ECの公共善の企ては，国を超えた経済的自由市場を形成して復興と成長を促進し，西ヨーロッパの人々の和解とその地域の不戦共同体化を進めることであった。EC法が達成する正義の中心は，新たな経済的自由の保障であった。当時，対外関係については，ECが国際社会の一個の主体として認められることが最優先課題であり，ECJも国際社会でのECの行動能力を確保する判例法（黙示的権限の法理など）をまず展開させた。当時のECの対外行動に，一環した正義の表明や国際社会での公共善の企てを見出すことはできない。貿易でいえば，一方で域内市場ではGATT以上の自由化を行い，対外的にもGATTに即した自由貿易を唱えたが，他方で

1980年代に主要貿易相手国（日本など）からの輸出攻勢に会うと、GATT 違反濃厚のダンピング対抗規制や輸出自主規制の取りつけを行って保護主義に走るなど、国際社会の一員としての EC が達成したいものは見えなかった（大平, 2007）。

1980年代後半以降、EC が国際社会の一主体として地位と能力を他国・他の国際機関から認められるようになってからも、EC に一貫した対外政策の基調があったとはいいがたかった。EC が域内で得た経済的規制力を、国際社会で比較優位に立てる論点について、局所的に対外的にも発揮するといった、体系性のない散発的な対外行動が主流であった（環境政策など——本書第7章）。

そのような散発的で局所的な対外的規制力の行使であっても、国際社会に事実上の影響力をある程度もってきたのは、いくつかの要因があった。第一に、EC は、域内の諸国法のすり合わせや知恵の持ちよりから規制力の根拠法をつくることが多いため、ヨーロッパ地域でのミニ国際社会で通用する規制を、世界全体に対しても、あるべき規制のモデルとして提示することが、相対的にやりやすかった（前述第1節(3)）。第二に、国際組織の制度面でみても、EC 諸国は、他の主要な国際組織の運営において影響力を行使しやすい地位にあった（たとえば国連安全保障理事会の常任理事国、GATT 交渉での EC ブロック形成など）。

1990年代以降、EU の制度が創設され、明確に外交・安全保障政策を閣僚理事会事務総長が EU「上級代表」として実践できるようになり、また経済の EC と外交の EU の制度的な連携も図られるようになると、域内・域外の政策の一貫性もいっそう自覚するようになった。たとえば域内での人権侵害構成国を政治的に制裁する手続を設けると、対応して EU 加盟の条件に人権保護水準を掲げる、あるいは対外開発援助に人権や法の支配の確保を条件につけるといった動きがでた。2009年に発効したリスボン条約は、さらに EU の「価値」を初めて明文で掲げ、対内的にこの価値に即して統治を進めるべきものとした（EU 条約2・3条）。価値とは、「人間の尊厳、自由、民主主義、平等、法の支配、少数者である人々の権利を含む人権の尊重」である（EU 条約2条）。

そして対外的な行動においても同様の価値(「民主主義，法の支配，人権および基本的自由の普遍性および不可分性，人の尊厳の尊重，平等および連帯の諸原則，ならびに国際連合憲章の諸原則および国際法の尊重」)を追求すべきものとした(EU条約21条)。

こうして2000年代(特に2010年代)以降のEUは，EU域内市場が世界経済で占める経済的重みと，EU域内での経済的規制力を中心とした規制力の実効性を交渉材料として，域外国に対して，EUの価値の共有を法的拘束力のあるかたちで認めるように迫る，新たな政治的規制力ももつにいたっている。韓国とEUの経済連携協定交渉では，経済連携を希望した韓国はEUからEUの価値の共有まで法的拘束力のある文書を通してせよと逆に迫られた。このようにEU域内で経済分野の「法」として具現した規制力が，対外的にはEUの「価値」の共有とセットで「法もどき」言説として展開されるとき，少なくとも西欧諸国の法の伝統を継受したヨーロッパ域外の諸国(北米，コモンウェルス諸国，韓国，日本など)にとっては，政治的な「価値」の部分の共有を否定はできないため，EUの域内経済市場を強く欲する限りは，EUの求める政治と経済の両面の規制力を相当に受け入れざるをえない結果に追い込まれる可能性がある[27]。こうしてEUの価値の対外的表明は「法もどき」から，域外国が受け入れた範囲では国際「法」(二カ国間協定の累積)となり，その域外国が国際社会での有力国であればあるほど，EUは有力な，あるべき国際法のアジェンダ・セッターになっていけるのである。

もっともEUの「価値」も域内において，個々の構成国社会を横断した共通の理解があるかといえば，それは現在でも論争が絶えない。これまでのEUの規制力は，それが広く確立している対内関係にあっても，経済活動への規制力が圧倒的に多く，EU市民社会としての正義を共通に表明する側面は弱い(ゆえに欧州「民」法ではなく「消費者」法の形成に傾く。Collins, 2008)。したがって対外関係において，EUの価値の共有を迫られる域外国とて，域内のそういう不統一を指摘し，かつEU域内の正義によりそって構想した公共善と同等のものを国際社会で求めるべきかどうかは未定であって，それこそ二国間では

なく多国間の場で議論すべきことだと反論することは可能である。とはいえそれも具体的な政治的な状況では困難なこともある。いずれにせよ，EU 域内市場とヨーロッパ諸国の法伝統が世界の諸法域においてもつ大きな重みは，EU にとっては貴重な資産であり，域外国には端倪すべからざる規制力の基礎となって立ち現れる。

参考文献

大平和之（2007）「日本＝EU 通商・経済関係——摩擦から対話・協力そして未来志向の協力へ」植田隆子編『EU スタディーズ I 対外関係』勁草書房（第 8 章）。

中村民雄（2001）「遺伝子組み換え作物規制における『予防原則』の形成——国際法と国内法の相互形成の一事例研究——」『社会科学研究』第52巻 3 号，85-118頁。

中村民雄（2005）「動く多元法秩序としての EU——EU 憲法条約への視座」中村民雄編『EU 研究の新地平——前例なき政体への接近』ミネルヴァ書房，197-246頁。

中村民雄（2009）「国連安保理決議を実施する EC 規則の効力審査——テロリスト資産凍結（カディ）事件・上訴審判決」『ジュリスト』第1371号，48-59頁。

中村民雄（2010）「リスボン条約による EU 対外関係の法と制度の改革」森井裕一編『地域統合とグローバル秩序——ヨーロッパとアジア』信山社，27-68頁。

中村民雄・須網隆夫（2010）『EU 法基本判例集（第 2 版）』日本評論社（初版2007）。

盛 誠吾（1989）「フランス・労働協約拡張制度の展開」『一橋論叢』第102巻 1 号，1-23頁。

Alter, Karen (1998), "Explaining National Court Acceptance of European Court Jurisprudence," in Slaughter et al. (1998), pp. 227-252.

Alter, Karen (2009), *The European Court's Political Power*, Oxford U. P.

Baldwin, Robert and Martin Cave (1999), *Understanding Regulation*, Oxford U. P.

Bieber, Roland et al. (eds.) (1988), *1992: One European Market*, Nomos.

Cecchini, Paolo (1988), *The European challenge, 1992: the Benefits of a Single Market*, Gower.〔パオロ・チェッキーニ著（田中素香訳）(1998)『EC 市場統合・1992年：域内市場完成の利益』東洋経済新報社。〕

Collins, Hugh (2008), *The European Civil Code: The Way Forward*, Cambridge University Press.

Dashwood, Alan (1998), "External Relations Provisions of the Amsterdam Treaty," *Com. Mkt. L. Rev.* vol. 35, pp. 1019-1045.

Dehousse, Renaud (1998), *The European Court of Justice*, Macmillan.

Hart, H. L. A. (1961), *The Concept of Law*, Clarendon Press.〔H. L. A. ハート（矢崎光圀監訳）(1976)『法の概念』みすず書房。〕
Lauwaars, Richard (1988), "The 'Model Directive' on Technical Harmonization," in: Bieber (1988), pp. 151-173.
Lavranos, Nikolaos (2004), *Legal Interaction between Decisions of International Organizations and European Law*, Europa Law Publishing.
Morgan, Bronwen and Karen Yeung (2007), *An Introduction to Law and Regulation*, Cambridge U. P.
Orakhelashvili, Alexander (2006), *Peremptory Norms in International Law*, Oxford U. P.
Senden, Linda (2004), *Soft Law in European Community Law*, Hart Publishing.
Slaughter, Anne-Marie et al. (1998), *The European Court and National Courts— Doctrine and Jurisprudence*, Hart Publishing.

注

(1) Morgan and Yeung (2007) は，Command（命令），Competition（競争），Consensus（合意），Communication（伝達），Code（綱領），Classification and hybridisation（分類）に規制の技法を分類している。

(2) 基本法規（現 EU 条約・EU 運営条約〔旧 EC 条約〕・EU 基本権憲章，不文の法の一般原則），派生法規（EU が定立する規則・指令・決定），さらに欧州司法裁判所（ECJ）の判例法などがこれをなす。

(3) ECJ 自らがそう考えていた（Case 283/81, CILFIT [1982] ECR 3415 at para. 7)。

(4) Case 26/62, Van Gend en Loos [1963] ECR 1; Case 6/64, Costa v. ENEL [1964] ECR 585.

(5) もちろんこの類推には論理の飛躍がある。そもそも EC を国家に類比してよいかどうかが自明ではない（中村・須網，2010：9-13頁）。だが EC 法の正統性の最初の神話形成では，神話の当否を裁く先行規範がないから，このような論理の飛躍があっても，人々の想像力をかきたてる論法が活用されえたのである。

(6) Case 11/70, Internationale Handelsgesellschaft [1970] ECR 1125.

(7) Case 26/62, Van Gend en Loos [1963] ECR 1（直接効の法理）；Case 74/76, Iannelli [1977] ECR 557（商品自由移動）；Case 41/74, Van Duyn [1974] ECR 1337（被用者自由移動）；Case 2/74, Reyners [1974] ECR 631（自営業者自由移動）；Case 33/74, Van Binsbergen [1974] ECR 1299（サービス提供者自由移動）；Case 9/70, Grad [1970] ECR 825（決定の直接効）；Case 41/74, Van Duyn [1974] ECR 1337（指令の直接効）.

(8) Case 6/64, Costa v. ENEL [1964] ECR 585; Case 106/77, Simmenthal [1978] ECR 629.
(9) Case 14/83, Von Colson [1984] ECR1891.
(10) Cases C-6 & 9/90, Francovich and Bonifaci [1991] ECR I-5357; Joined Cases C-46/93 and C-48/93, Brasserie du Pêcheur and Factortame III [1996] ECR I-1029.
(11) おそらく1件のみである。Case C-376/98, Germany v. Parliament and Council [2000] ECR I-8419（1998年タバコ広告禁止指令が域内市場統合目的の立法とは認められない部分があり，その範囲で無効とされた）。
(12) Case 22/70, Commission v. Council [1971] ECR 263.
(13) ただしこの事件に限っては，陸運労働者の安全に関するECの対内立法権が行使されるよりも前にERTAが締結されていたので，構成諸国が条約の締結主体であると判断した。
(14) Council Decision 2001/352 [2001] OJ L 125/1; Council Decision 2001/682 [2001] OJ L 242/1. ほかにも，NATOとの情報機密協定（Council Decision 2003/211/CFSP [2003] OJ L 80/35），アメリカとの犯罪人引渡および刑事相互法共助協定（EU条約24，38条を根拠。Council Decision 2003/516/EC [2003] OJ L 181/23）など。当時のEUの対外行動実務について，Dashwood 1998.
(15) 政治協定：Framework Agreement between the European Union and its Member States, on the one part, and the Republic of Korea, on the other part (2010)〈http://eeas.europa.eu/korea_south/docs/framework_agreement_final_en.pdf〉（11Jul2011確認）；自由貿易協定：Free Trade Agreement between the European Union and its Member States, of the one part, and the Republic of Korea, of the other part [2011] OJ L 127/6.
(16) Case C-149/96, Portugal v. Council [1999] ECR I-8395. *Cf.* 1947年のGATTで構成諸国が負っていた義務を関税同盟の完成とともにEECが継承したとECJは認めた（Joined Cases 21-24/72, International Fruit Company [1972] ECR 1219）。しかしGATTやWTOの法のEC内での直接の法的効果をもたせることは，ごく一部の例外をのぞき，拒否してきた。C-280/93, Germany v. Council [1994] ECR I-4973.
(17) Case C-377/02, Van Parys [2005] ECR I-1465.
(18) Case C-149/96, Portugal v. Council [1999] ECR I-8395.
(19) WTOだけでなく，ほかにも国連の作りだす国際法（海洋法条約や後述のテロリスト制裁決議など）や，国際海事機関（IMO: International Maritime Organization），欧州人権条約など他の国際組織・制度との関係でもEU法の独自

性・自律性を ECJ は強調している。Opinion 1/91 [1991] ECR I-6079 (EEA 協定); Case C-308/06, Intertanko [2008] ECR I-4057 (IMO の Marpol 条約); Joined Cases C-402/05P and C-415/05P, Kadi [2008] ECR I-6351 (国連安保理決議)。

(20)　Joined Cases C-402/05P and C-415/05P, Kadi [2008] ECR I-6351 (評釈・中村, 2009)。

(21)　この解釈への批判は，中村 (2009) 参照。

(22)　Case 25/62, Plaumann [1963] ECR 197; C-50/00 P, Unión de Pequeños Agricultores [2002] ECR I-6677.

(23)　E. g., Case C-84/94, United Kingdom v. Council [1996] ECR I-5755 (労働時間指令); Case C-377/98 Netherlands v Parliament and Council [2001] ECR I-7079 (バイオ発明特許指令)。

(24)　E. g., Case 11/70, Internationale Handelsgesellschaft v. Einfuhr-und Vorratstelle für Getreide und Futtermittel [1970] ECR 1125 (EC 立法を法の一般原則としての基本権に照らして効力を審査する); Case 44/79, Hauer v. Land Rheinland-Pfalz [1979] ECR 3727 (作付制限をする EC 規則は財産所有の基本権を侵害しない); Case C-377/98 Netherlands v Parliament and Council [2001] ECR I-7079 (バイオ発明特許指令は人間の尊厳を侵害しない); Case C-303/05, Advocaten voor de Wereld VZW v. Leden van de Ministerraad [2007] ECR I-3633 (欧州逮捕令状枠組決定は基本権を侵害しない)。

(25)　Joined Cases C-92/09 and C-93/09, Volker und Markus Schecke GbR [2010] ECR I-nyr (9 Nov. 2010)。

(26)　Case C-236/09, Association belge des Consommateurs Test-Achats ASBL [2011] ECR I-nyr (11 Mar 2011)。

(27)　たとえば，日本が EU との経済連携協定を交渉する場合も，EU から併せて死刑制度を「人権」侵害であるから正せよと迫られる，あるいは捕鯨は「動物の福利厚生」の原則に反するから停止せよ，遠洋を大きく回遊するマグロの大量漁獲は，人類共有の希少海洋資源の独占的利用であってしかも資源の枯渇を進めるので正義に反するので大幅削減せよと迫られるといった，経済力と政治的価値の合わせ技を受ける可能性は大いにある。

第3章

EU 規制力の史的形成

川嶋 周一

はじめに——EU 規制力の歴史的形成をどこに求めるか

　EU の規制力の歴史的起源をたどろうとするのであれば，いったいどこにその出発点を見出していけばよいのか。第1章でも触れられているが，EU の規制力が対外的に全面化する契機は2005年の東方拡大であり，その前史を考慮しても，EU が規制力を全面的に行使するようになったのはごく最近のことに過ぎない。しかし何事にも歴史的起源というものはある。およそ制度は歴史的な発展を経て固有の構造を獲得するからである。

　では，どのようにして EU 規制力の歴史的生成過程を遡っていけばよいのか。本書の序章・第1章によれば，規制力とは，ある標準的なルールを設定したうえで，その規制を貫徹する，すなわち，関連する諸アクターに守らせることができる能力を意味する。したがって，EU 規制力の歴史的形成を検討していく際には，このようなルールの設定能力とそのルールの貫徹がいかに成り立っていったのかを検討していく必要がある。

　ところで，EU 規制力に関するこれまで研究について，そもそも何故 EU が規制力を発揮するようになったのかについては，おおざっぱに言って次のように説明されていた。それは，86年の欧州単一議定書の成立を受けて域内市場の完成のために従来と比べて飛躍的な量の構成国間の市場基準の調和化を実現しなければならなくなったため，とりわけ環境政策，消費者保護，保健衛生など

の基準設定に専門的知識が不可欠な政策に本格的にEUが乗り出したことによって，単なる政府間交渉による合意では適切な規制の設定が困難になったばかりかその遵守も担保できなくなったため，共同体レベルへの規制権限の譲渡に構成国政府が同意したことで，EUは構成国に対する基準設定とその貫徹の能力を手に入れた，というものである（Majone, 1994: pp. 88-92; Egan and Wolf, 1998）。フランスの政治学者ドゥウース（Renaud Dehousse）も，EUの規制権力を論じる動きは域内市場白書（85年）の頃から増え始め，サッチャー（Margaret Thatcher）のブルージュ演説（88年）を反EU規制権力の象徴的言説であると指摘している（Dehousse, 1992）。

　本章の焦点は，EU規制力が誕生したであろうこの80年代後半を遡り，60年代から80年代中盤にかけて規制力を生む構造がいかにして生成していったのかという前史の過程にあてられる。というのも，この時期に，コルペールとコミトロジーという二つのコミッティー・メカニズムによって共同体の統治体系が確立し（Ludlow 2005; Rasmussen and Knudsen, 2009），その体系の下で，60年代から70年代にかけてEUはまずルールを形成し，ついでそれを域内構成国に対して貫徹する能力，すなわち規制力を持つようになるからである。

　コミッティー・メカニズムに基づく統治体系とは，政策過程において，政治的に重要な議題については構成国政府の共同体常駐代表（コルペール）によるマルチラテラルな交渉を通して政治的な落とし所を探りつつ，技術的で日常的な政策執行については，法案の発議権を持つ委員会の原案を，構成国から派遣された専門的知識を備えた上級官僚（官僚ではない場合もある）によって構成されるコミテ[(1)]と呼ばれる小委員会での審議を通して，構成国と共同体組織とのあいだの緊密にして体系的な協働作業（コミトロジー）によって共同体が運営されるという統治構造を指す（Andenas and Türk, 2000; Christiansen and Kirchner, 2000; Christiansen and Larsson, 2007; Pedler and Schaefer, 1996）。

　本章で具体的に取り上げるのは，60年代から80年代中盤までのコミトロジーの成立と発展である。コミトロジーとは，政策を施行する際，実際の施行に不可欠な細則の決定や日々変動する状況への対応を構成国代表と委員会代表との

合議の中で行う手続のことであるが，この時期にこの手続はルール作成の有効な手段となって行く一方で，その機能の域内での貫徹がEUにおける規制力を発揮するための一つの背景をなすからである。

何故コミトロジーの貫徹が規制力の誕生を導くのか。それは，ある政策領域でコミトロジーが機能した時には構成国全体を包み込む合意が形成され，その合意に従って政策が実行される。そしてそのような政策の実行は構成国に対してあるルールに従うように要請しているのであるから，その政策領域においてEUの規制力は対内的に一定程度貫徹していると言える。ただ本論でも述べるように，コミトロジー手続は本来規制的な性格を持たずに生まれ，やがてルールを域内で貫徹するような規制が発揮可能なようにその機能が「変質」していった[2]。コミトロジー制度の誕生とその機能の変容という，域内の規制の貫徹を可能とするシステムが整備されていく過程を，本章ではEU規制力の歴史的源流の一つと考え，第1節では60年代におけるコミトロジーの制度的成立過程を追い，第2節では70年代のコミトロジーの発展を，第3節では80年代中葉の変容について検討する。

1　規制による統治構造の生成──コミトロジーの誕生と展開

(1)　コミトロジーと規制

ヨーロッパ統合における統治構造は，政策決定の諸段階において，共同体組織，構成国政府，時には企業，地方政府，職業・圧力団体，市民団体といった様々なアクターによって構成される小さな委員会(コミテ)の中で議論が行われ，その過程を経て政策が立案・決定・遂行される様式を取っている。コミトロジーはこの過程における執行部分に特有の手続だが[3]，このメカニズムは，共同体統治にとって避けられない共同体組織と構成国政府間（そして近年においては国民の声を代表するものとしての欧州議会を加えた）における統治主体をめぐる問題や民主的統制，政策の正統性をめぐる問題と不可分に関わっており，それ自

体への考察も多い (Bergström, 2005, Dehousse, 2003; Joerges, 1999; Wessels, 1998)[4]。

　他方で規制という観点から見ても，コミトロジーはEUにおける規制力の問題と深く関わっている (Egan and Wolf, 1998)。というのも，EUにおける政策は，その立法措置が多くの場合構成国において国内立法措置のかたちで執行され，EUの統治は規制を通じて構成国政府とEU市民において機能している。このEU立法を国内立法に転換するための規制を協議するメカニズムがコミトロジーなのであり，コミトロジーはEUが規制を通じて統治を行うために不可欠なネットワークとアリーナを提供しているのである。それゆえ，コミトロジーはEUの規制的統治構造の一部である。

　では，コミトロジーというメカニズムはいかにして成立したのだろうか。これまでの先行研究が明らかにしているように，コミトロジーは，欧州経済共同体 (EEC: European Economic Community) における農業政策の市場組織化措置における手続として1962年に誕生し，その後適用される政策領域を拡大させながら，様々な形態をともなうものへと発達していった[5]。コミトロジーの歴史を追っていくと，その制度的概要は1970年代の中盤にほぼ確立した後，1986年に初めて理事会決定として法的な裏づけを得，1999年と2001年に大きな改革を繰り返し，そしてリスボン条約によってさらに大きく制度改正された。それは，以前の改革が1962年に成立した制度への増改築的なものだったのに対して，文字通り根本的に変革するものであるのだが[6]，ここではリスボン条約前のコミトロジー手続を例に，その概要について触れておこう。

　コミトロジー手続は(1)諮問委員会，(2)管理委員会，(3)規制委員会[7]の三種類があり，欧州議会が共同決定手続の成立にともなって政策決定の権限を得てからこれに(4)監査権付き規制委員会手続が加わった。どの手続も，政策の執行にあたって，その市場組織運営に必要な措置（典型的には課徴金の変動額や域内輸送費にかかる補助金率の決定）と国内適用規定の細則を決定する際，委員会提案を構成国政府代表によって構成される小委員会で議論したうえで決定する，という手続において共通である。重要な違いは，コミテが委員会提案

に対して持っている拒否権の程度である。最初の諮問委員会手続については，文字通りコミテは諮問的役割しかなく委員会提案に反対の答申を出しても委員会は当初案を即時実行できる。第二の管理委員会手続は，コミテ自身に決定権限はないものの，反対意見が採択された場合および意見形成に失敗した場合，委員会提案を理事会に回すことができることで弱い拒否権を持つ手続である[8]。最後の規制委員会の場合，コミテが委員会提案に反対した場合管理委員会手続同様理事会に提案を付託するが，理事会の拒否権が管理委員会よりも強い規定となっている（詳しくは後述）。中でも管理委員会手続はコミトロジーの代名詞とされるものだが，その理由はこの手続が最初に成立し，そしてその後も特に共通農業政策（CAP: Common Agricultural Policy）において最も使用される手続となったからである。

(2) 管理委員会手続の成立

管理委員会手続が1962年に成立したと先に述べたが，コミトロジーの議論の登場は1959年にまで遡ることができる。もともとローマ条約40条第2項では，農業政策の中核になる市場組織化[9]のための制度として三つの形態が想定されていた。第一には競争条件の共通化，第二に加盟国組織による協調，第三にヨーロッパ大の単一市場組織の設立である。どの市場組織の形態をとるかによって，構成国がCAPに対して持つ権限は異なる。と同時に，条約では農業政策の執行について理事会が委員会に権限を移譲できると定められている（第145条）。したがって，CAPの具体的な制度案の作成途中の段階において留意すべきことは，政策の立案・審議・決定のそれぞれのアリーナにおいて理事会と委員会の権限がどのように配分されているのかを確定することにあった。

このような状況を背景として，委員会はまず1960年6月に理事会に提示したCAPの規定策定に向けた最終草案の中で，CAPの対象となる農作物ごとに，理事会，委員会から独立したヨーロッパ大の管理機構（当時の用語で「ヨーロッパ局」と呼ばれた）を設置し，そこで「コミテ」が諮問を受けたり，国内への立法措置を決定したりする制度を提案した[10]。この60年6月提案では，当

該農作物について幅広く管轄するヨーロッパ局にCAPの立案,内容審議,決定権を幅広く持たせ,「諮問型」と「執行型」のコミテがヨーロッパ局内での政策運営にあたることが予定されていた。委員会による当初案では,このヨーロッパ局の中にあって,政府代表,職業団体および委員会代表によって構成される小委員会「指導者委員会 Comité de Directeurs」が,執行に関する規定適用を決定し,農業統合の推進の前線を担う役割が期待された(11)。

しかしこの指導者委員会構想にはオランダを除く5カ国が反対の意を唱えた(12)。正確に言えば,この時構成国が反対したのは,農業統合を一手に引き受けるヨーロッパ局を設置するという制度設計そのものにあった。ヨーロッパ局は,市場統合化される産品ごとに設置され,委員会のコントロール下に置かれる共同体組織であり,現在のエージェンシーに近い(13)。指導者委員会には構成国政府から当該政策領域および農産物の市場運営に国内上の政治的責任を持つ政治家・官僚が参加することになっていた。指導者委員会の役割は,基本的には執行に関する措置を決定することにあったが,それ以外にも市場運営に必要なすべての決定に関わるとされていたことから,今のコミトロジーよりもはるかに強い権限を持つことが想定されていた。他方で,指導者委員会設立の含意は,農業分野において政策執行の際に不可欠な構成国レベルでの市場規制を協働するアリーナを設立することでもあった。その意味で指導者委員会は,構成国と共同体組織とを融合するアリーナを提供する意味で,コミトロジー手続の源流にあたると言える。

しかし,ヨーロッパ局およびそれに付随する指導者委員会構想への構成国の強い反対を受け,委員会は農業統合方式を練り直し,61年5月に改めて政策規定の草案を提案する(14)。この草案では従来の構想は放棄され,農業政策は,価格支持政策と構造政策の二本立て,かつ財政において指導・保証基金を設置する現在の共通農業政策の規定が提示された。しかし,この提案には指導者委員会に相当する政策執行における構成国政府との協調を確保する制度が存在していなかった。この制度をCAP規定の中に再び組みこもうとしたのはフランスだった。61年9月から始まったCAP規定の策定に向けての共同体交渉の場

所として設立された特別農業理事会（CSA: Comité special Agriculture）において，フランスは理事会の政策決定を補足する農作物ごとの小委員会（コミテ）を設置しその場において市場規制の執行に関わる政策決定を行うという「補助委員会（Comité subsidaire）」構想を提案するのである[15]。

このフランス案は確かに60年6月の委員会による指導者委員会構想を引き継いでいるが，コミテが有している権限という観点から見て決定的な違いがあった。指導者委員会がヨーロッパ局という大枠の中で決定権限を与えられたのに対し，補助委員会はそれ自体が独立した決定機関となる。したがって，この補助委員会は，その名前にもかかわらず，委員会と理事会間の制度的なバランスを危うくさせる独自の制度基盤を有することとなり，委員会はこれを許容できなかった[16]。しかし他方で，補助委員会は指導者委員会において求められた構成国組織と共同体組織との協働アリーナを提供し，政策の迅速で効率的な執行手続の実現という意味で，CAPの執行に不可欠でもあった。それゆえ，委員会はフランス案に対抗して，構成国・共同体の協働機関ではあるが決定権限のないコミテの設立を企案した[17]。

このフランス案と委員会案はそれぞれ11月のCSAの専門部会と本会議で検討され，12月8日の理事会でコミテの設立について構成国レベルでの承認にいたった。コミテの構成と投票手続に関する条項の文面は，引き続き委員会によって作成された。権限等の詳細については以後の理事会での議論で決定されることとなり，同月18日から翌1962年1月14日までのいわゆる「マラソン会談」のあいだ，断続的にこの問題は審議されることとなった[18]。その結果，政府代表と投票権を持たない委員会代表によって構成され，委員会による執行措置提案を審議，答申を与える「管理委員会」が設立された[19]。委員会は，管理委員会において当該提案が合意された場合これを即時執行できる。委員会提案が加重多数決で否決された場合は，当該提案は理事会審議に回され，一カ月以内の期限のあいだに委員会提案と異なる規約が合意された場合，理事会決定が委員会提案に置き換わる。逆にいえば，理事会が委員会提案に賛成，もしくは合意未成立に終わった場合，委員会提案は即時実行されることになる。

このような管理委員会手続は，CAPにおいて市場組織化措置が行われる，穀物，牛肉，豚肉，家禽肉・卵，野菜・果物，ワインにおいてまず置かれることとなった。のちにコミトロジーと呼ばれる手続は，こうして成立した。

(3) 規制委員会手続の登場

　管理委員会手続が農業政策に登場した時，この手続はそれぞれの農作物の市場組織運営措置に関する手続としてのみ規定化されたものだった。しかし，管理委員会手続という「コミトロジー」はそれ以外の領域へと浸透する。その理由は至極簡単で，農業市場化運営以外の共同体における規制を構成国と協働して決定する必要が出てきたときに，コミトロジー手続が参照的に使用されていったからである。ただし，ナショナルな官僚組織と共同体組織の協働と，構成国による共同体立法過程に対するコントロールの確保という二重の目的にもかかわらず，60年代中盤までは，コミトロジーは諮問的な役割しか発揮しなかった[20]。

　しかし，68年7月の関税同盟の完成という対外的要因が，コミトロジーに対し大きな影響を与えた。関税同盟の発足にともない，域内の非関税障壁の撤廃が重要な共同体上の目標となり，そのためには農産品や家畜類の自由流通・移動措置の実現だけでなく，農業分野に限らないさまざまな規制の調和化措置の加速化が必要となった。こうして農業政策以外の政策領域に共同体がコミットし始めていくと，構成国官僚と共同体組織の協働プラットフォームとして，コミトロジー手続が，それとは明示されずに各種の政策領域の執行段階で用いられるようになる。特にCAPにおいては，家畜取り扱いと食品衛生の各国の規制の調和化を議論する委員会の議決手続にコミトロジー手続が用いられるようになるのである。ようするに，共同体の新しい段階への突入が，コミトロジー手続の他政策領域への浸透という域内統治構造の発展を引き起こしたのである。

　最初の農業以外におけるコミトロジー手続が規定化されたのは，アンチダンピング協議規定においてであった。このアンチダンピング協議は，域外・域内国家の商品が共同体においてダンピング行為に該当するかを協議するものであ

り，構成国代表と委員会代表によって構成される小委員会において，その協議と執行が行われることになったのである。これは，まさに管理委員会と同じだった。もともとこのアンチダンピング委員会は，域内市場における商品の原産地特定に関する問題を協議するための小委員会設置（当初，原産地委員会 Comité de l'orgine と呼ばれる）の構想がその出発点となっている[21]。この原産地委員会手続は，管理委員会手続を参照しながら，農業以外の領域において構成国と委員会間の協働手続を定めた最初の事例であり，その意味でコミトロジーの拡大を意味した。しかし，この手続においては，コミトロジーの持つ機能は管理委員会手続同様，諮問的な位置づけを出るものではなかった。

　このようなコミトロジーの機能にとって大きな画期となったのが，原産地委員会とほぼ同時期に設立が審議され始め，69年7月にその規定が確定した獣医学常設委員会である[22]。この委員会が設立される際に，当初想定されていた単なる諮問的な役割を超えて，構成国側（とりわけイタリア）の働きかけによって，コミテの票決に管理委員会より強い拒否権機能が付与されたからである。管理委員会手続ではコミテが委員会提案に反対すれば理事会決定に付託され，理事会が期限以内に代替案を採択して初めて委員会原案は廃案となる。しかし獣医学常設委員会では，同様にコミテの反対によって理事会に提案審議が付託された場合，理事会は委員会原案に QMV で賛成しない限り，委員会提案を廃案にすることができるようになったのである。

　このような域内市場における加盟各国の規定調和化措置に関するコミトロジー手続は，やがて規制委員会手続と呼ばれるようになる[23]。規制委員会は，管理委員会という原則として農業政策というある特定の政策領域に限って適用される手続とは異なり[24]，域内市場における各国規制の調和化措置の実施が必要になった政策領域において個別的に設置されていった手続である。また原産地委員会手続と獣医学常設委員会でコミテの権限が異なったように，規制委員会の手続はさらに，委員会に有利なセーフガード手続（Filet）と構成国に有利な二重セーフガード手続（Contre-Filet）の二つの相反する手続に分かれ[25]，この矛盾はコミトロジーに代表される統治構造が，決して単一なメカ

ニズムだけで構成されているのではないことを示唆している。

2 コミトロジーの「変質」

(1) 70年代の中のコミトロジー——制度的定着と「弱いコミトロジー」

　このようにして，1960年代を通じて適用される政策領域を拡大させ，管理・諮問・規制という三つの手続を整備していったコミトロジー手続は，1970年代に入るとさらに活発な活動を展開し，その性質を変化させていった。第一の変化は，コミテの設立数の増大であり，第二の変化は，コミトロジー手続が適用される政策領域の拡大であり，そして第三の変化が，機能の変化である。その結果，コミトロジー手続において，政策執行の効率性を担保するための諮問的役割という当初の機能に加え，コミトロジー手続を通じた実質的なルールの形成もしくは形成拒否という機能が萌芽的に登場することになった。

　第一の変化と第二の変化は密接につながっている。何故なら，関税同盟の設立や共通通商政策，構造政策，地域政策等，共同体の政策領域が拡大することで，当該領域における域内規制の調和化措置のためにコミトロジー手続が用いられることとなり，そのために数が多くなるからである。この二つの変化は，60年代中葉からのコミトロジーが共同体の中で制度として定着したことの裏返しでもあった（川嶋，2012）。これまで見たように，コミトロジー手続はローマ条約に規定されていない政策過程上の規定ばかりでなく，それぞれアドホックな手続としてしか設立されていないものだった。とりわけ管理委員会手続は当初は移行期間中の手続として成立したものだったが，理事会と委員会がその手続の制度的延長を認める一方で，欧州司法裁判所（ECJ: European Court of Justice）も70年の判決（Case 25/70）でコミトロジー手続がローマ条約の規定に違反しないことを認めたのである。

　第三の変化は，第1節(3)で記した規制委員会手続の登場とそれを通じた域内規制の調和化措置に現れている。この措置の実現は，域内で共通のルール形

成にほかならない。しかし，実際のところ，積極的な調和化の実現は困難を極め，この変化は，正確には，そのような志向性が登場したと述べた方がよいかもしれない。何故なら，単に積極的調和化の実現に成功しないだけでなく，70年代のコミトロジー手続は，ルール形成のブロック手段として使われた側面の方が強かったからであった。

　制度的な観点から見ても，規制委員会手続において理事会に有利なセーフガード措置である Contre-filet が75年のアエロゾール規制によって確定したことは（Ponzano, 2008），構成国による委員会統制が実際に機能していたことを示している。さらに規制委員会手続は，委員会提案に対する理事会側のブロックに加え，政策は成立させつつも，自国に不利な決定に対する「すり抜け」として用いる側面が現れる。これは，規制委員会手続が基本的には構成国間の市場規定の調和化措置に用いられていたことと直結する。何故なら，ある市場規定の調和化措置が新しく取られる場合，それは従来構成国にあったナショナルな規定が変更されることを意味し，そのような変更は国内市場における企業活動に直接に影響を与える。それゆえ，自国に不利な調和化措置の場合，当該国がそのような調和化措置に反対することは十分考えられる。そして反対するような国家は，調和化措置の決定そのものに反対するよりも，決定は行うものの，その実施をその国では行わないという適用除外を勝ち取ることで，自国経済の保護を存続させるのである。

　コミトロジーによる決定からのすり抜けの一例は，チョコレートに関する73年の指令である（Council Directive 73/241/EEC）。最初の73年指令が採択されてから規定実施に必要な修正条項の協議（典型的にはアネックスにおいて新規加盟国の履行義務を掲載）に，コミトロジー手続（規制委員会手続）が用いられた。しかし，「チョコレート」とは純カカオ・砂糖・カカオバターのみからなり，それ以外の植物性油脂の添加を禁じたこの指令に対し，同じく73年にEC に加盟したイギリスをはじめとする新構成国は適用除外を勝ち取り，そのような除外は86年加盟のポルトガル，95年加盟のオーストリア，スウェーデン，フィンランドにおいて同様だった（Mérand and Weisbein, 2011: 105）。

積極的な基準設定が成立しない状況は、コミトロジー手続における決定を弱くさせるのと同時に、構成国間の紛争を惹起するものだった。その一例は、76年に起こった家畜食糧に含まれる有毒物質をめぐる訴訟（5/77 Carlo Tedeschi vs. Denkavit Commerciale s. r. l）だった[26]。この時期、乳製品に含まれる硝酸カリウム[27]の数値について共同体での基準が設けられていなかったが、オランダ企業はこの数値を下げるために廉価な乳清を混ぜる対応をしていた。これに対してイタリアは独自の数値を設定し、このイタリア政府の数値をもとにした委員会提案は、規制委員会手続の中で審議されることとなった。しかし一部の構成国がこの数値に反対し、委員会提案は規制委員会において合意不成立となった。制度上は、提案は理事会に付託されるはずだった。しかし委員会は、そもそも硝酸カリウムが家畜や人体に与える毒性がどれほどのものであるかが不明確として、科学的見地からさらに十分な審議するために科学者専門委員会を立ち上げて検討を行うこととなった。ところが専門委員会はその危険性の判断は構成国によって行うべきであるとして、共同体全体の基準を設定しなかった。それゆえイタリア政府は再度委員会に対して基準に関する委員会提案を行うように働きかけた。

　このように基準そのものが設定されないあいだに、トラックに積まれたデンカヴィット社の製品が、イタリア政府基準の数値を超えたとして（ただし家畜に与える食糧における有害物質について定めた従来の共同体指令はクリアーしていた）、イタリア国境で止められる事件が起こる。そのためイタリア側の発注者の一人が同社を相手取って、債務不履行として訴えたのである。

　ここで問題になったのは、規制委員会手続における迂遠さだった。なぜなら、制度的にみればFilet手続を踏めば当初の委員会提案の実施も可能だったにもかかわらず、科学者専門委員会を立ち上げ、そこでの審議を受けて委員会提案を再度練り直したからである。ECJは、この手続の有用性を認めながら、適用除外を求めようとする構成国側の態度を諫めた。そのうえで、構成国間の利害を調整して共同体全体の基準を設定する義務が委員会にあること、委員会側にその義務に見合った権限を与えること、そして委員会と規制委員会との協働

で決定されたことに対して構成国が適用除外をみだりに追求しないことを主張したのである。

実際に，適用除外によってコミトロジー手続の決定がすり抜けられるという事態が改善されるのは，おそらく1986年の単一欧州議定書（SEA: Single European Act）以降のことである[28]。前述のチョコレート規制の共同体案がまとまるのは2000年のことだった。もちろん，70年代から80年代にかけてのコミトロジー委員会の対象領域と設置数，そして手続のバリエーションの増加は，コミトロジーがこの時期に農業以外のセクターに拡散しながら標準的な政策執行メカニズムとして確立したことを意味しており，そこで定められた日常的決定の多くは構成国を拘束した。しかし，EUの規制力の全面的な発揮への道はまだ遠いものだった。この時点では，共同体政策の潤滑な運営のためにはコミトロジー手続に一層強い拘束力と決定権限を持たせるべきではないかという認識が生まれたことが重要なのである。

こうしてコミトロジーは，当初諮問的かつ委員会統制の手段として生まれ，構成国間の市場規制撤廃を審議する手続に使用されたことで構成国間の共同体ルール作成のツールの役割が付加され，さらにより強力なツールになることが望まれるまでになった。そしてそのような願望の存在は，逆説的にコミトロジー手続の拘束力の限界を物語っていた。

(2)　新加盟国から見たコミトロジー——イギリスの公衆衛生総局設置構想

70年代のコミトロジー手続が構成国に対していかなる規制力を発揮していったのかを正面から検証することはなかなか難しいが，構成国がコミトロジーをどのようにとらえていたのかを検討すると，その問いに裏面から迫ることにつながるだろう。この点において，興味深い事例を提供しているのは，ECに加盟したイギリスのコミトロジーに対する評価である。70年から始まった加盟交渉の中で，イギリスは主権擁護のために，ECによって自国の政治的決定権限が失われることと憲法体制の外からの強制的な変容に対してかなり強い抵抗を示し，極めて注意深い対応を行った。

実際にイギリスが加盟するために履行しなければならなかった共同体政策は多かったが、イギリス自身は以下の三つの点から自国の国会主権は保持されると考えていた[29]。第一に、ECの政策決定権は原則的に理事会にあり、国益が死活的に問題となる場合は全会一致によって決さなければならないというルクセンブルクの妥協によって、イギリスの拒否権は確保されていることである。第二に、より日常的な政策決定については、委員会にその決定権限が移譲されている場合でも、規定草案はコルペールに対して提示され、コルペールでの協議を経て決定される。したがって、委員会からコルペールに対して草案が提示され協議される時間を使ってイギリス国内での検討委員会にその草案について協議し、その検討内容をコルペールのイギリス代表に伝えることで政策決定に自国のコントロールを最大限及ぼすことが可能であるとされた。「二次立法検討委員会」と呼ばれたこのような委員会の設置が、ECのイギリスに対する影響力行使からのセーフガード的な役割を果たすことが期待されたのである。第三に、すでに共同体において実施されているイギリスにとって不利な規定をイギリスが履行しなければならない場合、その適用除外を政治的な交渉によって獲得可能であると考えられたからである。実際に幾つかの重要な規定について、イギリスは適用除外を獲得した。砂糖、ニュージーランド産のバター、前述のチョコレート規定はその一例である。

　このようなイギリスの議論が示すのは、イギリスがECからの影響力を最小化しようと知恵を絞る姿であり、実際、イギリスはECからの規制からすぐに強い拘束を受けた訳ではなかった。このイギリスのECに対する態度において、政策執行の技術的な手続というコミトロジーへの評価は低いものだった。イギリスはECの政策過程に対する慎重な検討を重ねていたが、コミトロジーは技術的な問題を協議するための諮問的役割であり、政治的重要性は低いと考えた[30]。イギリスにとってより重要なのは国会主権の擁護であり、それに必要な自国憲法へのEC法の不要な浸透と拘束の排除、そしてルクセンブルクの妥協に現れる理事会における決定方法により目を向けていたのである。

　ところがイギリスはECに加盟した瞬間、コミトロジーの有用な使い方を自

ら検討することとなる。というのもイギリスは、専門性と域内標準化が必要な政策措置については、委員会の権限とそれにともなう委員会と構成国組織との協働の強化が必要と考えたからである(31)。それが、73年にイギリス政府内で検討された、公衆衛生に関する総局（DG）の設立構想だった。この構想は、公衆衛生に関する政策的対応がECにおいても、またヨーロッパレベルの国際組織でもバラバラであることから、それをEC内に統一して組織化することで、当該政策における政策的有効性と増すことを目的としたものだった。

この総局は、それまで共同体内で分散していた、移民労働者に対する医療サービス（社会政策）、放射線安全基準（欧州原子力共同体）、工業上の安全基準、農業政策（家畜衛生など）、ローマ条約第100条規定（具体的には、製薬、食品生産、医療器具など）、治療職資格者の業務の自由と資格の相互承認を一括して取り扱うことを予定するものだった(32)。イギリスは、たとえば議論されている食品衛生基準に関する委員会案に微生物学的基準設定の発想がないとして、その不十分さを指摘し、その理由として協議に十分な専門家を動員できていないとした。医学などの専門的知識を備えた専門家を委員会において恒常的に確保し、業務を効率的に遂行することが、この構想の目的だった。

しかしこの総局設立構想は、最終的には内部での協議の結果、従来の域内市場総局の中に公衆衛生に関する部局を設けること、またそれとは別に、独立した毒物学委員会（Toxicology Committee）を設立することが目指されることとなった(33)。興味深いのは、このような専門的知識を必要とする規制の設定に関しては、イギリスは委員会と構成国から派遣される専門家との協議の充実化に積極的だったことである。なぜなら、立案される規制内容が域内で標準化されれば、そのことが政策の効率性を高め、イギリスを含めた構成国全体の利益となると考えられたからである。また明言はされていないが、このような専門性を必要とするコミテの役割は、基本的にコミトロジー委員会のそれと同様だった(34)。コミトロジーの役割は、未だ流動的な委員会と構成国（理事会）間のバランスを右にも左にも振ることができるものだった。イギリスの目的は委員会の権限増加ではなく、構成国を通じた共同体統治を専門的な政策執行と

いう経路を通じて構築することにあった。また毒物学委員会の設置はイギリスの利益になるとも考えられた。何故なら，従来製薬成分における劇薬指定薬品規制があったが，イギリスはそれに不満だった。しかし，ヨーロッパレベルでの規制が成立し毒物学委員会が機能すれば，それは共同体域内における製薬品産業の発展の地盤固めとなり，イギリスの製薬会社の欧州圏内での立場がさらに強化されることも期待できたからである[35]。したがってこのような委員会の設置は同時に，構成国の共同体における利益確保の意味もあったのである。

以上のようなイギリスのコミトロジーと共同体規制への認識は，当時のコミトロジーが果たしていた実態とその可能性についての示唆に富む。イギリスは，域内での規制推進と関税同盟に関連する標準化形成のためにはコミトロジー方式による共同体政策の推進が有効だと考えた。このようにイギリスが認識していたことは，コミトロジーが実際に70年代を通して共同体政策の標準的な執行手続になったことと併せて考えれば，コミトロジーの持つ機能がまだ規制的に働かなかったにせよ，コミトロジー手続がやがて専門的な知見が必要とされる基準設定の策定に盛んに用いられる方向性を予感させるものだった。

3　コミトロジー手続による規制力の強化

第2節(1)でみたように，70年代におけるコミトロジーは一方で政策執行の一般的な手続となる一方で，その手続によって域内規制が貫徹するまでにはいたってなかった。ところでこのようなコミトロジーの「弱さ」は，しばしばコミトロジー手続において委員会に移譲される権限が弱いことに由来するものと考えられた。この弱さは，委員会に執行権が移譲されることがローマ条約145条で規定されていたものの，権限移譲は義務的なものとは見なされず，理事会側によって権限移譲の有無が管理されていたためだった（Bergström, 2005: pp. 97-104)。そのため，委員会は幾度となく，コミトロジー手続における権限委譲の明確化と増加を求める。それは75年に委員会と当時の理事会議長国ルクセンブルクと共同で出された声明や，78年における政策執行に関する報告書（フ

レスコ報告書）の提出，また同年12月の委員会とは独立した三賢人報告書において，一貫して志向され続けたものだった。このような状況は，85年のドロール委員会下での域内市場白書の作成とそれに続く86年のSEAの採択にいたるヨーロッパ統合の一大変革を受けて大きく転換する（当時のヨーロッパ統合の展開については遠藤編, 2008：第7章参考）。

　SEAの成立は，三つの点で「弱い」コミトロジーに変化をもたらすものだった（Bergström, 2005: pp. 178-183）。第一に，理事会から委員会への執行権限の移譲の明確化が成文化され（SEA第10条。のちにローマ条約145条に挿入），理事会による頸きから解放された。これは，委員会がコミトロジー手続において以前より強力な権限を獲得したことを意味していた。第二に，SEAによって域内市場構築にむけた構成国間の規制調和化の必要性が飛躍的に高まったが，その際に，この域内市場設立に関する執行手続は理事会側の権限が最も弱い諮問手続に原則限られることとなった。第三に，欧州議会が部分的ながらも政策決定上のアクターとして参入することになり，決定過程における理事会の重みは相対的に低下した。

　この三つの制度的変化は，コミトロジーの機能を委員会にとってより有利にするものだった。さらに，SEAを受けて設立すべき域内市場の規制調和化において，実際に共同体共通のルールを積極的に設定されなければならなくなった領域は，消費者保護，家畜・獣医学関係規制，保健衛生，環境といった，リスク管理が問われ専門知識が必要とされる領域だった。それ以外の領域については，カシス・ド・ディジョン判決の影響から，相互承認で事が済んだからである（中村・須網編, 2010：180頁）。これらの結果，域内市場創設にむけたコミトロジー手続は，専門的知見によって設定された基準を記した委員会の草案が，理事会側によるブロックを受けにくい諮問的手続によって採択されることによって，構成国を拘束する規制が機能し始めることになるのである。

　こうして，SEAの時期を境として，コミトロジーは域内市場設立に必要な共通のルール確立のための強いツールへ変容を遂げていった[36]。第4章でも触れられているように，域内標準を設定することは域内市場設立の不可欠な要

素だった。EUが域内標準の設定に共同体として乗り出していったことと，コミトロジー手続の規制が機能していったことは，有機的につながりながら域内市場の確立に作用していったのである。

おわりに

　ヨーロッパ統合の過程を歴史的に眺めれば，域内市場形成は長く続いた試行錯誤の過程であり，SEAの成立によって天地が創造された訳でない。国境を越えたグローバル世界で現在発揮されるEUの規制力の生成は，長い時間をかけて共同体の国々が試みてきたヨーロッパレベルでの国境を越えた政治経済世界の創造ゆえに生まれたものである。歴史を後づけに振り返ることは禁じ手だが，EUが域内市場の形成に成功した時，そのグローバルな規制力の誕生まではあとほんの少しだった。

　本章で見たコミトロジー手続は，このようなヨーロッパレベルでの統一された世界形成のために生み出された，共同体と構成国をつなぐ一経路であり，その機能は共同体全体の統治構造の一翼を担うこととなった。1962年の管理委員会の成立によって登場したコミトロジーの機能は，70年代以降，構成国による委員会統制の側面と委員会による構成国統制の側面が混ざり合い，構成国と委員会の二者による共同体の協働統制のための装置として機能した。80年代後半から90年代に入るまで，前者（構成国による委員会統制）の側面が後者（委員会による構成国統制）の側面を上回っていた。だがある時期から，コミトロジー機能において後者の側面が圧倒する。それは真の意味でのコミトロジー手続の変質だった。

　EUの規制力の誕生は，後者の側面が優勢になったことと無関係ではない。何故ならば，前者の側面の場合，構成国は自国に有利な条件をコミトロジー手続の中で勝ち取ることができる。その場合，共同体政策はそのような「抜け駆け」をした構成国には適用されず構成国全体の課されることにならないので，域内における規制の貫徹にはつながりにくい。他方で後者は，委員会が一つの

政策の実施を構成国全体に課すことを意味する。したがって，後者の側面の全面化は，特定構成国の適用除外を許さずに，EU が域内に対して規制力を発揮することを導くのである。このようなコミトロジー手続の成立，発展そして変質過程は，EU がいかにして規制力を獲得していったのかについての一つの断面を示している。

参考文献
遠藤乾編（2008）『ヨーロッパ統合史』名古屋大学出版会。
遠藤乾編（2009）『原典・ヨーロッパ統合史：史料と解説』名古屋大学出版会。
川嶋周一（2012予定）「EU における専門性とテクノクラシー問題：コミトロジーとデモクラシーの関係をめぐって」内山融・伊藤武・岡山裕編『専門性の政治学』ミネルヴァ書房。
中村民雄（1993）『イギリス憲法と EC 法：国会主権の原則の凋落』東京大学出版会。
中村民雄・須網隆夫編（2010）『EU 法基本判例集（第二版）』日本評論社。
八谷まち子（1999）「コミトロジー考察：だれが欧州統合を実施するのか」『政治研究』第48号。
Andenas, Mads and Alexander Türk (eds.) (2000), *Delegated Legislation and the Role of Committees in the EC*, Kluwer Law International.
Bergström, Carl Fredrik (2005), *Comitology: Delegation of Powers in the European Union and the Committee System*, Oxford U. P.
Christiansen, Thomas and Emil Kirchner (eds.) (2000) *Committee Governance in the European Union*, Manchester U. P.
Christiansen, Thomas and Torbjon Larsson (eds.) (2007), *The Role of Committees in the Policy-Process of the European Union. Legislation, Implementation and Deliberation*, Elgar.
Christiansen, Thomas and Josine Polak (2009), "Comitology between Political Decision-Making and Technocratic Governance: Regulating GMOs in the European Union," *EIPASCOPE*, 2009/1.
Christiansen, Thomas, Johanna Miriam Oettel and Beatrice Vaccari (eds.) (2009), *21st Century Comitology. Implementing Committees in the Enlarged European Union*, European Institution of Public Administration.
Dehousse, Renaud (1992), "Integration v. Regulation? On the Dynamics of Regulation in the European Community," *Journal of Common Market Studies*, vol. 30, no. 4, pp.

383-402.

Dehousse, Renaud (2003), "Comitology: Who watches the Watchmen?," *Journal of European Public Policy*, Vol. 10, No. 3, pp. 798-813.

Demmke, Christoph, Elisabeth Eberharter, Guenther F. Schaefer, Alexander Türk (1996), "The History of Comitology," in: Robin H. Pedler and Guenther F. Schaefer (eds.), *Shaping European Law and Policy: The Role of Committees and Comitology in the Political Process*, European Institute of Public Administration.

Egan, Michelle and Dieter Wolf (1998), "Regulation and Comitology: The EC Committee System in Regulatory Perspective," *Columbia Journal of European Law*, vol. 4, pp. 499-523.

Hardacre, Alan and Michael Kaeding (2011), *Delegated and Implementing Acts — The New Comitology*, EIPA.

Joerges, Christian (1999), "Bureaucratic Nightmare, Technocratic Regime and the Dream of Good Transnational Governance", in: Joerges, Christian and Vos, Ellen (eds.), *EU Committees: Social Regulation, Law and Politics*, Hart Publishing.

Ludlow, Piers (2005), «Mieux que six ambassadeurs. L'émergence du COREPER durant les premières années de la CEE», in: Laurence Badel, Stanislas Jeannesson, Piers N. Ludlow (dir.), *Les administrations nationales et la construction européenne. Une approche historique (1919-1975)*, Peter Lang.

Majone, Giandomenico (1994), "The Rise of the Regulatory State on Europe," *West European Politics*, vol. 17, no. 2, pp. 139-167.

Mérand, Frédéric et Julien Weisbein (2011), *Introduction à l'Union européenne. Institutions, politique et société*, De Boeck.

Ponzano, Paulo (2008), «Comitologie: un point de vue de la Commission?», *Revue du Droit de l'Union Européenne*, N° 4/2008, pp. 713-728.

Rasmussen, Morten and Ann-Christina Kundsen (2009), "A European Political System in the Making 1958-1970: The relevance of Emerging Committee Structures," *Journal of European Integration History*, vol. 14, no. 1.

Schindler, Peter (1971), "The Problems of Decision-Making by way of the Management Committee Procedure in the European Economic Community," *Common Market Law Review*, vol. 8, no. 2, pp. 184-205.

Wessels, Wofgang (1998), "Comitology: fusion in action. Politico-administrative trends in the EU system," *Journal of European Public Policy*, vol. 5, no. 2.

注

(1) 英語で言うところのコミッティーにあたるフランス語。以下本章ではコミテを用いる。
(2) したがってEUが80年代を遡って，構成国に対して規制力を実態として70年代に発揮していたか，つまりEUの規制力は70年代にすでに生まれていたかどうかについては，結論を先に言えば，そのように断定できないが，だからと言って萌芽的状況の登場と，また全面化へといたる環境の整備という点で，全くありえなかった，とも言えない。これらの論証に必要な十分な史料調査は完了していない。その意味で，本章は中間報告的な性格を持つことをご了承いただきたい。
(3) 政策過程における立案，決定，執行の三つのサイクルの中で，いわゆるコミトロジーは最後の執行部分におけるコミッティーに限定される。また，EUにおける委員会，理事会，議会と別れている機構に付属されるコミッティーも，それぞれ果たす役割が異なる。委員会付属は専門家小委員会，理事会付属はワーキング・グループ，議会付属は議会付属委員会等である。これらのコミッティーの役割の分析についてはChristiansen and Larsson, 2007 参照。
(4) コミトロジーの問題点は，このようなEUの政策過程における民主主義的統制と政策の立法と執行における権限移譲のあり方にあるとされる（Christiansen et al, 2009）が，本章はこの点には立ち入らず，別稿に議論を譲る（川嶋, 2012）。
(5) コミトロジーの歴史についてはすでに多くの著作があるが，ベルグストロムを除けば欧文の著作であってもインフォーマティブな文献は少ない。邦語では八谷の研究が先駆的で非常によくまとまっている（Demmke, et al, 1996; Bergström, 2005；川嶋, 2012予定；八谷, 1999）。
(6) リスボン条約によるコミトロジー改正についてはHardacre and Kaeding, 2011 を参照。
(7) 規制委員会の「規制」とはフランス語でReglementation, 英語でRegulatoryであるが，規制委員会が定めるものイコール規制ではない。しかし第2節(1)にあるように，その機能には規制的なものが発揮可能なものがあったという点で重なり合う所もあり，注意を払う必要がある。
(8) 理事会に提案が回された後に，理事会は一カ月の期限内に委員会草案とは別の規定に合意した場合は委員会草案を撤回できるので「拒否権」と記したが，管理委員会自体が拒否権を有している訳ではない。
(9) ここでいう市場組織化 Market Organization とは，以下のような意味である。ある農作物がヨーロッパ大の共通政策の対象となるということは，当該農作物がヨーロッパ大の一つの物差しによって管理されること，域内の価格が共同であること（指標価格），当該農作物の域外からの／への輸出入について統一された手

続を行うことを意味している以上，当該農作物が共同体において一つの共同市場を形成している。このような共同市場をどのような規則の下で構築しそして運営していくのかまではローマ条約は規定していない。したがって，共同市場を組み立てていくことは CAP の実現を意味していた。

(10) VI/COM (60) 90. European Commission Historical Archives, Bruxelles (hereafter: ECHA), BAC, 174/1995, n° 1093.

(11) Avant-Projet, «Décision du Conseil portant institution de comités des directeurs pour les céréales, le sucre, le lait et les produits laitiers, le bétail et les viande, les oeufs et volailles, les fruits et légumes, le vin». VI/COM (60) 173, Annexe VI. ECHA, BAC, 174/1995, n° 1093.

(12) R/1266 f/60. P. 23. ECHA, BAC, 174/1995, n 1095.

(13) エージェンシーとは，特定の技術的・専門的・行政管理的任務などを遂行するために，EU における行政組織である総局（DG）から独立した組織として設置された機関を指す。

(14) http://www.cvce.eu/content/publication/1999/1/1/e4dda4dc-b636-40dd-8cbe-3ddbac4eb495/publishable_fr.pdf

(15) S/484/61 (CSA 36), Extr. 2, Bruxelles, le 7 octobre 1961. Extrait du Projet de Procès-Verbal de la 15ème réunion, «Examen du rapport du groupe de travail sur les questions juridiques et institutionnelles posées par les propositions des règlements de la Commission». ECHA, BAC, 174/1995, N° 1093.

(16) G. Olmi, à l'attention de M. Gaudet, Bruxlles, le 6 octobre 1961. ECHA, BAC, 174/1995, N° 1093

(17) S/71/62 (CSA 4). Centre d'Archives contemporaines, Fontainebleau (hereafter: CAC), SGCICEE, 19771466, art. 97.

(18) «Procès-Verbal de la réunion restreinte (2ème Partie) tenue à l'occasion de la 60ème session du Conseil de la Communauté Economique Européenne à Bruxelles, du 18 au 22, les 29 et 30 décembre 1961 et du 4 au 14 janvier 1962», le 18 avril 1962. R/78/62 (MC/PV/R 1) Extr. 3. Council of Minister's Archives, Bruxelles (hereafter: CMA), CM 2, 1961, 89.

(19) 文面は，遠藤編2009，353-356頁参照。

(20) Ecole nationale d'administration. Promotion 1964-1966. Philip Agid, Mémoire de stage, «Le développement des mécanismes institutionnels de la Communauté économique européenne. L'exemple des Comités de gestion agricoles». CAC, SGCICEE, N° Versement 19810522, art. 26.

(21) CEE, Commission, Direction Générale du Marhcé Intérieur, III/I/COM (64) 533,

Bruxelles, le 10 décembre 1964, Confidentiel. «Proposition de règlement du Conseil relative à lla définition commune de la notion d'origine des marchandises (Communication de M. Colonna di Paliano)». Historical Archives of the European Union, Firenze (hereafter: HAEU), BAC, 144/1992, No.277.
(22) CE, le Conseil, Bruxelles, le 18 janvier 1968, R/82/68 (AGRI 28). Note, «Institution du Comité permanent vétérinaire». HAEU, BAC, 38/1984, No. 813.
(23) 当初この手続も管理委員会手続の一変種として同じく「管理委員会手続」と呼ばれたこともあった（Schindler, 1970）。体系性のないまま設立された種々のコミトロジー手続を分類したのは、68年に欧州議会が提出した報告書（PE Doc 115/68）が最初とされる。
(24) 66年の時点で、農業市場調整措置以外で管理委員会手続が用いられていたのは、FEOGAの財政委員会と欧州開発基金の財政および支援管理に関する手続の二つであると、委員会内部文書には記載されている。Service juridique des Exécutifs Européens, Branche CEE, Bruxelles, le 19 octobre 1966, JUR/CEE/2315/66. «Inventaire des procédures adoptées en matière d'exécution du droit communautaire dérivé». HAEU, BAC, 144/1992, N° 873.
(25) 規制委員会において原案に反対もしくは意見未形成の場合理事会に回される。Filetは、この際に、一定の期限内に理事会において修正案が用意されそれに特定多数決で採択されない限り委員会原案がそのまま実施される手続をさし、Contre-Filetは、理事会は修正案を用意できなくても、単純過半数で反対すれば委員会原案を廃案にすることができるという手続である。
(26) 以下、この事案については（Bergström, 2005: 146-150）の記述に依った。
(27) 現在は主として肉製品の発色剤として使用される食品添加物。乳製品に対しては、発酵の調整剤として使用される。
(28) 委員会事務総局でコミトロジー担当だったポンツァーノ氏に拠れば、90年代以降はむしろ委員会によるすり抜け、すなわち一旦確定した決定が、コミトロジー手続の中で実質的な内容変更がなされることが問題だと指摘する。コミトロジー手続の中で実質的な決定が行われる以上、構成国側であれ委員会側であれ「すり抜け」が行われることがコミトロジー手続の問題という認識は、リスボン条約におけるコミトロジー手続の抜本的改革につながった。
(29) Press Conference, 24th May 1975. Draft Statement of Lord Chancellor. The National Archives, Kew (hereafter: TNA), FCO 30/2981. なお、イギリスのEC加盟に際する英国憲法体制とECとの関係については、中村、1993参照。
(30) Hatterley's Meeting with the European Secondary Legislation Committee, 6 September 1974. TNA, FCO 30/2367; Brief 3, "Reference form Management and

Regulation Committees". TNA, FCO 30/2367.
(31) これはイギリス国内における政策変化というよりも，上記のコミトロジー手続の政治的重要性を低く評価したのは外務省であり，コミトロジーの重要性を認識したのが保険省という実務担当省という違いも大きいと考えられる。
(32) EUU (73) 51, 7 September 1973, Cabinet, European Unit, "Role of the Community in Public Health and Social Security". TNA, FCO 30/1985. 構想ではさらに欧州審議会の中の公衆衛生委員会も統合することを提案するが，これは途中で取り下げられる。
(33) Report on a Proposal for an EEC Toxicology Committee. TNA, FCO 30/1985.
(34) 実際，第1節(3)で触れた獣医学常設委員会の業務は，この公衆衛生総局の中に取り込むことが考えられた。EUU (73) 51, 7 September 1973, Cabinet, European Unit, "Role of the Community in Public Health and Social Security". TNA, FCO 30/1985.
(35) Report on a Proposal for an EEC Toxicology Committee. TNA, FCO 30/1985.
(36) コミトロジー手続に対しては，通常決定過程の非透明性や民主主義的統制の欠如を指摘されるが，それはこのような同手続の強化と表裏一体だったと言える。またコミトロジー手続の規制的機能化が，EUが抱える問題の解決にとってどれほど望ましいことだったのかという点を考えると，コミトロジーによる規制のあり方には問題点も指摘されている（Chrisitansen and Polak, 2009）。

第4章

EUの標準化戦略と規制力

臼井 陽一郎

はじめに

　欧州連合（EU: European Union）のシングル・マーケットで標準化された規格がそのまま世界標準となり，アジアやアメリカの企業がこぞって採用するようになれば，EUの規制力はまさにグローバルに高まることになる。この方向を目指したEUの戦略を把握するのが，本章の目的である。

　現代の産業社会にあって標準化の重要性は多言を要しない。製品規格や工程が標準化され，マーケット・アクセスの条件となってすべての企業に適応が求められれば，企業のモノ作りの効率は上がり，消費者の信頼も得られる。異なった国・企業の製品が標準化され相互運用や結合が可能になれば，マーケットは格段に広がり規模の経済も働く。つまり，質の高い標準化が国家間の差異を克服して国際的に達成されることによって，技術的障壁は除去され，国境を越えたマーケットが真に創出され，貿易・投資の持続可能な拡大が見込まれる。

　これをヨーロッパで大規模に進めてきたのが，EUの市場統合であった。EUにとって標準化とは何をさておき，シングル・マーケットを創出するための技術的な調整作業であった。また欧州標準となるべき規格の策定作業には，環境や公衆衛生その他の社会的要素も加味され，いわゆるヨーロッパ的価値の実現が目指されていった。ところが，EUは欧州標準を域内の市場統合に限定せず，グローバル経済競争のための戦略にも利用するようになる。欧州発の規

格を世界標準にして，EUのビジネスに競争上のアドバンテージを与えようというねらいである。その標準化戦略の射程の広範さには目をみはるものがある。EUは多くの分野で世界標準の発信地となって，世界をリードする規制力を手に入れようとしているのである。本章はここに注目していく。

　まず第1節で国際標準化作業が国際政治の重要なシーンとなることにふれる。それを前提に第2節でEU域内の標準化作業を概観したうえで，第3節においてEUの域外に対する標準化戦略を検討する。最後に第4節で実際に国際標準を策定する国際標準化機構（ISO: International Organization for Standardization）の制度を取り上げ，この舞台におけるEUのプレゼンスの強さ・大きさを明確にする。

1　標準化の政治

　国際標準化は純粋に技術的なことがらのようでいて，その作業には国際政治の現実が重くのしかかっていく。それは一国の経済競争力をストレートに左右するのであって，その交渉過程は純粋技術的なものに終始せず，国際政治そのものであるといって言い過ぎではない。国際政治における標準化の重要性について，遠藤は次のように指摘する。

> 「グローバルな場で標準設定を試みる主体（企業や国家）があり，それにより利益を得る集団と逆に不利益を被る集団が出てこよう。これらの集団の力関係，市場の大きさやシェア，規範・理念的魅力などが，経済合理的な必要性とともに，グローバルな場における標準の形成に影響を及ぼすのである」（遠藤，2008：43頁）。

　ここで集団の力関係や市場の大きさといった構造的要因だけでなく，規範や理念の魅力といった社会的要素もあって，標準化の政治が展開しているという遠藤の視点に留意しておきたい。これはEUの規制力を解する際のポイントに

なる。のちにふれるように，EU は"環境"や"社会"も加味した欧州標準を世界標準にしようとする戦略を進め，域内企業が先行して取り組んできた高度な EU 型ビジネス・スタイルをグローバルに浸透させようとねらう。

　国際標準化における政治の重要性は，もちろん EU だけの認識ではない。日本を例に引いておこう。内閣に設置された知的創造サイクル専門調査会[1]の報告書には，国際標準化に乗り遅れた焦りがにじみ出ている。

　　「標準を制する者が市場を制する……いかに巨費を投じて開発された優れた新技術であっても，国際標準化に失敗すれば市場を獲得できない。……欧州や米国は，早くから市場戦略と標準戦略を一体として捉え，国際標準化をリードし，市場を獲得する手段として活用してきた。近年では，中国や韓国も，国際標準戦略を構築しつつある。一人我が国が受身の対応では，競争力の深刻な桎梏となりかねない。……国際標準作りは，世界の公共財を作るという一面を併せ持つ。我が国が国際社会における規範の形成に汗をかき，存在感を高めるという観点からも，国際標準化活動の強化は重要である。この意味で国際標準化を主導することは，我が国のソフトパワーの強化でもある」（知的創造サイクル専門調査会，2006：1頁）。

　国際標準化の死活的重要性を強調し，日本だけが「一人受け身の対応」にとどまってはいけないとする焦りには，欧米が現在までに有利な地位を築いてきたとする認識がある。また国際標準化への積極的な関与は「世界の公共財」作りと国際社会の規範形成に貢献することになるがゆえに，ソフト・パワーの強化にも帰結しうるという主張は，まさに EU の戦略そのものである。EU は先進27カ国・5億人のシングル・マーケットを利用して国際標準化競争から一歩抜けだし，"環境"や"社会"に関わる価値を織り込んだ欧州標準を世界標準に仕立て上げようとねらっているのである。

2 シングル・マーケットを作る標準化

(1) 欧州標準のための制度枠組み

ただしEUは当初から欧州標準の世界標準化を対外行動戦略に位置づけてきたわけではない。標準化とは何よりも域内にシングル・マーケットを創造するための手段であって、域外に向けられたものではなかった。製品規格の相違が加盟各国のマーケットを閉鎖的なものにしてしまわないよう、欧州標準の策定が進められたのである。欧州標準のためのEUの制度枠組みは、83年の技術標準化指令[2]にさかのぼる。現在は98年の標準化指令[3]をベースにする。シングル・マーケットの構想が1985年に1992プログラムとして打ち出され、一応の完成をみたのが1992年12月である。EUの標準化戦略は、まさに市場統合を立ち上げ深化させる手段として構想されてきたのである。

98年標準化指令の第1条によると、標準とは何よりも共通化された技術仕様 (technical specifications) であり、製品のクオリティ、パフォーマンス、安全性を確保するための規定である。標準化により適合性評価手続に関する要求事項 (requirement) が定められ、製品の販売方法、製品を説明する用語や記号、ラベル、包装などが統一的なものにされる。この要求事項は消費者や環境の保護を目的とするものでもあり、製品の利用や廃棄、リサイクルのあり方にも関わる。ある技術仕様が標準化されたと認められるには、公的に認証された機関が市場での継続した利用実績を承認するという手続が必要とされる。

ただし事業者が標準の利用を法的に強制されることはない。標準化指令はこの点を明確に定める。標準化はあくまでも市場統合の非立法的手段だとされる。また標準の成立を承認する公的に認証された機関は、民間の団体であって行政機関ではない。つまりマーケットをシングルなものにするための製品技術要件の共通化は、立法によって枠組みが作られるものの、民間による承認手続を通じて進められる。のちにふれるように、これがニュー・アプローチ（新方式）

とよばれる市場統合の方法である。

　こうした標準なるものは98年標準化指令も定めるとおり，国際標準・欧州標準・各国標準の三種が存在するわけで，これをどう統一していくかがEUの課題となる。その担い手として同指令が認証する民間団体が，欧州標準化委員会（CEN：Comité Européen de Normalisation），欧州電気標準化委員会（CENELEC：Comité Européen de Normalisation Électrotechnique），欧州電気通信標準化協会（ETSI：European Telecommunications Standards Institute）の三団体である。この三団体が分業して各国標準をまとめ，国際標準に対応しながら欧州統一規格（EN: European Norm）を策定する。国際標準化への対応では，CENが国際標準化機構（ISO：International organization for Standardization），CENELECが国際電気標準会議（IEC：International Electrotechnical Commission），ETSIが国際電気通信連合（ITU：International Telecommunication Union）をそれぞれ担当する[4]。こうした技術志向の専門機関が国家横断的に連携してEUの市場統合の根本部分を担うという構図は，第3章で取り上げられたコミトロジー制度の基本的な発想にも通じる。EUの規制力が発現する基盤であると言えるだろう。

　標準化指令はまた各国標準を策定する各国機関も特定し，欧州委員会の役割も定める。欧州委員会はいわばコーディネータの役目を務める。すぐあとでふれるように，EUはステークホルダーが標準化に関与する制度を作り上げようとしてきた。ステークホルダーは業界団体だけでなく，環境をはじめとした公益追求型の社会団体も含む。したがって欧州標準を策定することはもちろん，国際標準への対応についても実に多くの関係者の調整が必要になる。各国の標準化作業について報告を受け，欧州標準化機関を方向づけるガイドラインを示し，ステークホルダーの関与を促進するという役割は，まさに至難であるが，欧州委員会はこれに挑戦してきた。標準化の死活的重要性は，EUの基本認識なのである[5]。

(2) 市場統合の手法

すでに述べたように，EU にとって標準化の政策とはニューアプローチ（新方式）と呼ばれる市場統合の手法であった[6]。製品の規格を定めるにあたって EU 法は基本の枠組みを設定するにとどめ，具体的な技術仕様については先述の CEN をはじめとする標準化機関を中心にステークホルダー協議も経て任意規格を決定し，それにゆだねるというやり方である。欧州委員会は立法だけでなく「……ニュー・アプローチ（新方式）による技術の調和化や標準化こそが，ヨーロッパのシングルマーケットを創り運営していくうえで重要なステップになってきた」という認識を示している（European Commission, 2001: p. 9）。

標準化には一般に公式の手続によるデジュール標準，市場競争の実績が反映されるデファクト標準，民間の有志グループによるフォーラム標準があるが（知的創造サイクル専門調査会，2006：23頁），EU の場合，立法に依存しないとはいえデジュールの標準化を本筋とする。これが標準化に戦略性を担保するうえで重要であった。ニュー・アプローチ（新方式）は基本的には民間による任意の標準設定を中心にして，立法は補完的なものにとどめるのであるが，たとえば環境保護の要素を強化したいという場合，法規制を主として標準化で補完するというかたちにも変更可能である（European Commission, 2004: p. 6; 2001: p. 8）。そもそも標準化は多岐にわたるステークホルダーの関与を通じて進められる。デファクトやフォーラムによる標準化が進行すれば，EU にとって戦略性の担保は至難となる。しかしデジュール標準が本筋となれば，欧州委員会が欧州標準化機関，各国行政当局，各国標準化機関，業界団体，各企業，NGO など，多様なステークホルダーに対してガイドラインを提示し，方向づけていくという体制が可能になる。

以上のように EU は立法による標準設定と民間による任意の標準を区別し，後者を主とした市場統合をニュー・アプローチと呼ぶのであるが，上述のようにデジュールの標準化を本筋とする限り，この任意の標準に前法的な性質を見出すことも可能である。第 2 章で述べられたとおり，EU では自主的合意によ

る voluntary cooperation 型の法が重要な役割を果たしており，ニュー・アプローチ（新方式）の基礎となる民間の自主ルールを時に法として取り込むという実務も進められてきた。公的に認証された民間機関によって当事者に広く承認された手続を通じて進められるデジュール型の標準化は，第2章のいう承認のルールに基づくものであると理解することもできよう。民間の自主ルール自体を即 EU 法であるとはいえないにしろ，一見非立法的な手段を利用しているように見えて実はたえず法的なものを希求する EU の性向に注意したい。第2章で示唆されたように，ここに EU が規制力を追求する原点を見出すことができる。

　欧州委員会は折にふれて，そうした立法のかたちを取らない任意の標準化が，公衆衛生・労働安全・環境保護についての政府の責任を民間に移転してしまうものではないこと，それゆえ任意の標準化と健全な規制（better regulation）の適切な関係が構築されなければならないことを強調してきた（European Commission, 2004: p. 6; 2001: p. 8）。規制力の担保が EU の政策運営の基本にあると言えるだろう。また他方で，EU にとって標準化は"社会"や"環境"のヨーロッパ的価値をシングル・マーケットに埋め込む手段でもあった。上述のようにニュー・アプローチ（新方式）は任意の標準化を中心に市場を統合しようとするものであるが，標準化による製品規格の共通化や技術の相互運用性を特定の方向に発展させるよう法によって義務づけるものではなかった。標準の利用はどこまでも任意である。したがって標準化による市場統合は，公衆衛生や労働安全や環境保護といった EU の基本条約が定める責任を，政府から民間に移転する自由化路線とも軌を一にすると言えそうなのであるが，欧州委員会はこの方向をきっぱりと否定する。標準化はたとえば EU が「適切であると考える環境保全の水準を充たさない場合」（European Commission, 2001: p. 3）もあるわけで，そういった場合について欧州委員会は，自由な産業活動を通じた標準化と環境保護のあいだでバランスを取り，中小企業にも配慮していくという方針を示す（Ibid., p. 4）。

3　グローバル経済戦略のための標準化

(1)　WTO の壁

　これはしかし，EU だけの都合で実現できる課題ではない。各国標準を調整し，欧州標準にまとめ上げるにあたって，国際標準化の動向にも対応していく必要がある。欧州標準を国際標準に一方的に同期させようとする限り，国際標準化の動向によっては，EU が求める高いクオリティの標準化を達成できない場合もある。EU はまずは世界貿易機関（WTO: World Trade Organization）による国際標準化のルールに留保を要求すること，および"社会"や"環境"の公益追求団体を標準化のプロセスに関与させることを目指していった（やがて EU のシングル・マーケットの標準を世界標準に仕立て上げていこうとする戦略が模索されていくが，これについては節を改めて後述する）。

　これに関連して，国際標準化に対する EU 政策の原則を提示した文書（European Commission, 2001）を取り上げたい。これは欧州委員会が閣僚理事会の要請により2001年に提出したもので，10年前の文書とはいえ2000年代10年間に EU の標準化政策のベースにあった発想が整理されている。欧州委員会は"社会"や"環境"を重視する「ヨーロッパ的なものの見方（a European perspective）」を重視して，これを守るためには国際標準の採用を留保してもやむをえないという（Ibid., pp. 8-10, para16, 20, 26）。欧州委員会は次のように記している。

　　「……各国は国際標準に定義された保護水準を超える権利をもつものである。その措置が恣意的で差別的なものでない限り，各国内で望ましいと考えられた保護水準を達成することができる」（Ibid., p. 9）。
　　「……（国際標準が）ヨーロッパの正当な目的に必要な規制枠組みに合致しない場合，欧州標準の設定に従事する人々が国際標準化作業からはずれ

ても許されるだろう」(Ibid., p. 10)。

　欧州委員会は透明性を確保すればこの逸脱を正当化できるとして，欧州標準化機関と国際標準化機関の協力協定を推奨する(7)。のちにふれるようにたとえば CEN は実際に ISO と情報交換や技術協力のための協定を結んでいる。また各国各地域の標準こそが国際標準化へ発展していくのであって，国際標準のほうへ一方的にすり寄るわけではないと欧州委員会は強調する (Ibid., p. 5)。加えて"環境"や"社会"に関心をもつステークホルダーが国際標準化作業に参加できるようにすべきだと主張する (Ibid., pp. 8-9, para16, 22)。これにより，ヨーロッパ的価値のアドボカシー集団が国際標準化においてプレゼンスを発揮できるようになるとする読みがあるように見受けられる。さらに国際標準ではなく欧州標準の採用に関心を示す国や地域に対しては，EU としても特別な関心を寄せて，貿易パートナーとして密接な関係を築き，欧州標準に適応した技術規制や適合性評価や製品品質を達成できるよう支援していくと表明する (Ibid., p. 11)。

　以上要するに，欧州委員会は国際標準化に"環境"と"社会"の価値を組み込んだ欧州標準が活用されない限り，国際標準化に対するヨーロッパの留保を示して独自の道を行く余地を残そうとする論理を組み立てていったのである。

　ところが，WTO の制度が EU の独自路線を簡単には許さない。WTO 設立協定には貿易の技術的障壁に関する協定（TBT 協定）が付属しており，これが各国独自の標準の政治的な利用を排除しようとする。この協定は工業製品の規格やその適合性評価手続が貿易障害とならないようにするためのルールを定めたもので，輸入禁止の根拠ともなる国内の強制規格は国際規格を基礎にしなければならないとし，そうした強制規格が国際規格に適合していない場合には，WTO 事務局へ事前に通報するよう義務づける。また任意規格についても貿易の障害とならないよう適正実施基準を用意し，各国にその受け入れを強制している。その適正実施基準とは国際規格を基礎としていること，国際規格制定に参加していること，規格制定作業を定期的に公表していること，などである。

すると，シングル・マーケットに組み込んだヨーロッパ的価値が激しい国際経済競争のみならずWTOの貿易レジームによっても骨抜きされないようにするには，EUのシングル・マーケットが培った標準をWTOが義務づける国際標準に仕立て上げてしまうという道を探っていかなければならない。

(2) 国際標準化対策

実際EUはすでに1999年に閣僚理事会で標準化決議を採択し[8]，標準化政策を通じてヨーロッパ・ビジネスの国際競争力を高めるという方針を立て，欧州委員会にグローバル化時代の欧州標準化政策についてガイドラインを策定するよう要請していた。欧州委員会はこれを受けて，国際競争力強化のための国際標準化対策を打ち出していく。2010年の「グローバル化時代の統合産業政策」と題する政策文書（European Commission, 2010a）で欧州委員会は次のように記している。

　「欧州標準化システムはマーケットのプレイヤーと公的機関の双方の期待に応えなくてはいけないが，それは急速に変化し続けるグローバル社会の中で達成されなければならず，したがってシングル・マーケットを越えてグローバル経済の中でヨーロッパの影響力を強めていくことにつながっていくのが望ましい。ヨーロッパは国際標準の設定に向けて戦略的な地位を維持するために追加的な措置を取らなければならない」（Ibid., p. 11）。

この方針はEUの中心的な戦略思想として確立されている。2011年の「欧州標準のための戦略ビジョン」と題された文書（European Commission, 2011b）では，グローバル社会の中でヨーロッパ・ビジネスが競争力を強化していくうえで標準が重要な役割を果たすとの認識を提示し，次のように記している。

　「ヨーロッパがイノベーションを主導する分野では，製品であろうとサービスであろうと技術であろうと——たとえば電気自動車，セキュリティ，

エネルギー効率，スマート・グリッドといった例を挙げられるが——そういった分野では欧州標準を他に先駆けて創出し，これを国際標準として主張していくことが死活的に重要である。そうすることで先行者利得を最大化し，ヨーロッパの産業の競争力を増強していくことができるだろう」(Ibid., pp. 2-3)。

実際 EU は標準化イコール競争力強化という認識のもと，2005年に標準化行動計画を立案，以後更新していった。表4-1は2010〜13年の行動計画を整理したものである。消費者保護やエネルギーを含む環境関連の比重の高さが見て取れる。特に水素・燃料電池や太陽光発電，バイオガス，スマートグリッドなど成長分野への取り組みが目を引く。これに加えて，電気自動車 (EV) に力が注がれようとしている。欧州委員会は2010年にクリーンな高燃費自動車のための欧州戦略を打ち出した (European Commission, 2010b)。まずは電気安全性要件（型式認証）や衝突安全性要件（低騒音車両の潜在的リスク），充電インターフェースや充電ポイント，廃車や電池のリサイクルといった部分で欧州標準を確立したうえで，これを EU 発の電気自動車国際標準に仕立てようとするねらいである。欧州委員会は国際標準化を見据えた電気自動車の欧州標準設定について，ヨーロッパがグリーン・テクノロジー分野に一定のポジションを確保するために必要な，世界的にワンランク上位の製品を作り出すための正しい枠組みの創造であるととらえている (Ibid., p. 3)。

2011年3月11日以降は以上に新たな重点事項が付加された。表4-1でリストアップされているように，もともと EU は原子力発電の安全基準に力を入れていたが，東日本大震災にともなう福島第一原子力発電所の事故を受けて，いまやその安全基準は EU の最重要ターゲットの一つとなった。事故後 EU はすぐさま（加盟国担当部署と専門家の組織である）欧州原子力安全規制者グループ（ENSREG: European Nuclear Safety Regulators Group）と欧州委員会を連携させ，域内の全原発でストレス・テストを実施，従前よりいっそう厳格な原発安全基準の策定とその世界標準化をドーヴィル G8 と国際原子力機関（IAEA:

表 4-1　EU の標準化行動計画（2010-2013年）

アクセシビリティ	水素・燃料電池技術
障害者社会統合	試験方法関連
化学物質	イノベーション
REACH 関連物質分析方法	技術革新データ共有関連
消費者保護	新市場開発（LMI: Lead Market Initiative）
製品安全性	太陽光発電エネルギー関連
大気・遺伝子操作作物関連の測定	バイオガス・メタン関連
標準物質	生物利用製品（bio-based products）
化学物質試験・評価法	
防衛産業	測定（Measurement）
防衛調達ハンドブック（データベース）	圧力機器関連
教育	ナノテクノロジー
原子力分野教育訓練	個人情報保護
エネルギー	研究開発
電気機器電力供給	セキュリティ（注・テロ対策）
スマートグリッド	セキュリティ関連装置・機器
原子炉安全性	セキュリティ関連 ICT
環境保護	セキュリティ・モデル
RoHS 指令関連 CE マーク	セキュリティ技術
温室効果ガス排出関連	中小企業
エコデザイン関連	協力・情報共有システム
再生紙関連	宇宙開発（ガリレオ）
包装関連	宇宙産業関連
揮発性有機化合物（VOC）関連	衛星ナビプログラム
大気汚染測定関連	玩具
水枠組指令・水質測定関連	安全性
化学物質・汚染物質測定関連	運輸
映画	高速鉄道
データベース相互運用性	測定基準
食品	
食物安全性評価関連・含有物質測定	

資料：European Commission, 2010-2013 Action Plan for European Standardisation. Ref. Ares (2011) 886-03/01/2011.

International Atomic Energy Agency）の双方で訴えていった。この原発安全基準の世界標準を EU 発のものとすることが，EU のねらいであった。事故直後の欧州首脳理事会において，EU は「世界で最も高水準の原子力安全基準を EU 域内で実行し絶えず改善を続け，国際社会に広めていく」ことを確認して

いる[9]。

4 ISOにおけるEUのプレゼンス

(1) ISOの制度

しかし国際標準化機関は簡単にEUの思い通りになるような，政治的働きかけに弱い制度を基礎としているわけではない。ISOの組織構成と標準化手続について概観しておこう。

ISOの国際標準化には162カ国が参加し，膨大な数の委員会に分かれ作業が進められている。委員会は分野ごとに専門委員会（TC: Technical Committee），その下部の分科委員会（SC: Subcommittee），さらにその下の作業グループ（WG: Working Group）と三層に構成されるが，その数はTCが214，SCが510，WGは2478にもおよび，72のアドホックな研究部会も存在する。2010年までにこの膨大な会合を通じて1万8536の国際標準が採択されており，2010年だけでも1313に達している[10]。委員会に参加するのは基本的には各国政府代表であるが，これに国際機関などもリエゾン組織として加わる。リエゾン組織は4タイプに種別され，中でもタイプAが標準化作業で重要になる。タイプAのリエゾン組織は専門委員会（TC）やその下部の分科委員会（SC）で実効的な貢献をなし，あらゆる文書・会合にアクセス可能で，WGに専門家をノミネートすることも認められる[11]。ただしリエゾン組織には全タイプ合わせて610もの団体が名を連ねる。こうした広大な領野で影響力を発揮しようとすれば，並外れたパワーが必要とされよう。

また標準化の決定手続が公開・公正の原則をもとに制度化されている。この手続は表4-2に示したとおり7段階に区分され，承認段階での投票手続については別途規定が置かれている。それは当該専門委員会（TC）参加国の3分の2の賛成および反対（ただし理由付反対）が4分の1未満の場合，承認となるというものである（理由なしの反対と棄権はカウントされない）[12]。した

表4-2 ISO（国際標準化機構）/IEC（国際電気標準会議）の標準化手続

予備調査段階	(Preliminary Stage)
提案段階	(Proposal Stage)
準備作業段階	(Preparatory Stage)
委員会審議段階	(Committee Stage)
質疑段階	(Enquiry Stage)
承認段階	(Approval Stage)
文書発行段階	(Publication Stage)

資料：ISO/IEC Directives, Part1. Procedures for the technical work. Eigth edition, 2011, p. 20.

表4-3 ISOの委員会への各国の参加状況

国　名	参加委員会（TC/SC）数
フランス	722
イギリス	720
ドイツ	718
中国	706
韓国	706
ルーマニア	699
日本	678
イタリア	665
ポーランド	635
ロシア	624
スペイン	620
アメリカ	611
インド	611

※ 下線はEU加盟国。TCとSCの合計数は2010年12月31日現在で724，総参加国数は162カ国（www.iso.org/iso/about/iso_in_figures.htm）。
資料：〈www.iso.org/iso/about/iso_members.htm〉より作成（2011年7月23日アクセス）。

がってどこか一ヵ国が自らの意向を押し付けて標準化しようとしても，それは簡単なことではない。特定国の影響力が飛び抜けるような事態が排除されるように設計された制度なのである。

(2) EUのプレゼンス

では，国際標準化をリードしようとするEUのねらいはそもそも貫徹不能な一人よがりなものなのであろうか。それはEUの対外戦略を構成する言説の次元にとどまってしまい，実際に行使される影響力はISOの制度に阻まれ発揮できないのであろうか。本章でこの点を突き詰めることはできないが，EUが国際標準化作業に対して影響力をもちうる状況証拠は示しておきたい。

すでに説明したとおり，ISOは膨大な数の委員会・作業部会によって構成されているが，表4-3が示すように，全162カ国のISO参加国のうち，EU諸国の専門委員会（TC）・分科委員会（SC）への参加数が飛び抜けている。上位3カ国は順にフランス，イギリス，ドイツのビッグ・スリーであり，アメリカが登場する順位13カ国までに7カ国のEU加盟国が名を連ねる。この7カ国の参加委員会（TC/SC）数を合計すると，4779におよぶ。上述のとおりTCが214，SCが510で合計724になるから，単純平均で大づかみにいうと，全委員会の9割程度に上位7カ国の

EU加盟国がほぼそろって出席しているい計算になる。

もちろんたんに委員会に参加するだけで影響力を発揮できるわけではない。TCもしくはその下部のSCで幹事国を引き受け，作業部会（WG）で主査を担当することが，国際標準化作業で影響力を発揮するために重要になる（知的創造サイクル専門調査会，2006：31頁）。表4-4はEU諸国がTCとSCの幹事国およびWGの主査をどの程度担当しているかを調べたものであるが，その数は他を圧倒している。ドイツが132のTC/SCで幹事国を引き受け，414ものWGで主査を担当しているのを筆頭に，イギリスとフランスが少し離れて続く。アメリカがTC/SCで114，WGで530と群を抜くが，EU各国を合計すると，TCとSCで367，WGで1332にもおよ

表4-4 ISOのTC/SCの幹事国・WG主査（EU諸国とその他の比較）

	TC/SCの幹事数	WG主査数
ドイツ	132	414
イギリス	72	367
フランス	71	201
スウェーデン	24	106
オランダ	21	90
イタリア	16	48
デンマーク	8	21
スペイン	8	16
ベルギー	4	32
ポーランド	4	2
フィンランド	2	16
オーストリア	2	10
ポルトガル	2	3
スロバキア	1	0
チェコ	0	3
ハンガリー	0	1
アイルランド	0	1
ギリシャ	0	1
EU各国合計	367	1332
アメリカ	114	530
日本	63	177
中国	31	53
韓国	16	36

※ 2010年12月31日現在。作業部会主査はChairの訳。
資料：ISOのWEBサイト〈annualreport.iso.org/en〉より作成。

ぶ。たとえ東アジアで日中韓が協力して欧米に追いつこうとしても，合計してTC/SCで110，WGで266に過ぎない。ISOのTC/SCは上述のように合計で724，WGは2478であるから，ISOの幹事国および主査の半分強をEU加盟国が担当していることになる。

さらに上述のリエゾン組織としてTCもしくはSCに参加している団体に注目したい。表4-5のとおり，これもEUの欧州委員会が他を圧倒している。カテゴリAのリエゾン組織として104の委員会に，またカテゴリBとして72の

表4-5　ISOリエゾン組織の委員会（TC/SC）参加数上位団体

	カテゴリA （標準化作業参加）	カテゴリB （標準化情報取得）
欧州委員会	104	72
国連欧州経済委員会（UNECE）	50	26
世界保健機関（WHO）	44	16
国際法定計量機関（OIML）	42	7
国際労働機関（ILO）	28	8
世界気象機関（WMO）	27	8
国連食糧農業機関（FAO）	25	16
国際純正応用化学連（IUPAC）	23	0
国際鉄道連合（UIC）	18	3
経済協力開発機構（OECD）	17	8
世界税関機構（WCO）	10	100

※　欧州委員会は共同研究センター（European Commission Joint Research Centre）も含む（カテゴリAが5，Bが1）。
資料：ISOのウェブサイト〈http://www.iso.org/iso/about/organizations_in_liaison.htm〉よりカウント。リエゾン団体の総数は610（ISO Annual Report 2010より）。

委員会に参加し，ISOの国際標準化作業に幅広く関与しているのである。欧州委員会の次に多いのが国連欧州経済委員会（UNECE: United Nations Economic Commission for Europe）であるが，欧州委員会の半数にもおよばない。欧州委員会のISOに対するコミットメントの強さと深さが明白に見て取れる。

これまでEU諸国の委員会参加数，幹事国・主査引き受け数，そして欧州委員会のリエゾン組織としての参加委員会数を見てきたが，EUがISOの中に圧倒的なプレゼンスを保持しているのが一目瞭然であろう。EUが標準化戦略を随時アップデートし，欧州委員会のコーディネートのもと欧州標準化機関を中心に域内ですりあわせを行っていく以上，EUの国際標準化作業に対する影響力は群を抜いたものであり続ける。

一例として上述の原子力発電安全基準にふれておきたい。EU発の世界標準を作り上げようというねらいは，決して実現性のない空虚な野心ではない。原子力発電はISOの第85専門委員会（TC85）の担当で，原子力エネルギー，原子力技術，核放射線保護の各分野を網羅するが，このTC85の幹事国がフラン

スであり，欧州委員会もカテゴリーAのリエゾン組織として参加している。またTC85のもと三つのSCが置かれているが，うち二つの幹事国がフランスとイギリスである（残りはアメリカ）[13]。つまりISOを舞台とした原子力発電の技術や安全基準については，フランスがリードするかたちがとられている。これにEU域内143基の原子力安全基準を欧州標準化する実績が加味されれば，EU発の世界標準化を目指す路線も決して現実味のないものではなくなる。世界の技術センターとなって人材を育て惹きつけ，組織対応の経験を積んで技術革新に抜きん出ていくためにも，EUにとってISOは戦略的に極めて重要な場なのである。

　以上検討してきたような，ISOにおけるEUの圧倒的なプレゼンスに加えて重要になるのが，欧州標準と国際標準をつなぐ制度の存在である。上述のように，EUは標準化指令によってCEN，CENELEC，ETSIの三団体を標準化機関として認証しているが，この欧州標準化機関がすでにふれたように国際標準化機関であるISOやIEC，ITUと協定を取り交わし，文書の交換や技術協力，さらには平行投票までも行っている。ここではCENとISOのウィーン協定を取り上げ，欧州標準と国際標準が連結されるルートの存在を示しておきたい。

　CENとISOは1989年に技術情報交換のためのリスボン協定を結び，これをベースに1991年に技術協力のためのウィーン協定へ歩みを進めていった。以後この協定を実施するためのガイドラインが策定され，また本体のウィーン協定も改訂されていった[14]。ウィーン協定は表面的にはCENとISOが透明性・開放性・一貫性・公平性・適切性の原則に則して協力を進め，CENとISOの活動の重複を避け，双方が一度の合意で標準を発行できるようにして，国際標準化作業の効率を上げていこうとするものであるが，同時にISOがCENの特殊事情を理解し，その独自活動を承認するという側面ももつ。ウィーン協定の規定によると，ISOはCENの政治環境を尊重し，CENからISOへと標準化作業を移転するのが望ましいとしながらもこれを自動的に行う必要はなく，CENが期待した結果が得られなければ，別々に作業を進めることも認められる。ただCENとISOの標準化作業が別々に行われる場合でも同意形成や承認

は同時に実施して，標準の同時発行が目指される。具体的には双方の事務局が情報交換しつつ，技術会合には相互に代表を送り合い，必要に応じて合同会合も開催，標準採択過程における質疑と投票を平行して行うという段取りが整備されている(15)。このようなかたちでEUのシングル・マーケットの土台となる欧州標準とISOによる国際標準が同時に形成される仕組みが作り上げられているのである。EU標準化戦略の対外的影響力を推し量るうえで，CENとISOのウィーン協定に注意を払っておく必要がある。

おわりに

　EUのシングル・マーケットで培われた欧州標準がISOなどを通じて世界標準化されていけば，EUの規制力はグローバルに高まる。世界標準を取りにいくEU標準化戦略のいっそうの成功は，まさにEUのグローバルな規制力の現れである。本章で概観してきたとおり，EUにとって標準化とはまず何よりもシングル・マーケットを創設する手段であった。やがてEUは欧州標準を世界標準に仕立て上げることを目的に産業政策を立案しはじめる。先進27カ国・5億人のシングル・マーケットで培われた欧州標準は，グローバル社会の中で確かに強い貫徹力を発揮していくであろう。EUがねらうEU発の世界標準は，本章で例示した新エネルギーなどの成長分野にとどまらず，まさに網羅的である。EU諸国がISOのTC/SCに参加し幹事国を引き受けるその圧倒的な数は，EUの規制力のグローバルな強さを如実に表していると言えるであろう。

　そうしたEUの規制力の根本を構成する要素に目を向けようとするとき，EUの巨大なシングル・マーケットがおよぼす引力に加えて，第2章でいう法的なかたちを作ることへの強い傾向と，第3章がいう国家横断的な専門技術機関へのこだわりが重要になる。さらにこれに加味して，本章でふれた次の二点も重要な要素として意識しておくべきであろう。一つはEUが標準化において"環境"や"社会"といったヨーロッパ的な価値を重視している点である。EUは域内においても域外にあっても市場の外にあるものの価値を追求する性向を

もつのであるが,遠藤も指摘するように,その理念的な魅力がEUの規制力にグローバルな浸透力を与える要因となる(遠藤,2008)。

もう一つはEUという価値追求国家集団の多国間主義への志向である。EU加盟国はビッグ・スリーを中心にISOの国際標準化作業にまさにプロアクティブに関与していく。巨大なシングル・マーケットに閉じこもろうとせず,むしろ国際機関を利用してEUスタイルを普及させようとする対外行動の姿勢は,EUの規制力が孕むはずの圧迫的な政治力というイメージを拭い去り,EUスタイルがまさに世界の公共財を創り出すかのような印象を演出しているように見える。もちろん,実態的にはEUをそうシンプルに肯定して評価できるわけではない。多国間主義を通じて価値規範と経済戦略を同時に追求していくEU的な政治志向の内実について,さらに突き詰めて考察していくことが求められる。第1章が指摘したような「規制を通じて静かに秩序を構築し維持管理していくEUの姿」を,多様な政策分野に探っていく必要があるだろう。

参考文献

遠藤乾(2008)「世界標準の形成」遠藤乾編『グローバル・ガバナンスの最前線:現在と過去のあいだ』東信堂,33-58頁。

知的創造サイクル専門調査会(2006)『国際標準総合戦略(案)』首相官邸知的財産戦略本部。〈http://www.kantei.go.jp/jp/singi/titeki2/tyousakai/cycle/dai8/8siryou1.pdf〉(2012年1月9日アクセス)

日本工業標準調査会(2010)『国際標準化アクションプラン:各論』日本工業標準調査会標準部会。〈http://www.jisc.go.jp/policy/act2010/allact2010.pdf〉(2012年1月9日アクセス)

European Commission (2011a), Proposal for a Regulation on European Standardisation, COM (2011) 315/2.

European Commission (2011b), A Strategic Vision for European standards: Moving Forward to Enhance and Accelerate the Sustainable Growth of the European Economy by 2020, COM (2011) 311/2.

European Commission (2010a), An Integrated Industrial Policy for the Globalisation Era, COM (2010) 614.

European Commission (2010b), A European Strategy on Clean and Energy Efficient

Vehicles, COM (2010) 186.

European Commission (2004), Integration of Environmental Aspects into European Standardisation, COM (2004) 130.

European Commission (2001), European Polocy Principles on International Standardisation, SEC (2001) 1296.

European Parliament (2010), The future of European Standardisation, A7-0276-2010.

注

(1) これは2005年6月に内閣の知的財産戦略本部によって設置された調査委員会である。〈http://www.kantei.go.jp/jp/singi/titeki2/tyousakai/cycle/konkyo.html〉（2012年1月9日アクセス）

(2) Directive 83/189/EEC.

(3) Directive 98/34/EC. 2011年6月現在、既存の標準化関連法を改正する新法が欧州委員会から提案されている（European Commission, 2011a）。

(4) CENとISOはウィーン協定を、CENELECとIECはドレスデン協定を結び、相互情報提供や標準化決定の平行投票などを行っている（European Commission, 2001: p. 10）。またETSIとITUも2002年に相互協力協定を締結している。これについては〈http://www.itu.int/dms_pub/itu-r/oth/0A/0C/R0A0C0000040001PDFE.pdf〉（2012年1月9日アクセス）参照。ウィーン協定については後述する。

(5) 2008年9月の閣僚理事会（競争・域内市場・産業・研究開発）は、欧州委員会がコーディネータとなってヨーロッパ全体のステークホルダーの協調を促進していくべきことを確認している。Council Conclusions on Standardisation and Innovation, Brussels, 25 September 2008 参照。欧州議会は欧州委員会に対して、EUがグローバルな標準化体制の中で環境や社会の公益を追求し、主導的な役割を果たしていくために、戦略をたえずリニューアルしていくよう求めている（European Parliament, 2010）。

(6) Council Resolution, OJ 1985 C136.

(7) 注(4)参照。

(8) Council Resolution, OJ 2000 C141.

(9) European Council Presidency Conclusions, 24/25 March 2011, para. 31.

(10) 以上ISOのWEBサイト〈www.iso.org/iso/about/iso_in_figures.htm〉による（2011年8月21日アクセス）。

(11) ISO/IEC Directives, Part1. Procedures for the Technical Work, Eigth edition, 2011, p. 18 参照。その他にタイプB（専門委員会（TC）および分科委員会（SC）の作業状況について情報提供を望む組織で、TCとSCのレポートにアクセスす

ることが認められる），タイプC（ISOとIECの共同委員会に参加する組織），タイプD（作業部会（WG）で技術的貢献が期待される工業団体や商業団体，科学者団体）が存在する。
(12) Ibid., p. 27.
(13) これに加えて二つのWGと議長国助言グループおよびアドホック研究グループがTC85の活動を支えるが，これも議長国フランスが事務サポートを行っている。以上ISOのWEBサイトにあるTCリストの情報より〈http://www.iso.org/iso/standards_development/technical_committees/list_of_iso_technical_committees/iso_technical_committee.htm?commid = 50266〉（2011年8月30日アクセス）。
(14) ISO and CEN, Agreement on Technical Co-operation between ISO and CEN (Vienna Agreement). VA codified, version3.3, 2001-09-20 参照。本文の以下の記述もこの文書による。
(15) Ibid., p. 2.

第Ⅱ部　グローバル市場におけるEU規制

第 5 章

EU 競争法の対外的な規制力

青柳 由香

はじめに

　欧州連合（EU: European Union）競争法は，域内市場の競争秩序などを確保することを目的とするものである。しかし，現在，EU 競争法は域内市場を越えて，EU 域外にある事業者にまできわめて強い規制力を及ぼしている。本章の目的は，EU 競争法が何故そのように強い規制力を有しているかを明らかにすること，そして EU の規制力が域外に及ぶことがどのような意味をもつのかを明らかにすることである。

　EU 競争法の強い規制力のあらわれとして，国際的な経済活動を展開する事業者のあいだで EU 競争法に違反した場合に課される巨額の制裁金が脅威であるという認識が共有されていることが挙げられよう。しかし，EU 競争法が有する影響力の源を，違反事業者に対する厳格な制裁金の賦課にのみ見出すのは不十分である。本章では，EU 競争法が外国の事業者に対しても実効性をもつ根拠には，違反した場合の「ペナルティー」のほかに，その前提として域内市場が有する「引力」があることを論ずる。また，抑止力向上を意図して算定方法が策定されている制裁金が中心ではあるが，「ペナルティー」はこれに限られるものではないことなどを示す。そして，競争法が域外事業者に対して執行された事案を検討することにより，競争法の実効性を梃子として，EU による競争秩序に関する解釈がその域外においても実現されうることを明らかにする。

また事例などを通じて EU 競争法の運用において強弱が見られることを指摘し，その政治的な側面も指摘する。

1　域内市場法としての EU 競争法

EU 競争法は EU 機能条約（TFEU: Treaty on the Functioning of the European Union）101条による共同行為の規制，102条による市場支配的地位の濫用規制，そして2004年合併規則による企業集中規制を柱とする[1]。これらを内容とする EU 競争法は日本の独占禁止法，米国の反トラスト法に対応するもので，市場における競争秩序の維持・実現をその目的としている。

EU は，複数の加盟国市場を統合し，「物，人，サービスおよび資本の自由移動が確保された，内部の境界のない領域」からなる域内市場（EU 機能条約26条2項）を設立することをその任務の一つとしている（EU 条約3条3項）。域内市場を意義あるものとするためには，市場の実質的な機能を担保する必要がある。加盟国による国内規制や事業慣行などを原因として加盟国間通商の障壁が形成・維持されたり，あるいは事業者の競争制限的な行為などが原因となって市場の歪曲がなされたりすると，経済効率性の達成といった市場の機能が十分に発揮されなくなるからである。そのような問題に対処するため，EU 機能条約は域内市場における物・人・サービス・資本の自由移動に関する一連の自由移動規定と，市場における競争秩序を維持するための競争法とを用意している。両者は，域内市場の規律の基盤となる法制度，すなわち域内市場法としての役割を負っているのである（庄司，2003：6，57頁）。

2　EU 競争法の重要性・実効性

域内市場を規律する EU 競争法の適用対象は，EU に所在する事業者に限られない。EU 域内において経済活動を行う外国事業者も適用を受ける。そのため事業者にとって EU 競争法を十分に理解し遵守することが非常に重要になっ

ている。その理由は，後述のとおり違反した場合の費用が非常に高いことが挙げられるが，その前提には市場の「引力（gravity）」があることに注意が必要である。

(1) 市場の引力——企業活動にとってのEU域内市場の重要性

EU競争法が重視される前提として，EU域内市場が外国事業者にとって魅力的な巨大市場であることがまず挙げられる。現在，27カ国の加盟国からなる域内市場は，国際的な経済活動を行う事業者にとって無視できない市場規模である。

仮に，とるに足らない規模しか有しない市場において活動している事業者が，当該国家の規制を受けるような状況を考えてみよう。事業者は市場から退出するという選択肢をとることによって規制を回避することができる。また，退出戦略を採用する事業者の規模によっては，退出されてしまうことにより国内市場が重要な商品の供給を受けられなくなるなどの困難に直面するというシナリオすらありうる。このような状況においては，規制がなされず，その実効性が失われてしまうこともありえよう。

しかし，現在EUにおいて事業活動を行っている事業者は同様の選択肢を有するだろうか。たとえば要求される商品の安全性基準が極めて高く遵守しえないといった事情がある場合はともかく，特定の産業や取引段階に限らず一般的に適用される規制である競争法の適用を回避することを目的として，規模の大きなEU域内市場から退出するあるいは参入を控えるということはあまりないのではなかろうか。いったんEU域内市場に参入すると事業者は競争法の適用対象となり，これを遵守せざるをえず，また自らの行為が競争法違反と認定された場合にはその法的効果を引き受けざるをえない。このように，EU域内市場の規模が有する「引力」こそが，EU競争法の実効性の淵源なのである。

前述の市場退出シナリオに限らず，「引力」の論理が機能しない状況においては，EU競争法の規制力が弱まりうる。その例として，2000年代前半のロシアからのガスの輸入取引が挙げられる。ロシアの独占的なガス輸出事業者であ

るガスプロム (gazprom) 社と EU 加盟各国内の事業者らのあいだの供給契約において，供給を受けた事業者が他加盟国へのガス転売を禁止することなどを内容とする競争制限的な条項が見られた。当時のモンティ (Mario Monti) 競争担当委員が認めるとおり，通常は正式な手続が開始されるが本件では異なる解決方法が図られた[2]。欧州委員会は調査を開始したが，両社が契約内容を変更することを承諾したことで2003年と2005年に調査が打ち切られたのである[3]。欧州委員会が「交渉」(Talus, 2011: p. 161) をもって契約内容を変更させたのは，加盟国の多くがロシアからのガス輸入に依存していたため（蓮見，2009：41頁)，EU が一方的に規制力を発揮することができないエネルギー外交が関与したからであると見ることもできる[4]。

(2) 行政上のペナルティー――制裁金という規制圧力

EU 競争法の実効性，すなわち事業者らがこれをよく理解するように努め，これを遵守しようとするインセンティブは，前述の EU 域内市場が有する「引力」のみでは十分に説明できない。たとえば，ある事業者が当局により自らの行為について競争法違反と認定された場合を考えてみよう。仮に，違反の法的効果が，当該行為を将来に向かって禁止するような行政上の命令が下されるのみで，制裁金（ないし課徴金）や刑事罰がない場合には，事業者にとっての痛みはそれほど大きくあるまい（日本の独占禁止法の不公正な取引方法の一部はこのような状況にある)。これに比べ，競争法違反を行った事業者や個人に対して巨額の制裁金や厳格な刑事罰が科される法制度の下では，事業者などは，自らの行為が競争法違反だと判断されることを回避しようとする強いインセンティブを有し，弁護士などのエキスパートの助力を得ながら規制内容の理解に努め，内部でのコンプライアンス体制を整え，規制の遵守を図るだろう。このような状況において，制裁金や刑事罰は強い抑止力を発揮し，法制度は規制として高い実効性を有するといえる。

この点において，EU では，2003年規則1号24条に基づいて競争法違反行為を行った事業者に対して課される制裁金が高額で，強い抑止力を有しているこ

表5-1　制裁金額トップ10（欧州委員会によるもの。2009年まで）

（単位：100million€）

	事業者	
1	Intel（米）（支配的地位の濫用）（2009）	10.6
2	Microsoft（米）（2004年3月の判断についての不遵守．（2度目））（2009）	9.0
3	Saint-Gobain（仏）（車用ガラスカルテル）（2008）	9.0
4	E.ON（独）/GDF-Suez（仏）（天然ガス輸入カルテル）（2009）	5.5
5	Microsoft（米）（支配的地位の濫用）（2004）	5.0
6	ThyssenKrupp（独）（エレベーターカルテル）（2007）	4.8
7	La Roche（スイス）（ビタミンカルテル）（2001）	4.6
8	Siemens AG（独）（ガス絶縁体カルテル）（2007）	4.0
9	Pilkington（英）（車向けガラスカルテル）（2008）	3.7
10	Sasol（独）（南ア）（candle wax カルテル）（2008）	3.2

とが，競争法の実効性を裏づけている（EUが刑事の権限を有さないため刑事罰は存在しない）。以下にその状況を検討する。

過去の事例における制裁金額

　これまでに欧州委員会が課した制裁金を多い順に挙げたものが表5-1である[5]。しばしばEU競争法の脅威として喧伝される制裁金は驚くべき額である。いかに高額であるかは，米国における罰金の最高額（La Roche（スイス，ビタミンカルテル（1999））に対する5億ドル）との対比において明らかである。

なぜ高額になるか？：制裁金の算定基準

　EU競争法違反の行為に対する制裁金が高額なのは意図的である。その契機は，2006年制裁金の算定方法に関するガイドライン[6]（2006年ガイドライン）にある。1998年ガイドライン[7]に代わる2006年ガイドラインは，明確化・透明性を高めることにくわえて，制裁金額を引き上げることによりEU競争法の抑止力を向上させることを意図するものである（亀岡，2006：1450頁；垣内＝石川，2006：65頁）[8]。

　2006年ガイドラインによる算定方法の変更のうち，重要な点は以下である。

第1に，基本額の算定の基礎が売上高に基づくものとなったことである。これにより，消費者に与えた損害額を制裁金に反映させることが可能になった（垣内・石川，2006：65頁）。第2に，違反の年数が乗じられる点である。従前の1年ごとに10％のみ増加させる算定方法に比較すると大きく違いが認められ，制裁金が著しく高額になる可能性もある（亀岡，2006：1451頁）。そのため，長期の違反に関与した企業は覚悟せよという制度だと説明される（Press release, 2006）。第3に，カルテル参加の抑止を目的として，参加年数にかかわりなく違反行為に関与したことを根拠に賦課される「入場料（entry fee）」が新たに導入された点である。また，第4として，第2段階における増額事由として，(a)違反行為が繰り返し行われた場合には，過去の違反行為1件につき最高100％の増額，(b)総売上高が違反行為が行われた市場における売上高に比べて特に大きい場合の増額が追加されたことである。

　本章との関係で注目されるのは第2〜第4の点である。いずれも制裁金額の大幅な引き上げの可能性を示すものである。それによりEU競争法の抑止力がさらに強化されるだろう。その理由は以下の2点である。第1に，事業者らが高額の制裁金が賦課される可能性がある競争法違反行為にそもそも関与しないようにしようとする努力が見られるだろうということである。弁護士事務所や社内弁護士らエキスパートを活用して，社内における法令遵守（コンプライアンス）措置の充実が促進されるだろう（垣内・石川，2006：65頁）。

　第2に，いったんカルテルなどの違反行為に参加した事業者が早期に離脱する，あるいはそもそもカルテル行為に参加しないというインセンティブが向上する。EU競争法には，制裁金の減免制度（リニエンシー制度）がある。これは，違反事業者が自ら申告をし，証拠の提出など一定の要件を充足する場合に，制裁金の免除ないし減額を認める制度である。制裁金額が高額になる可能性を示すガイドラインの下では，他者に先んじて自らが申告をして制裁金の減免を受けようとするインセンティブが高まるだろう。とりわけ，カルテルの長期化により制裁金が高額になる可能性がそのインセンティブをさらに刺激しよう（亀岡，2006：1452頁）。また，このような動きが予期されることにより，カル

テルが不安定なものとなるためそもそも事業者がこれに参加しないと判断する可能性も高まる。一般にカルテルは密室性を有しており規制当局が証拠を収集することが困難であるところ，減免制度の下では申請事業者から証拠提示などの協力を得られるため，規制の実効性も高まるのである。

制裁金には全世界における総売上高の10%を上限とする旨が規定されている（2003年規則1号23条2項）。青天井ではないものの，事業者にとってはなお非常に厳しい条件である。高額の制裁金が課された事例に近年のものが多いのは，この2006年ガイドラインを理由とする（表5-1参照）。

(3) 民事上の責任――損害賠償という隠れた規制圧力

EU競争法違反行為により損害を被った私人はその行為と損害のあいだに因果関係がある場合には，違反行為者に対して損害賠償を求めることができる[9]。これが，事業者にとってさらなる圧力になっている。民事上の損害賠償については，提訴先はEU司法裁判所ではなく加盟国の国内裁判所である。事業者にとっても被害を受けた私人にとっても，裁判管轄（提訴可能な裁判所）および準拠法（どの国の法律に基づいて判断がなされるか）が重要である[10]。損害賠償に関する訴訟に関するルールは加盟国ごとに異なるからである。

たとえば，認定される損害賠償額について，EU司法裁判所は①実際に被った被害に加えて，②逸失利益，③利息，そしてさらには④懲罰的損害賠償も認められる余地があるとしている[11]。しかしそれは，加盟国の国内法がその請求を認める限りにであるため，④懲罰的損害賠償を認める加盟国内法が準拠法となるかならないかは事業者にとって重要なポイントとなる。

また，損害賠償の認定において重要な論点となるのは，損害転嫁の抗弁（passing on defense）の是非である。これは，部品のような中間財の購入者が，中間財に関するカルテルにより被害を受けたと主張した場合に，カルテルによる値上がり分は当該購入者が中間財を組み込んで製作販売した最終製品などの価格に上乗せ（＝転嫁）されているのであるから，購入者には被害は認められないとする抗弁である。この抗弁を認めるか否かは加盟国の国内法により異な

る。損害転嫁の抗弁を認めない加盟国法での訴訟は，違反行為者側にとって不利になる。

　訴訟手続も加盟国によって異なる。たとえば，訴訟費用とその負担者，訴訟期間などが異なる。特に，競争法違反行為に関する損害賠償において注目されるのは，証拠開示手続に関する違いである。私人にとって証拠の収集は訴訟を実施するにあたって直面する高いハードルである。しかし，ディスカバリー（証拠開示）を認める加盟国に事件が係属すると，事業者は極めて広範な文書などの提出を義務づけられる可能性がある。原告にとっては立証が容易化するが，違反事業者にとっては立証されてしまう危険が増加することにくわえ，ディスカバリーにかかるコスト負担も重くかかってくる。

　以上のほかにも，立証すべき事項とその水準などにも違いがあるという。このように，競争法違反行為に対して民事上の損害賠償請求訴訟が提起された場合に，事業者は損害賠償額のみではなく，訴訟にまつわる様々なコストをも負担せねばならなくなるのである。損害賠償訴訟を継続することなく和解で終わらせるという戦略を多くの事業者がとるといわれることからも，訴訟にかかる負担は事業者にとって重いものであることがうかがわれる。

　民事上の責任の文脈においては，被害者による損害賠償請求だけではなく，経営陣が株主総会で競争法違反行為に関連して生じた損失について責任が追及されることや，合併などの場面において当該事業者の立場が不利になる可能性などもあろう（亀岡，2006：1452, 1453頁）。

　以上のように，EU 競争法は違反行為者へのペナルティーとして制裁金を予定しているが，損害賠償などの民事上の責任などもある程度の抑止力を有している。特に懲罰的損害賠償などは副次的なペナルティーとしても機能するものである。競争法の法制度自体の外部にも規制の圧力を実現するメカニズムが存在しているといえよう。

3 EU競争法の国際的な運用

　競争を通じた経済効率性の達成は世界共通のイデオロギーと化しているともいえよう。しかし，競争についての理解は多様であり，市場における競争秩序を維持することを目的とする競争法の規制のあり方もこれに応じてヴァリエーションがありうる。背後にある社会・経済・歴史・文化などの相違を考えれば当然であろう。企業の活動が一国にとどまる限りにおいては，法制度の相違は問題となりにくい。しかし，国境を越えて活動する企業にとっては，法制度の違いに目配りをする必要があり，場合によっては各国の法制度に照らして事業活動の内容を変更することもあるかもしれない。法域による規制の違いはどのような意味を有するのだろうか。

　本節では，まず，国際的な運用を実現する法理を通じてEU競争法の適用の射程が域外にも広がりうることを確認し，合併規制に関する事件を素材に，法域間における法制度の違いにより判断の差異が生じうること，そして，EUが理解するところの競争ないし競争秩序に基づく規制が世界に波及しうることを示す。

(1) 国際的な適用を実現する法理

　EU競争法の実効性の確保を助ける他のポイントに，国際的な適用という側面がある。EU競争法は域内市場における経済活動をその適用対象としており，域内において経済活動を行う外国事業者もその適用を受けることは前述したとおりである。さらに，一定の条件の下で，域外においてとられた経済活動に対しても競争法が適用される場合がある。事業活動が域内市場に競争制限的な効果を及ぼす場合である。このような適用を域外適用という。

　競争法の域外適用は，その領域の外において権力を行使する行為ともいえる。そのため法域によって域外適用の実施状況は異なる。米国では，国外の行為であっても，米国の通商に対して「直接，実質的かつ合理的に予測可能な」効果

が見られる場合には反トラスト法が適用されている（効果主義と呼ばれる）[12]。これに対し，日本の独占禁止法を運用する公正取引委員会はこれまで域外適用について慎重な態度をとってきた。EUでは，他の領域へと手を伸ばしてEU競争法を適用していると受け取られることはないようにしつつも，違反行為や違反者を競争法の適用対象とするような法理論や判断基準をもつべく努めてきたと評されている（Goyder, 2009: p. 581）。

EU競争法においては，域外の事業者の行為を規制することを実現する法理として，以下の二つの法理が重要である。第1に，グループ経済単位の法理（group economic unit doctrine）である。域内における子会社の反競争的な活動について，外国の親会社に対して責任を求める法理である。第2に実施法理（implementation doctrine）がある。Woodpulp事件欧州司法裁判所判決[13]がはじめて示したもので，競争法違反の合意が域内市場において「実施」されている場合には，当該行為はEU競争法の適用を受けるとするものである。EUの実施理論は，米国が採用している効果主義よりも規制の範囲は緩やかになると考えられる。とはいえ，実施法理によって，たとえば，EU域外で特定の商品の価格引き上げを内容とするカルテル合意が形成され，その商品が域内市場で販売されると，当該カルテルの参加企業は競争法の適用を受けることになる。

このように，域内市場における競争制限がなされた場合，一定の状況においては域外の事業者も競争法の適用を受けることが予定されている。そのためEU域外の事業者などであっても，EU競争法を参照しつつこれに抵触しない方法で事業活動をすることを余儀なくされるのである。

(2) 合併規制

競争法の国際的な適用がなされる場面に合併規制がある。これに関する実務は，EU，米国，日本といった主たる法域においていずれも活発である。合併においてもEUの規制力が強く見受けられる。

EU 合併規則の射程と特徴

　EU の合併規制において，中心となる2004年の事業者間の集中のコントロールに関する規則[14]（2004年合併規則とする）は，「特に支配的地位を形成または強化することにより，共同市場またはその実質的部分において実効的な競争を著しく損なう合併」は共同市場と両立しないとして禁止する（2条2項，3項）。禁止される合併に該当するか否かの審査を担当する当局は，欧州委員会の競争総局である。競争総局の判断に不服があれば，当事者は総合裁判所に申し立てることができる。また，競争制限効果を緩和する措置を内容とする一定の条件をもって，合併が承認されることもある。

　欧州委員会の審査を受けるべき合併案件について，2004年合併規則は，原則として，「共同体規模（Community dimension）」を有する合併に対して欧州委員会に対して事前届出の義務を課している（1条1項）。「共同体規模」の有無は，関連する事業者の売上高により判断される。その具体的な基準は，合併する事業者の売上高の合計が世界全体で50億ユーロ，かつ少なくともそのうち2事業者の共同体全体での売上高がそれぞれ2億5000万ユーロ以上で，関連する事業者のそれぞれの共同体全体での売上高の合計の3分の2以上を一つの同じ加盟国において有していないことである（1条2項）[15]。

　この判断基準は，問題となる事業者が域内市場に拠点を有することを求めていない。そのため，共同体規模を有する限りにおいては，域内市場にほとんど競争制限的な影響を及ぼさないような合併も，事前届出の義務を負う（Whish, 2009: pp. 483, 828）。この基準は，大規模な合併案件について広く網をかけて審査をすることを可能にするものである。およそ事業者が大型の合併をする際にはEUの規制を考慮する必要が生じるのである。

複数の法域における合併規制の実施とその意義

　前述の基準の下では一つの合併案件に対して複数の法域の競争当局が審査をする状況が生じうる。その場合に問題となるのは，競争当局間における判断に差異が生じる可能性である。ここでは，その例としてGE/ハネウェル事件

(2001年，2005年) を取り上げて，競争当局間の判断の差異がどのような意味をもつのかを検討する。

GE/ハネウェル事件(16)は，史上最大の合併案件であること以上に，EUと米国の当局間で異なる判断がなされたことが耳目を集めた事案である（米国司法省は承認，欧州委員会は禁止）。本件は，いずれも米国事業者であるGE社がHoneywell社の全株式取得により完全子会社化を図った案件である。両社はともに多数の事業を営んでいるが，本件では航空関連の事業が問題とされた。

米国司法省は，米軍用ヘリコプターエンジンなどの分野における水平的重複のみにおける反競争効果を問題視したが，2001年5月2日，一部事業の売却などの一定の条件付きで合併を承認した。

これに対して，欧州委員会は，大型商用機用エンジンなどの各市場において，支配的地位の形成あるいは強化がなされるとして合併を禁止した。この結論に至るにあたり，欧州委員会は水平的重複のほか，垂直的統合と混合的統合を検討し問題ありとした(17)。当事者らは問題解消措置の提案を行ったが，欧州委員会は十分ではないとして2001年7月3日に合併を禁止する決定を行った。これを不服としたGE社，Honeywell社は，それぞれ第一審裁判所に対し欧州委員会による決定の取消しを求めた。第一審裁判所は，垂直的統合と混合的統合が有する問題を否定したが，水平的効果を認め合併の禁止という結論は支持した。

本件は多岐にわたる分析がされうる事案であるが，本章の趣旨において重要となるのは，米国司法省と欧州委員会（そして第一審裁判所）が同じ審査対象について異なる結論に達したことである(18)。本件から次の二つの示唆を得ることができる。

第1に，競争法が有する競争秩序観を理由に異なる判断がなされうるということである。およそ競争法は市場における競争秩序を維持することをその制度趣旨とする。しかし，一般に，米国は市場をより信頼し反トラスト法の運用において経済分析を通じて得られる競争促進効果をより尊重し，EU競争法のほうがより介入的だと考えられている。本件において規制当局間で結論が異なっ

た原因の一つとして，先行研究が，市場と規制当局の能力に関する認識の違いを挙げているのはまさにこれを象徴するものだといえよう（池田，2008：252頁）。複数の規制が同一の事案に適用されると，本件のように異なる結論が導かれうるのである。

第2に，本件のように複数の法域の規制を受けた合併において，異なる結論が示されることは，ある法域における合併の承認と他の法域における禁止を意味する。前述のとおり，事業者らは合併を禁じられた法域が規律する市場から撤退し，承認を受けた法域が規律する市場においてのみ事業活動を行うという選択肢を理論上は有している。しかし，本件のごとく市場の引力を有するEUが合併を禁止した場合，航空機関連の事業者にとって，多数の航空会社を有するEU域内市場から撤退することはまずあるまい。すなわち，事業者が事業活動を実施せざるをえない市場を有している法域において合併が禁止されると，事業者は合併を断念せざるをえず，事実上，一つの法域による規律（＝禁止）が世界中に波及するのである。第1として挙げたとおり，禁止の背景にはその法域の市場観・規制観などがあらわれており，他の法域への波及をともなう合併の禁止においては，その禁止の背景にある競争秩序も他の法域に波及するといえまいか。

GE／ハネウェル事件のように規制当局間での結論が異なった事例は例外的である。それどころか，EUの合併規制導入以来，禁止決定はわずか20件のみ，うち4件は第一審裁判所により取消を受けている（Whish, 2009: pp. 892-895）。しかし，そのような事実によって上述の二つの示唆は意味を失うものではない。禁止事例こそ少ないが，欧州委員会が懸念する競争に対する影響を解消する措置を条件として合併が承認される事例は多く（全体の6.5％にのぼるという。Whish, 2009: p. 819），その場合にはEU競争法の下での競争秩序の理解に適合したかたちで合併がなされていると考えられよう。

また，合併および合併規制が産業政策的な側面をも有しうることにも注意が必要である。この側面にEUは意識的であろう。たとえば，米国FTCが承認をしたが，欧州委員会が合併禁止を決定する可能性が極めて高かったボーイン

グ/マクドネル・ダグラス事件[19]においては，合併後の大型商用ジェット機市場の競争者はエアバス社のみであった。同社はドイツ・イギリス・フランス・スペインの政府企業・私企業が株式を保有するコンソーシアムである。そのため，同事件の判断にはEUの対外経済政策が影響したのではないかといわれている（Dewatripont and Patric Legros, 2009: p. 92. 結局合併は承認された）。EU競争法の規制力は強く，外国に所在する事業者に対しても高い実効性を有する。それゆえ，これまで大きな問題として議論されてこなかったけれども，他国において，ナショナルチャンピオンを創出すること等によってグローバル市場における競争力強化をはかる目的で合併が行われる場合には，EU競争当局は，競争法の運用において当該国の産業政策に対する配慮が求められることもあるだろう。

おわりに

「1990年代半ばまでは，企業は意思決定をした後に競争法上の問題を考えたが，現在では，企業が競争的な行動をとろうとする際にまず念頭に置かれる規制になっている」（Wilks, 2010: p. 136）という一文は，近時，事業者がどのようにEU競争法を認識しているかを端的に示している。

本章では，EU競争法が，域内市場が有する引力，そして制裁金や民事上の責任といった広義のペナルティーが有する抑止力・実効性をともなって，国際的活動する事業者にとって無視できない規制になっていることを明らかにした。EU競争法が有するこのような対外的な規制圧力は，域内市場法としての役割を期待された運用初期には予想されなかったのではないだろうか。域内市場法としての競争法の規制強化の副産物であろう。たとえ副産物であろうと，現在のEU競争法の規制は域外の事業者にも及んでおり，それゆえ対外経済政策において外国政府にとっても脅威となりうるものである。

おそらくEU競争法はEUが有する対外的な規制力の中でも最も強力であろう。しかしながら，本章の最後に付言したいのは，EU競争法の対外的な規制

の特徴は EU 競争法の「輸出」がその執行にとどまっているという点にも見出されることである。法制度としての採用としては，たとえば中国が EU 型の競争法の枠組みを採用していることが EU 競争法の規範の「輸出」の例として見受けられる。しかし，大きな流れでいえば，むしろ EU がシカゴ学派に始まる米国流の経済分析の手法を違法性判断に導入するという傾向が続いているのである。すなわち，本章では EU 競争法の対外的な規制はその実効性においてきわめて強力であることを扱ったが，(おそらく競争法分野では国際的なルール形成がないことも手伝って) EU は「国際的な標準の形成」においてはそれほど影響力をみせておらず，むしろ「輸入」側に回っているともいえるのである。

参考文献

池田千鶴 (2008)『競争法における合併規制の目的と根拠』商事法務。
垣内晋治・石川晶子 (2006)「欧州委員会における制裁金ガイドラインの改定について」『公正取引』672号，63-68頁。
亀岡悦子 (2006)「EU 制裁金算定ガイドラインの改正」『国際商事法務』31巻11号，1449-1453頁。
帰山雄介 (2011)「EU におけるカルテル発覚後の損害賠償請求訴訟の実務」『NBL』951号，46-51頁。
庄司克宏 (2003)『EU 法 政策篇』岩波書店。
須網隆夫 (1997)『ヨーロッパ経済法』新世社。
多田英明 (2007)「EC 競争法と各国競争法の両方に違反する行為に対する損害賠償」『貿易と関税』650号，70-75頁。
由布節子・中村民雄 (2010)「私人による EC 法規の執行」中村民雄・須網隆夫『EU 法基本判例集 [第2版]』日本評論社，321-331頁。
蓮見雄 (2009)「EU の対外エネルギー政策とロシア」『ユーラシア研究』40号，40-44頁。
山田宏 (2008)「EU 競争法 II (合併規則)」庄司克宏編『EU 法 実務篇』岩波書店，299-319頁。
Dewatripont, Mathias and Patric Legros (2009), "EU Competition Policy in a Global World," in: Mario Teló (ed.), *The European Union and Global Governance*, Routledge, pp. 87-103.
Goyder, Joannna and Albertina Albors-Llorens (2009), *EC Competition Law*, 5th ed.,

Oxford University Press.
Press release (2006), "Competition: revised Commission Guidelines for setting fines in antitrust cases–frequently asked questions," MEMO/06/256 (28 June).
Talus, Kim (2011), *Vertical Natural Gas Transportation Capacity, Upstream Commodity Contracts and EU Competition Law*, Kluwer Law International.
Watson-Doig, Noel (2009), "Energy, Coal and Steel," in: Kelyn Bacon (ed.), *European Community Law of State Aid*, Oxford University Press, pp. 391-408.
Whish, Richard (2009), *Competition Law*, 6th ed., Oxford University Press.
Wilks, Stephen (2010), "Competition Policy: Towards an Economic Constitution?," in: Helen Wallace, Mark A. Pollack and Alasdair R. Young (eds.), *Policy-Making in the European Union*, 6th ed., Oxford University Press.

注
(1) 公共サービスなどの排他的権利を付与された事業者に関連する106条、および国家援助に関する107-109条もEU競争法の一環として位置づけられる。
(2) SPEECH/03/447.
(3) IP/03/1345; IP/05/195; IP/05/710.
(4) EUがエネルギー分野における自由化を進める一方で、加盟国の多くはエネルギー分野を不確実な市場に委ねられないと考えていたことが背景にある。(Watson-Doig, 2009: 392)。また、ロシアは自国の天然資源に対する国家によるコントロールの強化を図っていた（Talus, 2011: 20）ため、本件は他国の産業政策とEU競争法とが対峙する事例でもあったといえる。
(5) ただし、制裁金はEU司法裁判所において争われることも多いので、実際に課された額はここで示した額とは異なる。
(6) Guidelines on the Method of Setting Fines Imposed Pursuant to Article 23 (2) (A) of Regulation No. 1/2003 [2006] OJ C210/2. これらのガイドラインは法的拘束力を有さないが、欧州委員会の裁量に一定の制限をかけるものであると解されている。
(7) Guidelines on the Method of Setting Fines [1998] OJ C9/3.
(8) 算定方法は次のとおりである。両ガイドラインともに、制裁金の算定を、「基本額の算定」と「基本額の調整」の2段階で行う。1998年ガイドラインでは、第1段階の「基本額の算定」として以下の計算がなされる。①違反行為の性質、市場への影響および地理的範囲を考慮して重大性を三つに分類し、「軽微な違反」は1000～100万ユーロ、「重大な違反」は100万～2000万ユーロ、「非常に重大な違反」は2000万ユーロ超とする基本額算定の基礎を決定し、②これに、継続期間の

長さに応じて，「短期（1年未満）」は増額なし，「中期（1～5年）」は最高50%，「長期（5年以上）」は最高10%×年数を乗じる。以上により「基本額」が決まる。第2段階の「基本額の調整」では，第1段階で算出された「基本額」を，基準に基づいて増額または減額する。

　2006年ガイドラインでは，第1段階は以下のとおりである。まず，①直近の事業年度における EEA 域内の関連市場からの売上高を算定する。そして②売上高に対して，違反行為の「重大性」に応じて最大30%，および③違反行為の継続年数を乗じる。くわえて，④違反行為がハードコアカルテルの場合などには，売上高の15-25%にあたる額が加算される（後述の入場料）。以上により「基本額」が決まる。第2段階の「基本額の調整」では，第1段階で算出された「基本額」を，一定の事由に基づいて増額または減額する。

(9)　経緯と意義について由布・中村，2010。
(10)　裁判管轄と準拠法がいかに決定されるかについて，帰山，2011。
(11)　Joined Cases C-295 to 298/04 Vincenzo Manfredi and Others v Lloyd Adriatico Assicurazioni SpA and Others [2006] ECR I-6619. 多田，2007。
(12)　Foreign Trade Antitrust Improvements Act of 1982 (15 USC § 6a)。
(13)　Joined Cases C-89, 104, 114, 116, 117, 125-129/85 Woodpulp [1993] ECR I-1307。
(14)　Regulation 130/2004 on the control of concentrations between undertakings [2004] OJ L 24/1。
(15)　ほかに，1条(3)も共同体規模の有無に関する判断基準を別途規定する。しかし，この規定はあまり用いられていないようである。Whish, 2009: 829。
(16)　Case No COMP/M. 2220 General Electric/Honeywell (Commission Decision of 3 July, 2001) [2004] O. J. L48/1; Case T-209/01 Honeywell International Inc. v Commission of the European Communities [2005] ECR II-5527; Case T-210/01 General Electric Company v Commission of the European Communities [2005] ECR II-5575。
(17)　垂直的統合については，完成品購入者でもある GE 社が，Honeywell 社の製品を搭載した航空機のみを購入する方針をとることにより競争者の商品が排除され，Honeywell 社が航空電子機器・非航空電子機器市場で支配的地位を形成する可能性が問題とされた。また，混合的統合については，航空機エンジン（GE 社）と航空電子機器・非航空電子機器（Honeywell 社）という補完製品がパッケージ販売されることにより，競争者が排除され，全航空宇宙製品市場での支配的地位の形成・強化につながることが問題視された。
(18)　異なる判断が下された原因の検討につき，池田，2008。
(19)　Case No IV/M.877 Boeing/McDonnell Douglas (Commission decision of 30 July,

1997), [1997] O. J. L336/16.

第 6 章

国際貿易を通じた EU の規制力
―― 「動物福祉」貿易制限の評価と意義

関根 豪政

はじめに

　欧州連合（EU: European Union）は，その市場規模の大きさゆえに，貿易を通じたパワー（規制力）の行使（power *through* trade）が可能な存在である（Meunier and Nicolaidis, 2006）。そしてそれは，世界貿易機関（WTO: World Trade Organization）や自由貿易協定（FTA: Free Trade Agreement）などの交渉を通じて直接的に EU が望むルールを制定することから，輸入禁止などの貿易政策により輸出国が事実上 EU と同等の規制水準を保持せざるをえない状況を生み出すことまで，幅広いチャンネルを通じて体現される（多国間，二国間および単独主義，第 7 章参照）。しかしながら，近年では，WTO ドーハ開発アジェンダ交渉の行き詰まりに見られるように，WTO 加盟国すべてで受け入れられる新たな規律は生まれ難く，直接的なルール作りに EU も影響力を及ぼしづらくなっているのが実情である。したがって，現状では，直接的な規制力の行使が可能なのは FTA その他の二国間・複数国間協定となるが，その先駆的な立場にある EU でさえ，その力が及ぶ範囲は限定的な状況にある。また，これらの交渉を通じた規制力の行使においては，相手国が納得のうえで受け入れている点（鈴木，2007：48-49頁）に特徴が見られる。

　それに対し，輸入禁止などの手段を用いて，自らの市場へのアクセスを拒むことにより輸出国が EU の基準に従わざるをえない状況を生み出すことは，

EU 市場に引力がある限り効果的である（第 1 章参照）。ただし，これは市場アクセスを望む輸出国が基本的に無条件で従わなければならない点で一方的性質が強いため，輸出国と対立的になりやすい。多くの国が EU の市場にアクセスを望んでいる（あるいは，EU 市場から締め出されることを恐れている）ことから，EU は，自己の市場へのアクセスを梃子として利用することが可能で，結果的に「規制の輸出」(Feddersen, 1998: p. 116) を生みやすい立場にある。

　本章では，市場の引力を用いた規制力に着目し，後者の EU による「規制の輸出」の問題に焦点を当てる。そして，その分析のために，「動物福祉 (animal welfare)」に基礎を置く EU のアザラシ製品規制をめぐる貿易紛争を取り上げる。動物福祉とは，動物を感覚ある生物と認識し，不必要な苦痛を回避するための活動や取り組みを指す。近年 EU が注力している分野であり，2009 年に導入されたアザラシ製品規制はその一例である[1]。同規制は，EU 域内外で生産されたアザラシ製品すべての上市を原則的に禁止するため，残虐な殺傷方法を含めアザラシの殺傷機会の減少に貢献する措置と言える。ただし，その一方で，域外国にとってはアザラシ製品に対する輸入制限となり，EU の規制に従うことが必要な状態をも生む。まさに，EU の規制力の存在が認識される措置と位置付けられる。

　同規制は貿易制限となるがゆえに，自由貿易を目指す WTO 協力と抵触する可能性を孕む。仮に EU の規制が WTO 協定違反として撤回や修正を要請されることになれば，それは規制力の消尽ともなる。とりわけ WTO は，協定違反の裁定により対抗的な措置を許容することから，EU といえども協定違反の認定を無視してなお規制を維持することは容易ではない。WTO の存在は，規制力の観点からは強い制約要因として働くことになる（このような WTO の壁については第 4 章も参照）。

　したがって，アザラシ製品規制をめぐる貿易紛争を考察することは，WTO という強力な制約との関係で EU の規制力がどのように機能するかを検証する一つの試金石になると思われる。本章では，EU アザラシ製品規制の WTO における評価と，その結果としての EU の規制力への作用についての検討を通じ

て，その検証を試みたい。

1　EUアザラシ製品事件

本章で扱う，アザラシ製品規制をめぐるEUと，カナダないしノルウェーとのあいだの紛争（EUアザラシ製品事件）は，アザラシの狩猟方法の非人道性を根拠にアザラシ製品[2]をEU市場で上市[3]することを禁止した規則1007/2009[4]（以下，アザラシ製品規則）が争点とされた事例である。先で述べたように，本規則はアザラシ製品の輸出国のEU市場への輸出機会を失わせる措置であることから，WTOを舞台に争いが展開されている[5]。

(1)　事実概要

本件の発端は，2007年のベルギーおよびオランダによるアザラシ製品の輸入禁止である。すでにこの時点で，世界最大のアザラシ製品の産出国であるカナダは，両国の同製品の輸入禁止がWTO協定違反であると主張し，協議の要請を行っている[6]。しかしその後，上記2国に追随する姿勢を見せるEU加盟国が出現し，それがEU域内における規制の相違を生み域内市場の障壁となりうることから，EUレベルでアザラシ製品の上市禁止（アザラシ製品規則）が制定されている[7]。それを受けて今度は，同規則のWTO協定違反が，カナダに加えてノルウェーからも主張され，再度，協議の要請が行われている[8]。アザラシ製品の貿易をめぐる紛争は，現在はこのEUのアザラシ製品規則を中心に展開されている。

ここで，アザラシ製品規則の制定経緯について簡潔に説明する。実は，当初の欧州委員会による規則案（COM (2008) 469 final）と，欧州議会による改正案（A6-0118/2009）とには内容に隔たりが存在していた。

欧州委員会による規則案は，基本的にアザラシ製品の上市および輸出入を禁止するものであったが（規則案第3条），一定の条件下で適用除外を認める内容であった（同第4条，第5条）。条件のうちの一つが，適切な法規制の適用

または執行により，回避可能な苦痛などを与えない方法で殺傷し，皮が獲得されていることが確保されている国から，あるいは人によってアザラシ製品が製造されていることの証明であり（同第4条1項(a)-(c)号），それは証明書やラベリングなどを通じて行われる旨が定められていた（同第4条1項(d)号，第6条，第7条）。規則案は，非人道的な殺傷方法に基づくアザラシ製品の輸出入を禁止することを明白に目的とする規制であった。

それに対し，欧州議会からは，アザラシ製品の上市および輸出入の全面的な禁止とする改正案が提案された。改正案は，「商業的なアザラシ猟は本質的に非人道的」との立場から，規則案の適用除外条項（第4-7条）を削除し，禁止条項（第3条）のみを残すことを内容とするものであった[9]。

最終的に採択されたアザラシ製品規則（規則1007/2009）は，欧州議会の改正案の影響を強く受けており，イヌイットなどの先住民による伝統的な狩猟方法に基づく製品のみ上市を認めるとしている（第3条1項）。同規則では，その他の例外も設けられているが（第3条2項），いずれもアザラシの殺傷方法に関するものではない。ゆえに，最終的なアザラシ製品規則の下では，殺傷方法が非人道的か否かにかかわらずアザラシ製品の販売が禁止されることになり，EU域外国にとってはアザラシ製品の全面輸入禁止に近い効果を有することとなっている[10]。規制力の観点からは，欧州議会の改正案を経てアザラシ製品の規制が強化されたことは，その力も強化されたと理解できる。

カナダおよびノルウェー[11]は，アザラシ製品規則の制定を受け，同規則がWTOの諸協定に違反するとして紛争解決機関に協議の要請を行っており，本章執筆の時点では，協議による解決にいたらず，パネルの設置が決定されている段階にある（本章では以下，EUへより多くアザラシ製品の輸出を行っているカナダを主な利害関係国として本事案を考察する）。

なお本件は，1991年に制定された，足枷わなによって捕獲された動物の生皮の輸入禁止（規則3254/91）をめぐる紛争と類似する。EUは当該事件においても，アメリカからにGATT（関税および貿易に関する一般協定）違反を主張されたが，協議を通じた解決にいたったため，最終的にはパネルは設置されて

いない (Charnovitz, 1998: p. 736; Feddersen, 1998: p. 102)。アザラシ製品事件は，足枷わなの事件では下されずに終わった判断が提示される可能性がある事件としても注目される。

(2) アザラシ猟の「人道性」に対する認識の齟齬

アザラシ製品規則のWTOにおける評価を検討する前に，本件の根底にある「人道性」に対するEUとカナダの認識の齟齬について指摘したい。両者の「人道性」の認識の相違はアザラシ猟の規制の基準にも現れている。

基本的にカナダは，「人道性」を科学的な根拠に基づいて判断する姿勢を示している。独立の獣医師作業部会によると，ハカピック[12]などの道具で打撃を加えたとしても，頭蓋骨および脳を破壊しアザラシを意識喪失や死にいたらすことが適切に実現されるのであれば，人道的な殺傷方法と評価できるとされる (Smith, 2005: pp. 5-8)。そのため，カナダ獣医学協会も，適切に利用されればハカピックも人道的な殺傷方法になるとの認識を示しており (CVMA, 2010)，実際にカナダの海産哺乳類規則[13]では，アザラシの殺傷に用いる道具として，こん棒，ハカピック，ライフル銃，ショットガンが認められている (第28条(1)号)。また，科学的な視点からは，カナダでのアザラシ猟は最高で98％が人道的な方法で行われているとの評価も示されている (Daoust et al., 2002)。したがって，科学的な根拠に依拠するカナダの立場からは，ハカピックなどによる殺傷が外見上は残虐に見えたとしても「人道的」に行われており，適切な規制がなされていると判断されることになる[14]。

それに対して，EUでは，カナダなどでの狩猟方法は残虐で非人道的であるとする見解が強く，特に，欧州議会が否定的である。欧州議会の宣言では，幼少のアザラシの殺傷が行われていること，アザラシの数が減少していること，アザラシ猟が収入の僅かしか占めないこと，意識があるうちに皮が剥がれていることなどが指摘されている (EP, 2006: p. 194)。また，欧州議会は，アザラシ製品規則の制定に際しても，「商業的なアザラシ猟は本質的に非人道的」(EP, 2009: p. 22) と断定しており，規則を厳格化する根拠としてとらえている。

加えて，欧州議会は，即座の死をもたらさないハカピックなどの利用は禁止されるべき旨を提案する2006年の欧州評議会勧告の言及（Council of Europe, 2006）をアザラシ製品規則にて引用すべきと要請しており，実際に規則の前文(1)での挿入を実現している。おそらく，欧州議会としては，ハカピックなどによりアザラシを殴打して殺傷する残虐な視覚的イメージを人道性の認識の基礎としているものと把握できる。

ただし，EU内部であっても，欧州委員会や欧州食品安全機関（EFSA: European Food Safety Authority）は科学的な根拠に基礎を置く点でカナダに近いと言える。欧州委員会およびEFSAは，ハカピック，こん棒，銃器について，適切に利用されるのであれば回避可能な苦痛をともなわずに殺傷することは可能との立場を示している（European Commission, 2008b: p. 10, EFSA, 2007: pp. 88-89）[15]。欧州委員会の影響評価報告書は，カナダは法律上，非人道的な殺傷を防止する規定を設けているが，課題は遵守や執行の面にあると記述しており（European Commission, 2008b: p. 15），それらが適切になされていれば，科学的な見地からは，カナダでのアザラシ猟が人道的と評価される余地が見られる（EFSA, 2007: 91）。しかしながら，欧州委員会が入手した情報では法律の遵守状況について結論づけることができないとも指摘されており（European Commission, 2008b: p. 68），必ずしもカナダでのアザラシ猟の実態を把握しきれていない様子が窺える。

このように，「人道性」を科学的な見地からとらえようとするカナダに対して，EU（特に欧州議会）は印象や感情を基準に判断している様子が分かる。また，EUにおいては，アザラシ猟の実態に関する情報が必ずしも十分とは言えない。そこには，輸入側が輸出国内での状況を把握しなければならないとの本規制の特性が背景にある。ゆえに，情報の不足と印象論に基づくEUの「非人道性」の認識は主観性が強く，その規制の正当性の評価が難しい[16]。かかる状況下で，巨大市場を有するEUが上市の原則禁止という強い政策を利用することは，EUの規制が輸出国と対立的になる状況を生みやすい[17]。

もっとも，アザラシ製品規則の影響力は同規則がWTO協定上どのように

評価されるかに左右される。そこで，次節以降ではWTO協定上の評価とそれが有する意義について検討する。

2　WTO協定上の評価

(1)　WTO協定の関連規定

アザラシ製品規則はWTO協定上，GATT第3条4項，第11条，TBT協定（貿易の技術的障害に関する協定）の各規定との関係で問題となると考えられ，実際，カナダはこれらの条項違反をパネル設置要請の際に主張している（WTO, 2011）。

まず，GATT第3条4項の内国民待遇規定違反の可能性である。一見すると，アザラシ製品規則は一律に上市を禁ずるため，内外無差別な措置として同条項に違反しないように思われるが，そのように判断されるかは極めて不透明である。WTOにおいては，本件アザラシ製品規則のように生産工程に基礎を置く規制は，産品非関連PPM（processes and production methods）規制と称される。産品非関連PPM規制の特徴は，産品自体の物理的同質性にもかかわらず，もっぱら製造工程を根拠に差別的に規制が課される点にある。基本的にGATT第3条4項においては，物理的に同質な産品に対しては平等な待遇が求められてきたため，それに従うと，アザラシ製品規則は同条項との整合性が否定される可能性がある。

あるいは，本件アザラシ製品規則においては，EU域内での貿易の多くが域外で獲得され輸入されたアザラシの皮や加工品である（European Commission 2008b: pp. 28-42）との事情が背景にあることから，GATT第3条ではなく第11条の数量制限の文脈で議論される可能性が高い。EUの措置は上市禁止ではあるものの，輸出国にとっては数量制限に該当する点をとらえて，第11条に違反すると認定されることになる。

しかしながら，GATTでは，第11条違反（あるいは3条4項違反）が認定

されたとしても、その措置が一般的例外条項である第20条の各号に該当し、柱書の要件を満たすことができれば、WTO整合的と認定されることになる。EUのアザラシ製品規則であれば、(a)号の「公徳 (public moral) の保護のために必要な措置」、(b)号の「人、動物又は植物の生命又は健康の保護のために必要な措置」、(g)号の「有限天然資源の保存に関する措置」の該当性が想定される。アザラシ製品規則がどの条項により正当化されうるかは、その目的をどのように把握するかに依拠する。

(2) EUのアザラシ製品の上市禁止の目的

アザラシ製品規則のEU法上の目的は比較的分かりやすく、「動物福祉」の向上ととらえられる。アザラシ製品規則の第一次的な目的は各国法令の調和であるが、前文(1)にて、苦しませずに瞬間的に殺傷する方法ではない残虐な狩猟方法や、ハカピックやこん棒、銃などで気絶させる方法の禁止を謳う欧州評議会の勧告が言及されていること、あるいは、「動物福祉」の用語が散見されることから、背景にある目的は、アザラシの直接的な保護にあるのではなく、残虐な殺傷方法からの保護と理解される。

しかし、WTO協定上は「動物福祉」の概念が存在しないため、その観点からEUの規制を評価することができない。おそらく、WTOの文脈では、次のいずれかと把握されることになるであろう。一つが、動植物の直接的な保護ととらえ、環境保護の一側面とする観点、もう一つが、非人道的な殺傷方法に基づくアザラシ製品を抑制することによるEU市民のモラルの保護とする観点である。前者であれば、GATT第20条(b)号または(g)号が適用されることになり、後者であれば、同条(a)号が適用されることになる。この点につき、GATT制定時に、動物に対する残虐な扱いを禁ずる条約が存在しており、それがGATT第20条の起草時に念頭に置かれていたと予想される点を加味すると (Charnovitz, 1998: pp. 703-718)、本件のような「動物福祉」は、WTOにおいてはモラルの保護の文脈で把握されることになると推測される[18]。WTOとEUとでは、同じ規制であっても目的の理解が異なる点は興味深い[19]。

(3) WTO 協定違反の可能性

GATT 第20条(a)号の法的な分析については小林（2011）が詳しいのでそちらを参照願いたいが，本件においては以下の2点が，EU の措置が公徳の保護に「必要な」措置か否かを判断するに際して特に注目されると言える[20]。なお，「公徳」の定義と適用については，加盟国の裁量を認める解釈がパネルによりなされているため（WTO, 2009b: para. 7. 759），残虐なアザラシの殺傷による EU 市民のモラルへの悪影響を防止する点をとらえて「公徳の保護」と把握することは認められよう（Galantucci, 2009: p. 292）。

第1が，輸入されるアザラシ製品自体の消費が EU 市民のモラルを直ちに損なわせるものではない点である。アザラシの殺傷は EU 域内ではなくカナダなど，もっぱら域外で行われているのであって，EU 市民がそれを日常的に目の当たりにするわけではない。そのため，たとえば，残虐な内容を含むゲームソフトの輸入のような，製品それ自体がモラルに作用しうる製品とは異なった評価が下される可能性がある[21]。

第2が，アザラシ製品規則の代替措置の候補として，欧州委員会の規則案が具体的かつ有力な点である。欧州委員会の規則案は，回避可能な苦痛を与えない方法で殺傷されたことを証明できれば輸入を認めるため，貿易制限性を抑えつつアザラシの殺傷の人道性を確保することができる「動物福祉」の向上のために正確に設計された措置と評価できる[22]。ゆえに，貿易制限性の抑制との観点からは，当該措置は好意的にとらえられる。ただし，当該措置はあくまで科学的な動物福祉の実現であり，EU 市民の印象としての「公徳の保護」となると，規則案がそれをアザラシ製品規則と同程度に実現できるかは未知数である[23]。GATT 第20条（a）号では，措置が「動物福祉」の向上に資するかではなく，「公徳の保護」に資するかが問題となる点は注意を要する。

結局のところ，EU 市民のモラルを基準とすると，それが主観的であるがゆえに第三者による判断が難しい。そのため，結論については見解が分かれる可能性が高く[24]，WTO の紛争解決手続での結論も予想するのが困難である。

特に，WTO協定違反としてEUの措置を否定すれば，民主的な過程を経て決定されたモラルに関する国内規制を，非民主的なWTOの紛争解決機関が否定する側面が強いため，規制国からの批判を増幅しやすくなる（Pauwelyn, 2004）[25]。このこともWTOでの判断に影響を与えかねない。このように結論には不透明さが残ることから，本章では最後に，EUのアザラシ規制のWTO整合性の予想に注力することよりも，WTO協定に整合的あるいは非整合的との判断それぞれが有する意義について，規制力の観点から考察したい。

3　WTOにおける判断の意義

まず，EUのアザラシ製品規則をWTO協定に整合的と判断することは，EUの規制の正当性にお墨付きを与え，EUの規制力が実効的に他国に波及することを意味する。WTO協定整合的との判断は，今度は，EUの規制に従わないカナダを国際的な非難の対象とし，同国に国内政策の変更をも強いるほどの影響を与えることにもなりうる。とりわけ，「動物福祉」は普遍的な価値と位置づけられるため（第1章参照），表面上は輸入国（EU）の価値が一方的に肯定され，「規制の輸出」が生ずるように見えたとしても，それは価値に普遍性が存在するがゆえに正当化される余地がある。EUの規制が勝ることは，国際的に動物福祉の水準を引き上げうる点で利益をもたらすためである[26]。

反対に，WTOがEUの規制を否定的にとらえることは，「規制の輸出」を抑制することになる。ここまで述べてきたように，アザラシ猟の「人道性」をめぐっては，EUとカナダとでその認識が異なっており，どちらが正当かは一概には判断できない。つまり，「動物福祉」に普遍性が確認されるとしても，その詳細までは国際的な合意は形成されていないのである。かかる状況下で一方的な行動をとれば，経済的に優越する国が有利となりやすいのは事実である。したがって，本件のような場合には協調的な解決が模索されることが望まれる。普遍的な価値を追求する規制であったとしても，WTOにより監視されることが，一層精密に設計された規制，あるいは国際的な協調を経たうえでの規制に

帰着するのであれば，WTO による審査は有意である[27]。

そのような志向は国際的な認識とも整合的と言える。たとえば「環境と開発に関するリオ宣言」では，第12原則において，輸入国の管轄外への一方的な行動は「避けるべき」で，越境的または地球規模の環境問題への対策は可能な限り国際合意に基づくべき旨が謳われている[28]。同宣言は環境分野に関するものではあるが，本件のような国際的な動物福祉の問題においてもその精神は妥当するであろう。もちろん，対話による解決は短期的な解決を実現するものではなく，そもそも WTO に付託されている時点で協議の解決が困難な状況にあるのも事実である[29]。しかし，WTO においても二国間または国際交渉での解決（協定の締結）が絶対視されるのではない（WTO, 2001: paras. 115-133, WTO, 2005: para. 317）。重要なのは，規制の制定にいたるまでの国際協力の真剣で誠実な努力を WTO は求めている点である（過程の正当性）。

このように，WTO に監視されることにより，EU が域外国の状況を勘案して規制を策定することにつながるのであれば，規制の影響を受ける国は部分的に EU の政策決定に包摂されることになる。その結果，EU の規制（規制力）は正当性で優れることになる（de Burca and Scott, 2001: pp. 26-29）。この観点からは，普遍的な価値の保護を目指した規制であっても，WTO が厳密に評価を行うことに意義が見出される。EU の規制が WTO による司法的な精査に晒されることは，規制力の強弱のみならず，規制力の正当性に影響を及ぼすことが分かる[30]。

参考文献

川島富士雄（2011）「中国―出版物等の貿易権および流通サービスに関する措置――非 GATT 規定違反の GATT20 条正当化の可否を中心に――」RIETI Policy Discussion Paper Series 11-P-013

小林友彦（2011）「『EU によるアザラシ製品の輸入禁止』事件（カナダ対 EU）に係る WTO 紛争処理手続の動向――動物福祉と先住民の権利との相克？――」『商学討究』第62巻1号，145-164頁。

庄司克宏（2008）「リスボン条約と域内市場法」庄司克宏編『EU 法実務篇』岩波書店，

347-370頁。

鈴木一人（2006）「『規制帝国』としてのEU——ポスト国民帝国時代の帝国」山下範久編『帝国論』講談社，43-77頁。

関根豪政（2010）「GATT第20条における必要性要件の考察——比較衡量プロセスの内容と意義に関する検討——」『日本国際経済法学会年報』第19号，165-185頁。

中村民雄（2001）「遺伝子組み換え作物規制における『予防原則』の形成——国際法と国内法の相互形成の一事例研究——」『社会科学研究』52(3), 85-118頁。

Canadian Veterinary Medical Association (2010), "Seal Hunt in Atlantic Canada," http://canadianveterinarians.net/ShowText.aspx?ResourceID=1990（2011年8月アクセス）

Charnovitz, S. (1998), "The Moral Exception in Trade Policy," *Virginia Journal of International Law*, vol. 38, pp. 689-745.

Council of Europe (2006), *Seal Hunting*, Recommendation 1776.

Daoust, P-Y, et al. (2002), "Animal Welfare and the Harp Seal Hunt in Atlantic Canada," *Canadian Veterinary Journal*, vol. 43, pp. 687-694.

de Burca G. and J. Scott (2001), "The Impact of the WTO on EU Decision-making," in: G. de Burca and J. Scott (eds.), *The EU and the WTO: Legal and Constitutional Issues*, pp. 1-30.

Diebold N. F. (2007), "The Morals and Order Exceptions in WTO Law: Balancing the Toothless Tiger and the Undermining Mole," *Journal of International Economic Law*, vol. 11, no. 1, pp. 43-74.

European Food Safety Authority (2007), "Scientific Opinion of the Panel on Animal Health and Welfare on a Request form the Commission on the Animal Welfare Aspects of the Killing and Skinning of Seals," *The EFSA Journal*, vol. 610, pp. 1-122.

European Commission (2008a), Proposal for a Regulation of the European Parliament and of the Council concerning Trade in Seal Products, COM (2008) 469 final.

European Commission (2008b), Commission Staff Working Document, Impact Assessment on the Potential Impact of a Ban of Products Derived from Seal Species, SEC (2008) 2290.

European Parliament (2006), Declaration of the European Parliament on Banning Seal Products in the European Union, OJ C 306E, 15.12.2006, pp. 194-195.

European Parliament (2009), Report on the Proposal for a Regulation of the European Parliament and of the Council Concerning Trade in Seals Products, A6-0118/2009.

Feddersen, C. T. (1998), "Focusing on Substantive Law in International Economic Relations: The Public Morals of GATT's Article XX (a) and 'Conventional' Rules of

Interpretation," *Minnesota Journal of Global Trade*, vol. 75, pp. 75-122.
Galantucci, R. (2009), "Compassionate Consumerism within the GATT Regime: Can Belgium's Ban on Seal Product Imports be Justified under Article XX?," *California Western International Law Journal*, vol. 39, pp. 281-312.
Hobbs, A. L. et al. (2002), "Ethics, Domestic Food Policy and Trade Law: Assessing the EU Animal Welfare Proposal to the WTO," *Food Policy*, vol. 27, pp. 437-454.
Meunier, S. and K. Nicolaidis (2006), "The European Union as a Conflicted Trade Power," *Journal of European Public Policy*, vol. 13, no. 6, pp. 906-925.
Pauwelyn, J. (2004), "WTO Condemnation of U. S. Ban on Internet Gambling Pits Free Trade against Moral Values," *ASIL Insight*.
Smith, B. (2005), "Improving Humane Practice in the Canadian Harp Seal Hunt," A Report of the Independent Veterinarians' Working Group on the Canadian Harp Seal Hunt.
WTO (1998), Appellate Body Report, *United States - Import Prohibition of Certain Shrimp and Shrimp Products*, WT/DS58/AB/R (Oct. 12, 1998).
WTO (2000), European Communities Proposal, Animal Welfare and Trade in Agriculture, G/AG/NG/W/19 (June 28, 2000).
WTO (2001), Appellate Body Report, *United States - Import Prohibition of Certain Shrimp and Shrimp Products, Recourse to Article 21.5 of the DSU by Malaysia*, WT/DS58/AB/RW (Oct. 22, 2001).
WTO (2005), Appellate Body Report, *United States-Measures Affecting the Cross-Border Supply of Gambling and Betting Services*, WT/DS285/AB/R (Apr. 7, 2005).
WTO (2009a), Minutes of the Meeting of 18-19 March 2009, G/TBT/M/47 (June 5, 2009).
WTO (2009b), Panel Report, *China - Measures Affecting Trading Rights and Distribution Services for Certain Publications and Audiovisual Entertainment Products*, WT/DS363/R (Aug. 12, 2009).
WTO (2011) *European Communities - Measures Prohibiting the Importation and Marketing of Seal Products, Request for the Establishment of a Panel by Canada*, WT/DS400/4 (Feb. 14, 2011).

注

(1) EUにおいては「動物福祉」の重要性は高まりつつある。リスボン条約では、動物福祉を含め（TFEU第13条），社会政策に関する条項が拡充されている（庄司, 2008：355-360）。

(2) アザラシから生産または獲得されるすべての製品で，肉，油，毛皮，毛皮製品などが含まれる（アザラシ製品規則第2条2項）。

(3) ［EU］市場に導入することにより，第三者が有償で入手できるようにすることを指す（アザラシ製品規則第2条3項）。

(4) Regulation (EC) No 1007/2009 of the European Parliament and of the Council of 16 September 2009 on Trade in Seal Products.

(5) なお，本件アザラシ製品規則に対しては，イヌイットの代表組織により取消訴訟が EU 司法裁判所（総合裁判所）に提起されているが，TFEU 第263条4項の原告適格を否定する判断が下されている。Case T-18/10, *Inuit Tapiriit Kanatami and Others. v Parliament and Council* [2011] ECR 0000.

(6) *European Communities - Certain Measures Prohibiting the Importation and Marketing of Seal Products*, DS369.

(7) ゆえに，立法根拠は EC 条約第95条（現 TFEU 第114条）とされている。

(8) *European Communities - Measures Prohibiting the Importation and Marketing of Seal Products* (Canada) DS400, *European Communities-Measures Prohibiting the Importation and Marketing of Seal Products* (Norway) DS401.

(9) 理事会は，欧州委員会の規則案を支持する姿勢も見せていたが，最終的には欧州議会の上市を原則禁止とする提案を支持している。

(10) 2010年8月には実施規則737/2010が制定され，アザラシ製品規則第3条の細則が設けられている。

(11) ほかにはグリーンランド，ナミビア，ロシアにてアザラシ猟が行われており，これらの国からの輸出も EU 規則の影響を受ける。

(12) 一方が僅かに曲がったスパイク，他方が鈍的な突起となっている金属の石突きを備えたこん棒状の道具。

(13) Marine Mammal Regulations, P. C. 1993-189 Feb. 4, 1993.

(14) カナダでの狩猟方法については問題点も指摘されている。たとえば，打撃後に触診などによる確認がなされていない点が指摘されている（Daoust et al., 2002: 693, Smith, 2005: 8）。

(15) ただし，殺傷用器具に関する規制は，ノルウェーのほうがカナダよりも厳しく設定されている（European Commission, 2008b: p. 55）。

(16) この意味では，動物の殺傷方法に関する情報や科学的知見が必ずしも揃っていない中での規制と言え，予防原則に基づいた措置とも評価されうる。実際に，欧州委員会の規則案の解説ではそれをほのめかす記述が見られる（European Commission, 2008a: 11）。

(17) TBT 委員会における議論では，EU の一方的な規制として強い懸念が示されて

いる（WTO, 2009a: pp. 6-7）。
(18) GATT 第20条においても産品非関連 PPM 規制の問題が生ずるが，(a)号においては，輸入国の公徳の保護と構成することにより，産品非関連 PPM 規制の議論を回避することができる（Diebold, 2007: p. 69）。
(19) ただし，カナダは TBT 協定第2.2条違反をも主張しており，その場合，同条には「公徳の保護」は規定されていないため，「動物……の生命若しくは健康の保護」で議論するか，同条に規定される「正当な目的」の中の一つの概念としてとらえることになる。
(20) GATT 第20条における「必要な」の解釈については，川島（2011），関根（2010）参照。
(21) 管轄権外の事象に基づく産品非関連 PPM 規制について，輸入国でのモラルの問題としてとらえることにより，産品非関連 PPM 規制をめぐる解釈上の対立を回避することができる旨を主張する見解があるが（注(18)参照），そうであっても，国外での事象に関する規制であることは WTO 協定整合性の判断において影響が及ぶ可能性がある。
(22) 欧州委員会は規則案について，EU 法における比例性原則に整合的であると自己評価している（European Commission, 2008a: p.13）。
(23) なお，EU の規則が「上市」禁止とされる点も GATT 第20条の判断に影響を与えるかもしれない。アザラシ製品規則からは必ずしも明確ではないが，欧州委員会の影響評価報告書の記述を踏まえると（European Commission, 2008b: p. 25），「上市」禁止には，製造または貯蔵目的で輸入され最終的に輸出されるものは含まないと解する余地がある。そうであるならば，輸入禁止と比して制限性は希釈化されるため，第20条における解釈に多少なりとも影響を与える可能性がある。
(24) 1990年代の足枷わな規則，アザラシ製品に関するベルギー法を含め，この類の輸入禁止は第20条(a)号によって正当化されるべきでないとする論者として，Feddersen（1998：p.117），反対に認められるべきとする論者として，Galantucci（2009：p.299）。
(25) とりわけアザラシ製品規則は欧州議会の主張が強く現れているため，EU の規則とはいえ，民主的基盤が存在すると指摘できる。
(26) EU が WTO の紛争解決手続で動物福祉を主張することは，予防原則と同様，WTO その他の国際的な法規制に少なからず影響を与えると考えられる（中村，2001：115頁）。
(27) ただし，法的な論点としては，本件のような規制を GATT 第11条違反と認定し，かつ，同第20条での正当化を認めないとする判断は，数量制限の側面のみを違反と認定するため，国内産業のみに厳格な規制が及ぶ逆差別を容認する結果を

導くことになるとの問題を生む。この観点からは，GATT 第3条4項で議論すべきとも考えられる。
(28)　WTO（1998: paras. 166-172）も参考に。
(29)　事実，EU は WTO の交渉の場において，動物福祉に関する国際協調の必要性を訴えているが（WTO, 2000），他国の支持はほとんど得られていない（Hobbs et al., 2002）。
(30)　正当性を評価する一つの手段として，規制にいたるまでの関係者の参加機会の有無や，手続の適正性の審査が考えられる（de Burca and Scott: pp. 26-29）。

第7章

EUの環境政策と規制力

臼井陽一郎

はじめに

　グローバルな規制力という視点から欧州連合（EU: European Union）の環境政策を眺めると，一見対照的な二つのEU像が浮かび上がる。一つは地球環境の保全へ向けてグリーン・アイデンティティを追求し，域外諸国の反発を呼んでまでも自らの政策モデルを域外に押し通そうとするEUであり，もう一つはそうした環境規範の追求を経済競争力の強化へ向けて戦略的に利用しようとするEUである。一つめのEUが世界の環境政治でリーダーシップを発揮して，地球環境ガヴァナンスの充実をはかろうとの使命的な言説さえ示しているのに対して，もう一つのEUは先進27カ国・5億人の巨大なシングル・マーケットの引力を利用して，域内の環境規制を域外に事実上強制することによって域内ビジネスに先行者利得（first-mover-advantage）を与え，有利な競争条件を創り出そうとする。一つめの"環境規範"と二つめの"経済戦略"はまったく別個の目的であるかのように見えるが，EUの例はこれが相即不離の関係にありうることを示している。EUは環境規範の高い水準での実現と経済戦略手段としてのその利用を同時に追求しているがゆえに，グローバルな規制力を高めているのである。本章はこのような規範・戦略不可分一体の関係を跡づけることによって，EUの規制力をグローバルなものに高める要因に迫っていく。

　第1節は環境をめぐる国際交渉のEU的なスタイルに注目して，EUの環境

規制目標の"直接的な"対外発信のあり方を把握する。第2節はその直接的な対外発信が一方的な押しつけとなって域外の反発を呼んでしまった事例をおさえておく。第3節はEU域内の環境規制に目を向けて，EUの規制目標の"間接的な"対外発信のありようを検討しながら，それが経済戦略の追求としても理解できることを明らかにする。

1 環境規範のグローバルな追求

(1) 多国間主義

気候変動をはじめ，生物多様性，遺伝子組換生物（GMO: Genetically Modified Organism），森林保護など，EUは数々の問題で多国間の枠組作りに力を尽くしてきた。特に1992年の国連環境開発会議（リオ・サミット）にはじまる国連中心の環境条約策定プロセスへの貢献は，EUのグリーン・アイデンティティの確立を強く印象づけるものであった。多国間の枠組みを重視するこの姿勢は，リオの10年後に開催された2002年のヨハネスブルグ・サミットを機に，EU持続性戦略の対外的側面として整理され，世界の環境政治リーダーを目指す方針が再確認されている（European Commission, 2002; 2001a）。多国間の枠組みによる地球環境ガバナンスの形成にとって，EUが90年代以降に果たしてきた役割は大きい。

その90年代はアメリカが世界の環境政治リーダーの座を降り，EUが代わりを務めていった時期でもあった（Kelemen, 2010: pp. 335-336）。アメリカはリオ・サミットに対して消極的であり，のちの京都議定書の批准も拒否してしまう。環境の多国間主義に距離をとっていったのである。これがすぐにアメリカの反環境国家への転換を意味するわけではないにしろ，元来はアメリカが担ってきた世界の環境政治リーダーの役割をEUが引き継ぐかたちになったことは，EUの環境重視の姿勢を際立たせることになった。EUのグリーンなイメージがこのようにアメリカを他者とした相対的なものだという面は否定できない。

EUの環境多国間主義を強調してEUを過剰評価しないよう気をつけるためにも，イメージの相対性には注意しておきたい。

EUが多国間枠組みを重視する方針が最も顕著にみられるのは，気候変動政策である。2004年の欧州首脳理事会は，ポスト京都の枠組みを国連中心に創り上げていく方針について確認している(1)。いったんは2009年のCOP15コペンハーゲン（気候変動枠組条約締約国会議）で影響力を失い米中の谷間に沈むものの，2010年のCOP16カンクンではEU路線が承認される運びとなり，これを受けた2011年3月の閣僚理事会は国際機関を通じたグローバルな政策枠組みの樹立という従来からの方針を再確認している(2)。同年12月のCOP17ダーバンでは，EU単独で京都議定書の延長を受け入れ，まさに死に体であった国連の気候変動交渉を救っている。のちにふれるように，EUは温暖化防止へ向けて高い規制目標を国際社会に打ち出しているが，その第一次的な照準は国連中心の多国間の枠組みに定められている。

気候変動に代表される地球環境問題以外でも，たとえば化学物質管理で多国間の枠組みが活用される。国際規制の調和に貢献することを目的に，EU域内の環境規制を国際制度にリンクさせようとするのである。化学物質の登録，評価，認可及び制限（REACH: Registration, Evaluation, Authorisation and Restriction of Chemicals）に関する規則がその好例である。のちに詳述するが，企業に化学物質の安全性を証明する義務を与えるこの規則は，川上から川下まで生産サプライチェーン全体に影響を与える鳴り物入りのEU環境立法であったが，これは国際規制スキームの確立に貢献することを目的にしたものだと，当の規則の前文に記されている。具体的には2006年にドバイで採択された国際化学品管理戦略アプローチ（SAICM: Strategic Approach to International Chemicals Management）に寄与するねらいが明示され（前文第6段落），化学品の分類・ラベル付けのための世界調和制度（GHS: Globally Harmonized System of Classification and Labelling of Chemicals）を利用する路線が設定されている（前文第109段落）。つまりEUは自らの化学物質管理を実現するにあたって，国際制度を媒介しようとするのである。

(2) 二国間および単独主義

こうしていわば環境多国間主義とでもいうべき路線を進んでグリーン・アイデンティティを追求するEUは、しかし場合によってはこの多国間主義の道を外れることもある。EUは自らのルールやスタンダードが最終的に国際の場で公式に制度化されるのであれば、そこに至る道筋に関してはマルチ（多国間）でなくバイ（二国間）の交渉を選択することも、さらにはユニラテラルに（単独で）独自の政策モデルを先行実施することも、決してためらうものではなかった。二国間主義と単独主義の事例をそれぞれ一つずつ取り上げておきたい。

通商政策

二国間主義の事例としては通商政策の利用を挙げられる。2006年に欧州委員会が提出した「グローバル・ヨーロッパ：グローバルな競争の中で」と題する政策文書（European Commission, 2006）は、EUが国際の場で"環境"や"社会"の規範を追求していくことを、通商戦略の一環として位置づけようとするものであった。そのねらいは、EUのシングル・マーケットが創り出したハイ・クオリティな環境や社会の規制こそがグローバルに共有されるべきであり、EUはそうした自らの域内規制を貿易パートナーと共有する方向で通商政策を進めていく、というものである。端的に言い換えれば、EUと貿易投資協定を結ぼうとする域外国に対して、EUの規制を飲み込ませようという方針である。欧州委員会は貿易障壁の除去に関連して、次のように明言する。

> 「われわれが今後追求していくべきことは、オープンでフェアなグローバル競争の条件を創造し、われわれのルールとスタンダードをわれわれのパートナーと共有していくことである」（Ibid., p. 12）（圏点は筆者）。

ここでいうルールとスタンダードは欧州委員会の示すところによると、ヨーロッパの価値と社会正義を実現するためのものであり、労働者保護、文化の多

様性保護そして環境保護の3分野の規制に具体化されるという (Ibid., p. 5)。こうした域外国との通商交渉を通じた環境規制目標の対外発信は，バイ（二国間）の特恵貿易協定や投資協定を利用して進められるのである[3]。

気候変動政策

単独主義については，気候変動政策を事例に挙げられる。高い目標を掲げた政策モデルを単独でも実施，世界をリードしていこうという路線である。EUは温室効果ガスを2020年までに90年比20％削減という目標を「単独でも追求する確固とした約束」[4]だとしたうえで，他の先進国が追随することを条件に，30％削減というラインも打ち出していく。この目標は2008年に「2020 by 2020戦略」として政策文書に具体化される（European Commission, 2008）。この戦略のもと，再生可能エネルギーのシェアを20％に上げてエネルギー効率も20％アップするという野心的な数値もあわせて打ち出された。これに加えて2050年のターゲットについても，当初は90年比60-80％削減を提案，2009年10月には80-95％削減へと上乗せする。これは立ち消えも尻すぼみもせず，2010年11月のCOP16カンクン合意の成功を受けて，2011年3月の閣僚理事会で再確認された[5]。さらに上述のように，同年12月のCOP17ダーバンでは，まさに単独で京都議定書を守り通していく構えを見せている。こうした野心的な長期目標実現の見込みは，低炭素経済へのロードマップと名づけられた政策文書（European Commission, 2011）によって示された。たとえば排出量取引制度ETSについては排出枠の政府割当をやめて完全オークション制を導入するという方向や，石油・天然ガスの輸入削減によって余剰資金を捻出して向こう40年間で毎年EUのGDPの1.5％におよぶ2700億ユーロの追加投資を実施，スマート・グリッドなどグリーン技術を発展させていくという政策の実施が予告されている。

このような政策目標や政策手段はEUのこれまでの軌道に沿ったものであって，2011年3月の福島第一原子力発電所の事故に端を発するドイツをはじめとした脱原発の動きを織り込んだものではない。今後，温室効果ガス最大排出国

のドイツが脱原発を進める一方で再生可能エネルギーの増強に足踏みしてしまうようなら，EU のシナリオに修正が加えられる可能性も否定できない。この点には留保したうえで，EU のねらいを押さえておきたい。EU は高度な環境規制目標を国際社会に発信するとともに，これを域内で達成する政策モデルについても企業家精神的にチャレンジしつつ（Wettestad, 2005），着実な成果を国際社会に見せようとする。EU の成功への期待が著しく低下しない限り，域外国が EU スタイルの政策モデルを参照する可能性も増していくであろう。EU の環境規制目標はこのようにユニラテラル（単独主義的）にも発信される。ただし，それがかえって域外国の反発を呼んでしまう場合もある。EU スタイルの政策モデルの浸透が傾向として見られる反面，その先進的なチャレンジが EU を孤立させてしまう事例である。次に節をかえてこの視点から，EU 排出量取引制度（EU-ETS: EU Emissions Trading System）について検討しておきたい。

2　EU 排出量取引制度の場合

(1)　制度の発展

EU-ETS は2005年１月の発足以来，着実に経験を積み重ねてきた。これは電力や鉄鋼，セメント，陶器などエネルギー集約的な業種の，域内約１万の事業所に温室効果ガス排出量の制限を課すというもので，それを越えてしまった場合，制限内におさまった事業所から排出枠を購入して，越えてしまった分の排出枠を補充するよう事業所を強制するという仕組みである。制限を越えても排出枠を購入しなかった（できなかった）場合，温室効果ガス１トンにつき（現在のところ）100ユーロの罰金が課せられる。以上の EU-ETS は，EU 域内温室効果ガス総排出量の40％を網羅する。まさに EU 気候変動政策の中核的な手段である。

制度発足当初は排出量の過剰割当が原因で排出枠の単価が下がり制度の存続

が危ぶまれたり，2010年から11年にかけてはハッカー攻撃により国別排出枠登録簿から排出枠がいわば盗みとられ，取引を一時閉鎖せざるをえない事態も発生した。紆余曲折はあったが，制度の定着と成長には着実なものがあった。2010年の総取引額は900億ユーロ（10兆円）におよび，世界最大のキャップアンドトレード型排出量取引制度としてその地位を確固たるものにしている[6]。

本章執筆現在，2013-20年の第3期間移行にともなう制度リニューアルによって，割当排出量を2005年の制度発足時と比較して2020年までに21％削減する，排出量割当方式の適用部門を減らしてオークション方式へ段階的に移行する，ETS参加義務づけ業種を石油化学，アンモニア，アルミニウム，CO_2回収貯留，航空産業へ拡大する（航空産業は2012年から義務づけ），割当排出量を超過した場合の罰金を消費者物価指数によって毎年スライドさせる，といった制度改正が準備されているところである[7]。

(2) 反発を受ける単独主義

EU-ETSは加盟27カ国＋周辺3カ国[8]の30カ国で施行されるただでさえ巨大な制度であるが，EUはこれをさらに域外国・地域と結合して，EU-ETSをグローバルに拡大しようとの構えを見せる。欧州委員会はEU加盟10カ国とともに国際炭素行動パートナーシップ（ICAP: International Carbon Action Partnership）のメンバーに名を連ね，国際的な情報交換と相互学習を進め，世界各地の排出量取引制度をリンクさせる道を探っている。このICAPの協定にはアメリカの14州とオーストラリア，ニュージーランド，ノルウェーそして東京都がメンバーとして参加している[9]。そのアメリカ14州は，地域温室効果ガス・イニシアティブ（RGGI: Regional Greenhouse Gas Initiative）と西海岸気候イニシアティブ（WCI: Western Climate Initiative）という二つのETSを構成する州でもある。欧州委員会は国際炭素市場の創出を目指して，2015年までに経済協力開発機構（OECD: Organization for Economic Cooperation and Development）の構成国全体でキャップ・アンド・トレード型市場を形成，2020年にはOECDをさらに越えて広げていこうという目標を掲げ，アメリカ，

日本,オーストラリアの結合をもくろんでいる（European Commission, 2010b: pp. 11-12）。EU は自らのキャップ・アンド・トレード型モデルを世界標準として確立しようとねらうのである。

ところが EU のこの野心的なねらいは部分的に先鋭な単独主義となって,摩擦を引き起こしてしまった。EU-ETS の域外航空産業への適用が問題にされたのである。EU では域内空港発着の全航空機を対象に,域外も含む航空会社の EU-ETS 参加を義務づける法改正が行われており,2012年からの導入がすでに決定済みである[10]。域内空港発着の全航空機を対象とする以上,これは EU-ETS の域外適用を意味する[11]。多国間主義を方針とする EU は一応は国際民間航空機関（ICAO）を舞台に,EU-ETS の域外適用を認めるべきだと主張してきた。第37回 ICAO 総会に提出した意見書で,EU は次のように述べている。

> ヨーロッパは「マーケット・ベースの政策措置こそ正しく野心的な目標の達成になくてはならないものだと考える。費用対効果がもっとも高い選択は,課税や課徴金と比較する限り,EU-ETS のようなオープンな排出量取引制度である。航空産業が EU-ETS に参加すればこの産業は成長を続けられる。二酸化炭素の排出枠は削減コストがより安くつく経済セクターから購入すれば良いのである」[12]。

しかし ICAO は域外国適用の条件として二国間もしくは多国間の交渉による合意を要求する[13]。域外航空会社が EU の航空市場に参入するにあたって追加コストが発生する以上,域外国の同意はやすやすと得られるものではない。したがって EU-ETS の第3期間移行による航空産業へのキャップ・アンド・トレード適用は,このハードルの強行突破を意味する[14]。当然,強い反発が生じた。

アメリカはイギリスで訴訟を起こし,カナダもそれに加わっていった。イギリス高等法院は EU 司法裁判所に先決裁定を求めるにいたった。また中国とロシアは貿易制裁など対抗措置をとる構えも見せている。中華航空輸送連盟

(CATA: China Air Transport Association) は EU-ETS の強制により初年度1億2300万ドル，2020年にはその3倍以上の追加コストが発生すると見込み，EU-ETS を途上国の航空産業に適用しないよう求めていった。さらにアジア太平洋エアライン連盟（AAPA: Association of Asia Pacific Airlines）も域外適用を再考するよう欧州委員会に圧力をかけていった[15]。しかし，アメリカが提起した EU の域外適用の問題性は，2011年12月の EU 司法裁判所の判決によって，国際法上も EU 法上も違法なしとされてしまう[16]。それによって，アメリカはもとより，中国もそして日本も，その反発をさらに強めていった[17]。

このように EU の企業家精神的な政策モデルの挑戦は，域外に対してユニラテラルに（単独で）追求される時，強い反発を引き起こしてしまう場合がある。EU は域外の抵抗を寄せつけない圧倒的な強さをたえず発揮できるわけではない。しかし EU は航空機による温室効果ガス排出を抑制する自らの仕組みを，域外に一方的に押しつけようと強気の構えを見せ続ける。今後何らかの妥協が模索されていくであろうが，EU の強気の構えの背景には，先進27カ国5億人の巨大なシングル・マーケットが存在する。このマーケットが発する引力によって，EU の環境規制目標が域外に間接的に発信されていく場合が確かに見られるのである。節をかえて最後にこの点について検討しておきたい。

3　経済戦略としての環境規制

(1)　統合製品政策（IPP）のインパクト

世界は EU のシングル・マーケットを無視することができない。このマーケットへのアクセスはグローバルに競争を展開する企業にとって死活問題となる。ただそのためには EU の環境規制を遵守しなければならない。域外ビジネスが EU のシングル・マーケットを無視できない以上，EU の域内規制は域外への事実上の強制となる。

EU の環境規制はアメリカや日本からみれば，取り立ててクオリティが高い

わけではない。ところがEUは2000年に入ってから6年ほどのあいだに，生産・利用・廃棄のすべてにわたってこれまでの環境規制をリニューアルしていった。これはすぐあとでふれる統合製品政策（IPP: Integrated Product Policy）によるものであった。ここでほぼ同時にというタイミングに注意したい。シングル・マーケットにアクセスする域外ビジネスは短期間のうちに，設計から資源・部品調達，生産まですべて一貫して，EUの環境規制に順応するよう求められていったのである。その2000年以降のリニューアルには，今後の定期的な改正も予告されていた。域外の多くの事業者がEUの制度変更に絶えずアンテナを張り，予想される正式決定に先立ってあらかじめ対応しておくよう促されていった。EUスタイルにいち早く順応しようとする競争が，域外でも展開されていったのである。

　生産・利用・廃棄といった産業活動のすべてのステージで短期間の内に一気に環境規制をリニューアルして強化しようというのは，EUのグリーン・アイデンティティの具体的な現れだと理解することもできようが，それは同時に域内ビジネスの競争上のアドバンテージをねらったEUの戦略だと指摘することもできる。それは域内ビジネスによる先行者利得（first-mover-advantage）の獲得である。域内企業が域外企業に先行して域内の新制度に対応する経験を蓄積し適応力をつけ，環境ブランドを向上させていけば，競争上優位に立てるというもくろみである。もちろんEU加盟国の企業だけを有利にすることはできない。すでにシングル・マーケットでビジネスを展開している域外企業とのあいだに，有利不利の差は存在しない。しかし，域外企業が先行者利得を手放さないようにしようとすれば，シングル・マーケットにまさに根を張ってビジネスを続けていく必要がある。

　生産・利用・廃棄のすべてのステージで環境に配慮する仕組みを作ろうとする構想は，2001年の統合製品政策（IPP）によって具体的に示された（European Commission, 2001b）。これは三つのステージすべてに環境規制を漏れなく設定して，グリーン製品市場の拡充をはかろうとするもので，環境にプロアクティブなヨーロッパ流ビジネスが競争上有利になる状況を創出して，

EUの環境規制目標が世界の目標となるよう求心力を育んでいくとするねらいである（Ibid., p. 3, 7）。IPPの射程にあるEUの環境規制立法をステージごとに整理しておこう。生産面には有害含有物質に対応するREACH規則と特定有害物質の使用制限（RoHS: Restriction of Hazardous Substances）指令がある。利用面には省エネルギー対応を要求するEuP（Energy-using Products）指令があった。これはエネルギー関連製品にエコデザインを促していくもので，現在はErP（Energy-related Products）指令に改正されている。廃棄面には電気電子機器を対象としたWEEE（Waste Electrical and Electronic Equipment）指令と自動車の廃棄を規制する廃自動車（ELV: End-of-Life Vehicles）指令がある。

表7-1　EUの環境規制と標準化戦略

	EU環境規制
2000年	ELV指令（廃自動車）
2002年	RoHS指令（含有有害物質制限）
	WEEE指令（廃電気電子機器）
2005年	EuP指令（エコデザイン）
2006年	REACH規則（化学物質管理）
2009年	EuP指令改正
2011年	RoHS指令改正

こうした各分野の環境規制がこれまでEUに全く存在しなかったわけではない。すでに述べたようにそのリニューアルが2000年以降6年ほどのあいだに，あたかもワンセットであるかのように一気に実施されたのである。表7-1はEUの環境規制の採択を時系列にまとめたものである。わずか6年ほどのあいだに環境規制の一気のリニューアルを進めていくというタイミングの計り方に，EUの戦略性を垣間見ることができる。先進国27カ国・5億人のマーケットでビジネスを行う企業はすべて，まさに駆り立てられるように，EUスタイルの環境シフトを余儀なくされていった[18]。

(2)　環境行動の主役交代

この時期の環境規制リニューアルは，行政と企業の関係に無視できないインパクトを与えていった。環境行動の主役が行政から企業に変更されたのである。EUの環境規制のうち特に注目されるREACH規則，RoHS指令，WEEE指令の三つを事例にこの点を見ておこう。

REACH 規則は化学物質の登録・評価・認可・制限を定めたもので，予防原則に即して事業者に安全性の証明を義務づける。部品や原材料に含まれる化学物質も安全性証明の対象となるため，川上から川下まで，生産のサプライチェーン全体に影響を与える。REACH 規則の目的は基本的には競争力とイノベーションの向上にあり（第1条），ヨーロッパ製品のクオリティ向上を目指すものであるが（前文第14段落），それは基本的には企業自身の安全性証明義務を通じて実現されなければならない。

RoHS 指令は電気電子機器に使用される（鉛や水銀をはじめとする）特定有害物質の制限を目的とするもので，企業を設計・生産段階で制約する。企業側が有害物質使用の有無・使用量について情報を提供し，手順書に従って適合性評価（conformity assessment）を行い，安全性の証明となる CE マークを添付するよう求められる。ただし当面は医療関連など適用除外があって，これが段階的にはずされていく予定である。

WEEE 指令は電気電子機器のリサイクルによる廃棄量の削減をねらったもので，汚染者負担原則に即して企業にリサイクル可能な設計・生産と分別回収・再生が義務づけられる。それゆえ RoHS 指令と同様に事業者を設計・生産の段階で制約する。分別回収と再生に際しては企業側に費用負担が求められ，処理施設やリサイクル状況に関して消費者に情報を公開することも義務づけられる。

以上の EU 域内環境規制は上述のように2000年以降6年ほどのあいだに一気にリニューアルされた立法によるものである。この一連の規制のもと生産・利用・廃棄のすべてのステージで，基本的には企業側を主役に環境対応を強めていく体制が確立されていった。EU のシングル・マーケットでビジネスを展開しようとする以上，域外企業は製品の企画・設計段階から順応することが求められ，しかもその影響は原材料と部品のサプライ・チェーン全体におよんでいったのである。日本企業を例に取れば，サプライ・チェーンは国際分業体制のもと ASEAN 諸国にまで広がる。とすれば EU のシングルマーケットへのアクセスを確保しようとする限り，ヨーロッパとは遠く離れた地においてさえ，

EUの環境規制に合致した生産体制を構築していかなければならなくなる[19]。EUの環境規制目標はこうして間接的なかたちで対外的に発信されることになり，EUの規制力のグローバルな浸透の，まさに格好の事例となっているのである。

おわりに

本章はEUの二つの姿を描いてきた。一つは世界の環境政治でリーダーシップを発揮するEUである。グリーン・アイデンティティを追求するEUは様々な国際交渉の場で高い環境規制目標を発信していった。ただし，域内の先進的な政策モデルを域外に強制適用して強い反発を生み出してしまう場合もあった。もう一つは域内規制の強化によって競争力の向上をはかるEUである。EUの強気のもととなるシングル・マーケットは域外企業を惹きつけるハイ・クオリティのビジネス・アリーナであり，域外企業は自ら進んでEUの環境規制に対応していかざるをえない。REACH規則やRoHS指令，WEEE指令といったEU環境法の事実上の域外適用は，巨大なマーケットの引力と洗練された規範の浸透力が環境規制目標の対外発信を間接的なかたちで可能にしたものであるといえるだろう。

本章が描き出してきたように，EUは環境でアイデンティティを構成しようとする価値規範志向と，環境をツールに競争力を高めようとする経済戦略志向を同時に追求する。この同時追求こそが，時に域外の反発を生み出すにせよ，EUの規制力をグローバルなものへと高めるのである。EUは域外の条約交渉と域内の政策形成の双方でぶれることなく，環境親和的な路線を歩んできた。だからこそグローバルな環境政治の場において強いプレゼンスを発揮できるのであり，時に一方的な押しつけにより域外の反発を呼んでしまうにしろ，環境規範追求のぶれない実績が経済戦略のために環境を利用するという政治のオプションを可能にしているのである。ここにEUの規制力がグローバルなものに高まっていく要因の一つを見出すことができるであろう。

参考文献

日本貿易振興会（ジェトロ）（2008a）『ジェトロセンサー（特集・世界を変えるEU発の製品環境規制：サプライチェーンへの影響は避けられない）』2008年3月。

日本貿易振興会（ジェトロ）（2008b）「ASEAN各国のEU環境規制への対応」『通商弘報・特集アジア』2008年6月13日。

European Commission (2011), A Roadmap for Moving to a Competitive Low Carbon Economy in 2050, COM (2011) 112.

European Commission (2010a), Towards a Comprehensive European International Investment Policy, COM (2010) 343.

European Commission (2010b), International Climate Policy Post-Copenhagen: Acting Now to Reinvigorate Global Action on Climate Change, COM (2010) 86.

European Commission (2008), 20 20 by 2020; Europe's Climate Change Opportunity, COM (2008) 30.

European Commission (2006), Global Europe: Competing in the World, COM (2006) 567.

European Commission (2002), Towards a Global Partnership for Sustainable Development, COM (2002) 82.

European Commission (2011a), A Sustainable Europe for a Better Would: A European Strategy for Sustainable Development, COM (2001) 264.

European Commission (2001b), Green Paper on Integrated Product Policy, COM (2001) 68.

Kelemen, R. Daniel (2010), "Globalizing European Union Environmental Policy," *Journal of European Public Policy*, vol. 17, no. 3, April 2010, pp. 335-349.

Wettestad, Jørgen (2005), "The Making of the 2003 EU Emissions Trading Directive: An Ultra-Quick Process due to Entrepreneurial Proficiency?," *Global Environmental Politics*, vol. 5, no. 1, pp. 1-23.

注

(1) European Council Press Release 05-10-2004 参照。
(2) 3075th Environment Council Meeting. Brussels, 14 March 2011.
(3) 事例として一般特恵制度プラスや欧州包括国際投資政策が挙げられる。前者は〈http://ec.europa.eu/trade/wider-agenda/environment〉, 後者は European Commission (2010a) を参照。
(4) Brussels European Council Presidency Conclusion. 8/9 March 2007, para. 32.
(5) 注(2)参照。

(6) EurActiv.com, 07 February 2011, EU spot carbon market reopens amid safety fears 参照。ちなみにニューヨーク，ニュージャージー，マサチューセッツ，メリーランドなどアメリカ10州による地域温室効果ガス・イニシアティブ（RGGI）の取引高は2億4000万ドル（200億円）にすぎない。Bloomberg Businessweek, August 6 2009, Avoiding Europe's Carbon Trading Missteps 参照。ただしそのRGGI は排出枠のほぼ全量をオークションによって割り当てており，この点はEU-ETS より一歩先を行く。

(7) EU-ETS はもともと Directive 2003/87/EC によって規定されていたが，これがDirective 2008/101/EC および Directive 2009/29/EC によって改定されてきた。

(8) 3カ国はアイスランド，リヒテンシュタイン，ノルウェーの欧州経済領域（EEA）構成国。

(9) ICAP の EU メンバーはデンマーク，フランス，ドイツ，ギリシャ，アイルランド，イタリア，オランダ，ポルトガル，スペイン，イギリスの10カ国。ICAP の WEB サイト〈http://www.icapcarbonaction.com〉より（2012年1月9日アクセス）。

(10) Directive 2009/29/EC.

(11) アメリカのある議員はこれを EU のキャップアンドタックス型金銭強奪（a "cap-and-tax" EU money-grab）と呼んで攻撃している。Green Air Online. com, Fri 19 August 2011, European airlines nervous as international demands for Europe to exclude foreign airlines from EU ETS continue to grow 参照。

(12) International Civil Aviation Organization Working Paper, Assembly— 37th Session. Agenda Item 17: Environmental Protection. A37-WP/10, EX/26, 30/08/10, p. 3.

(13) International Civil Aviation Organization, Resolution A-37-19 (adopted in October 2010), para. 14 〈http://legacy.icao.int/env/A37_Res19_en.pdf〉（2012年1月9日アクセス）参照。

(14) ICAO の最近の動向については山口光恒氏の記事を参照。山口光恒「国際航空部門における論議と EU ETS」『地球温暖化 日本の戦略』2012年1月28日〈http://premium.nikkeibp.co.jp/em/column/yamaguchi/99/index.shtml〉（2011年8月31日アクセス）。

(15) 以上 Green Air Online.com, Fri 28 May 2010, US airline EU ETS case against the UK to be referred to European court as NGO coalition joins action; EurActiv.com, 11 October 2007 (updated 08 March 2011), Aviation and Emissions Trading; EurActiv.com, 07 June 2011, Paris and Berlin blink in aviation carbon row; Flightglobal.com, 06/06/11, Opposition to EU ETS set to increase などを参照した。

2011年7月にはアメリカ議会に米国航空会社がEU-ETSに参加することを禁じる法案が提出されており，アメリカとEUの緊張を深めている。Green Air Online. com, Fri 19 August 2011, ibid. より。

(16) Case C-366/10, ATA and others, Judgement of the Court, 21 December 2011.
(17) 「動き出すEUの航空機排出規制，日米には不利に」日本経済新聞電子版，2012年1月2日。eurotribune. eu, China challenges EU Emissions Trading Scheme, 05 de Enero de 2012.
(18) その様子は日本貿易振興会（2008a）がありありと描き出している。
(19) たとえばASEAN諸国によるREACH規則，WEEE指令，RoHS指令への対応状況について調査した日本貿易振興会（ジェトロ）（2008b）を参照。

第8章

国際金融ガヴァナンスにおける EU の規制力
―― リーマン・ショック後を中心に

浅野 康子

はじめに

グローバル化の恩恵を最大限に享受するために,その負の側面を緩和すること。これは欧州連合（EU: European Union）が掲げている目標である（European Council, 2007: Annex）。2008年のリーマン・ショックは,グローバル化の負の側面を浮き彫りにし,国際金融システムの安定を維持するための取り組みの必要性を改めて示した。本章の目的は,リーマン・ショック後に焦点を当てつつ,EU が国際金融システムの強化に向けてどのような役割を果たしてきたのかを分析することにある。以下,第1節では,国際金融分野における EU の規制力の源泉について検討する。第2節では,リーマン・ショック後,EU がどのような規制力の源泉を活用しながら,国際金融ガヴァナンスの改革を推進したのかを分析し,EU の規制力の性質を明らかにする。そして,第3節では,2010年以降のユーロ圏の債務危機への EU の対応を概観し,それが EU の規制力にどのような影響を与えているのかを議論する。

1　EU の規制力

国際金融システムの安定を確保するための取り組みは,1970年代以降,大小の危機を契機として徐々に進展してきた。それは,1990年代半ばを境として,

二つの時期に分けることができる。第1期は，国際業務に携わる銀行の規制・監督方針に関する，先進国の監督当局間の協調が進んだ時期であった。1974年の独ヘルシュタット銀行の破綻をきっかけとしたバーゼル銀行監督委員会（BCBS: Basel Committee on Banking Supervision）の設立，1982年のメキシコ債務危機を契機としたバーゼルⅠの合意を見たのは，この時期である。第2期は，先進国を中心に合意された金融規制・監督体制の新興国への適用と，国際通貨基金（IMF: International Monetary Fund）を中心とした危機管理体制が強化された時期である。そのきっかけは1994年のメキシコ通貨危機と1997年のアジア通貨危機であり，G20財務相・中央銀行総裁会議と金融安定化フォーラム（FSF: Financial Stability Forum）が創設されたのもこの時期であった。

　これらの取り組みを主導してきたのはG7であるが，その中でも世界最大の金融センターを有する米英が中心的な役割を果たしてきた（Gilpin, 2001; Kapstein, 1994）。EU諸国は，グローバルなスタンダードやガヴァナンス枠組みの形成においては米国と協調・対立する一方で，それらを新興国に受け入れさせる際には，米国と協力し，自らが強い影響力を持つIMFを活用した。このように，EUの規制力は，グローバルなスタンダードやガヴァナンス枠組みを形成する際に米国や他の先進国に対して行使することができる力と，リージョナルやグローバルなレベルで新興国や途上国に対して行使しうる力とに分けて考える必要がある。

　では，EUは国際金融ガヴァナンスにおいてどのような規制力の源泉を持つのだろうか。ここでは，本書第1章で提示された規制力の源泉の内，「市場の引力」と「集合的行動能力」に注目する。まず，市場の引力について，上場企業の時価総額で見ると，EUは2010年末時点で米国の17.3兆ドルに次ぐ10.8兆ドルと，日本および中国の4兆ドルを上回っている[1]。また，各国の銀行のEUへの与信は，国際与信全体の19％と，米国の18％とほぼ同額（日本は3％）である一方，EUの銀行の域外への与信は全体の25％と，米国の10％，日本の9％という値を大きく上回っている[2]。したがって，EU市場は，基軸通貨国として優位に立つ米国市場に次いで強い引力を持つと考えられる。

次に，EUはグローバルなスタンダードやガヴァナンスの枠組みを決定する場において，潜在的に高い集合的行動能力を持つ。G7の構成国の内4カ国，FSFを構成していた11カ国の内5カ国，BCBSを構成していた13カ国の内9カ国はEU加盟国であった。EUが持つ「数の力」は，共通政策化が進んでいる分野においては，市場の引力との相乗効果により，さらに高められる。たとえば，BCBSにおいて決定された銀行の自己資本規制は，EU指令の国内法化を通じて域内市場全体に適用される。そのため，BCBSのメンバーとなっているEU加盟国は，単一市場の引力によって交渉力を高めることができる。さらに，EUはユーロ導入後，域内の金融市場の自由化と規制の調和を進めるため，金融サービス分野にもコミトロジー（本書第3章）を採用し，監督当局間の協調を進めている[3]。これにより，金融規制に関するEUの集合的行動能力は増し，対外的な交渉力は強化されつつある（Posner, 2009）。

だが，EUがその潜在的な集合的行動能力を十分に発揮することは必ずしも容易ではない。EUでは，単一通貨ユーロを導入してからも，金融監督の権限は加盟国が保持している。加えて，BCBSやFSFの正式なメンバーとなっていたのは一部の加盟国だけであり，EUの代表性は確立していなかった[4]。現在でも，欧州中央銀行（ECB: European Central Bank）と欧州委員会は，BCBSではオブザーバーとしての参加にとどまっている。さらに，EU内では金融規制・監督方針に関して，英国を中心とする「北の市場創出連合」とフランスなどの「南の市場調整連合」のあいだで対立が続いてきた。前者が競争と市場の効率性を重視するのに対し，後者は金融の安定，消費者や自国産業の保護を重視するという政策方針の違いがある（Quaglia, 2010: pp. 7-8）。そのため，G7やBCBSなどの場では，EUとして統一的な方針を打ち出すことが困難であった。

このように，EUは米国に次いで強い市場の引力を持つものの，その集合的行動能力は加盟国間の政策方針の違い，そしてEUの代表性の未確立によって制約されている。以下では，EUがリーマン・ショック後の混乱の中でこれらの能力をどのように活用し，どのような規制力を発揮したのかを分析していく。

2 リーマン・ショック後のEU——グローバル,リージョナルなリーダーを目指して

(1) G20による国際金融ガヴァナンス

 2008年9月のリーマン・ブラザーズの破綻後,国際金融ガヴァナンスの改革に向けて主導性を発揮したのは,EUであった。当時EUの議長国を務めていたフランスのサルコジ(Nicolas Sarkozy)大統領は,リーマン・ブラザーズが破綻してから1週間後に開かれた国連総会での演説で,新興国の代表を含めた拡大サミットの開催を早くも提案した。EUにとって,拡大サミット開催の第一の目的は,国際金融システムを強化するための改革を進めることで,預金者や投資家の金融システムに対する信頼を回復することであった(European Council, 2008)。第二の目的は,金融規制改革の方針に関する国際的な合意を形成することで,域外諸国との公平な競争条件を確保することであった[5]。これらの目的を達成するには,他の先進国だけでなく,中国などを含めた新興国の協力を得ること,そしてサミット終了後も各国の継続的かつ具体的な行動を確保することが必要であった。そのため,EUは拡大サミットを開催し,改革の基本原則に加え,具体的な改革の項目や期限を定めた行動計画を策定することを要請したのである(ポールソン,2010:476頁;*European Report*, 2008)。
 EU内では,議長国フランス,金融危機の打撃が大きく,改革に対する関心の高かった英国[6],そして欧州委員会が連携して関係国の協力を獲得し,サミットでの合意内容に強い影響を与えた。その過程では,EUがG7において持つ集合的行動能力,EUおよび各加盟国が持つアジェンダ・セッティング能力がフル活用され,EU市場の引力と相俟って効果を発揮した[7]。その結果,11月にワシントンDCで開かれた第1回G20首脳会議では,EUの意向を反映するかたちで,金融システム強化のための改革に関する基本原則と今後の行動計画(「ワシントン行動計画」)が定められることになった。問題は,その後,改

革を具体的に進めていく際に EU がどの程度影響力を行使できたのかという点にある。以下では、バーゼルⅢ、ヘッジ・ファンド・マネージャー規制、IMF の強化を例に、この点を考察していく。

(2) バーゼルⅢ

サブプライム危機後、金融機関の救済に追われた米欧にとって、自己資本規制を中心とした銀行規制の改革は、監督体制の再編に次ぐ優先課題であった。一方、米欧以外では、サブプライム危機による金融機関の損失拡大が限定的であったため、自己資本規制の強化が自主的に行われるとは考えにくかった[8]。たとえば日本は、規制の強化に消極的で、既存の規制内容で十分との立場であった（大山、2011：265-269頁）。自己資本規制の強化は、銀行の投融資能力を制約するため、銀行の国際競争力の問題に直結する。米国や EU としては、自己資本規制の国際標準であるバーゼルⅡを改正することで、他国にも同様の規制強化を促し、公平な競争条件を維持する必要があった。そのため、米国と EU は、国際的な規制改革の最優先事項として、バーゼルⅡの改正を掲げたのである（Department of the Treasury 2010: p. 5; FSA, 2009: pp. 53-57, 115-116; High-level Group on Financial Supervision in the EU [High-level Group], 2009: pp. 15-19)。

バーゼルⅡの改正を推進するにあたって、米国と協調できたこと、そしてG20の枠組みを利用できたことは EU にとって有利に働いた。第1節で述べたように、EU は国際銀行業務における世界最大のアクターであり、バーゼルⅢの交渉が行われる BCBS のメンバーの3割は EU 加盟国である[9]。それでも、EU 単独の働きかけでは、新たな国際標準の合意を得るのは容易ではなかっただろう。また、EU は、G20という首脳・閣僚レベル会合の定期開催を通じて、バーゼルⅡ改革のための政治的指針とタイムフレームを決定する枠組みを創出した。これは、金融システム安定のための規制の強化という方針を堅持し、改革案の早期合意を促す役割を果たした。この点は、政治的指針を欠き、大手金融機関のロビイングの強い影響を受けながら、合意形成に長期間を要したバー

ゼルⅡの形成過程とは大きく異なっていた（Tarullo, 2008: ch. 4）。

第1節で述べたように，BCBSにおけるEUの集合的行動能力は制約されており，バーゼルⅢの交渉過程においても，EU加盟国間の立場の違いが浮き彫りになった。具体的には，「北の市場創出連合」を代表する英国は，自己資本の厳格な定義の採用と比率の引き上げ，早期実施を主張し，米国，カナダやスイスに加勢した。その一方で，「南の市場調整連合」を代表するフランスは，ドイツと組み，自己資本のより緩やかな定義と低い比率の採用，実施時期の延期を訴えた。一般的に，大陸欧州の銀行は，米英の銀行と比べて収益力が低いため[10]，自己資本増強能力が低い。また，これらの国は，銀行による間接金融を中心とした経済であるため[11]，自己資本規制を強化した場合の金融の収縮に対する懸念が当然強くなる。こうした懸念は，第3節で述べるように，バーゼルⅢの本格的な交渉が始まった2010年に，ギリシャの債務危機が生じたことで益々強まった。

それでも，EU諸国は，銀行の自己資本の質と量の強化を推進するという点では一致していた（European Council, 2010; High-level Group, op. cit.）。EU諸国は自らの経験に基づいてアジェンダ・セッティングを行い，米国とともに改革を主導した。そして，「国際金融システムの強化」というグローバルな公共財の提供を根拠に自らの主張を正当化し，日本など改革に慎重な国に対して圧力をかけた（日本経済新聞，2010）。その結果として，2010年11月のソウルG20サミットで合意されたのが，バーゼルⅢであった。このように，EUは市場の引力，集合的行動能力，そして「国際金融システムの強化」という普遍的な利益を掲げ，米国と協調することで他のG20諸国に規制強化の圧力をかけ，域内外の銀行のあいだの公平な競争条件を維持することに成功したのである。

(3) ヘッジ・ファンド・マネージャー規制

G20首脳会議において，EUが提案したヘッジ・ファンドへの規制強化が合意されたことは，二つの点で興味深い。一つは，銀行の自己資本規制などとは異なり，ヘッジ・ファンドは金融危機を招いた主要な原因としてはとらえられ

ていないにもかかわらず（High-level Group, 2009: p. 24），EUによる規制強化の要請が受け入れられた点である。現時点ではヘッジ・ファンドが重大なシステミック・リスクを抱えているとは言えないというのが米英の監督当局の立場であり，この点はサブプライム危機後も変わっていない（Department of the Treasury, 2009: pp. 37-38; FSA, 2009: pp. 72-73）。つまり，ヘッジ・ファンド規制の導入は，その必要性や効果が現時点では不確実であるが，将来的な危機の予防のために決定されたと言え，従来の規制緩和路線からの大きな変化を表しているのである。

　2点目は，ヘッジ・ファンド規制が，従来米英の強い反対により，G7で合意が得られなかった案件であったという点である。米英は，銀行のヘッジ・ファンドに対するエクスポージャーを監視する間接的な規制，つまり市場規律で十分との立場であった。これに対し，EU内で規制の強化を強く求めたのは，仏独であった。両者のあいだの意見の相違を生んでいた最大の原因は，ヘッジ・ファンドの約8割が米英で運用され，仏独はその利益を得られないが，金融の国際化によってリスクは共有せざるをえないという状況にあった。G20におけるヘッジ・ファンド規制に関する合意は，仏独の試みが大筋で成功したことを意味している。

　その鍵となったのは，米国の方針転換であった。ガイトナー（Timothy Geithner）米財務長官は，2009年1月には，ヘッジ・ファンドへの規制を強化すると明言していた（Lawder and Ahmann, 2009）。これが英国，ひいてはEUの方針転換に影響を与えたものと考えられる[12]。米国の方針転換を導いたのは，従来規制・監督対象とされてこなかった投資銀行と保険会社の経営危機が深刻な金融危機を招き，銀行を中心とした金融監督の常識を覆したことであった。これに，大統領選・議会選における民主党の勝利が重なったことが，米国の方針転換を生み出した。

　但し，独仏の影響力も見過ごすことはできない。1998年の米LTCMの経営危機以降，独仏は途上国とともにヘッジ・ファンドに対する規制強化を訴えてきた。それがFSFによるヘッジ・ファンドに関する研究や，業界の自主規制

を促したという経緯があった（Fioretos, 2010）。このように，間接規制や業界の自主規制などの方法がすでに採られていたことは，米国に対し，直接規制の導入以外の選択肢を封じる効果があったと考えられる。さらに，EUがオバマ（Barack Obama）政権の発足までに「あらゆる市場参加者が，その状況に応じて適切な規制・監督の対象となるべき」という原則の採用を主導したことも，米国への圧力となっただろう。

(4) IMFの融資能力の増強

EUがG20において推進したもう一つの政策は，IMFの融資能力の増強であった。EUは世界経済の開放性を維持・促進するため，IMFを中心とした危機管理体制の強化や国際標準の普及をかねてから推進してきた（Drezner, 2007: ch.5; ECOFIN, 1998）。EU諸国はIMFにおけるクォータの3割以上を保有し，24名からなるIMF理事会に常時8名の理事を選出している上，IMF専務理事を送り出すことで，IMF内で強力な権限を有している。だが，融資能力の増強には，新興国の協力が必要であった。新興国が求めたのは，EUがIMF内で持つ権限の縮小であった（白井，2009：p.33；Woods, 2010: p.56）。EU内では，英独仏など，IMF理事の確保が確実な国は改革に比較的前向きであったが，それが困難と見込まれた北欧諸国やベネルクス諸国は改革に消極的であった。そのため，EUはIMFのガヴァナンス改革を共通の目標として掲げつつも，実際の交渉においては守勢に立たされた。結果として，改革の主導権を握ったのは米中であり，EU諸国はクォータの約3％とIMF理事会における議席二つを新興・途上国に譲り，8年ごとの理事会編成の見直しに同意することになった。それでも，リーマン・ショック後，IMFの資本増強によって最も恩恵を受けているのはEU諸国であり，「象徴的」（Beattie, 2009）なものに過ぎないとも言われる改革内容を交渉カードに新興国に増資を求めることができること事態，EUが持つ規制力の強さを表している。

(5) 国際収支支援を通じた影響力の行使

リーマン・ショックは，EU が地域レベルで持つ規制力も浮き彫りにした。リーマン・ショック後，EU の近隣諸国は世界的な貿易の収縮による経常収支の悪化に苦しんでいた。EU は，近隣諸国が国際収支危機に陥り，IMF からの融資を受ける場合，マクロ金融支援（MFA: Macro-Financial Assistance）と呼ばれる制度を通じて独自に追加融資を行うことができる。2010年までのあいだに，同制度を通じて，アルメニア，ボスニア・ヘルツェゴヴィナ，セルビア，ウクライナに総額約 9 億ユーロが融資されることが決定された。EU の融資額は IMF などの融資総額の 7 ％以下に過ぎない。それでも，EU は融資先の政府に対し，IMF の融資条件に加え，EU が独自に提示した融資条件の履行を求めている。EU の融資条件は，IMF の融資条件と基本的には同様であり，融資返済に必要な財政改革や金融システムの健全性を強化するための対策が中心である。その結果，EU は IMF のコンディショナリティを是認し，それを推進する存在となっている。EU と IMF の融資条件を比較した場合，融資額が増えるほど，EU のほうが金利と返済期間について，債務国に有利な条件となっている[13]。そのため，調達額が多く，将来の返済に余裕を持ちたい国ほど，EU が要請する規制改革を実施することの合理性が高まると言える。このように，リーマン・ショックは，EU が国際収支支援を通じて，近隣諸国の金融市場の開放性の維持と健全性の向上を促すと同時に，これらの国々の財政・経済政策に強い影響を与える能力を持っていることを明らかにした。

(6) まとめ

以上のように，EU はリーマン・ショック後，その集合的行動能力，アジェンダ・セッティング能力，そして金融市場の引力を活用し，G20首脳会議の創設とワシントン行動計画の策定・実施において中心的な役割を果たした。EU の規制力は，米国のような超大国に，その意に反して政策変更を迫るような強力なものではない。EU が G20を通して果たしたのは，EU が関心のある改革

案件を拡大サミットの下に集約し，それに政治的正統性を与えることで，グローバルなレベルでの改革の進行を促進すると同時に，EU 域内外の競争条件の格差が拡大するのを抑制することであった。このような EU の規制力は，ユーロ圏の債務危機によってどのような影響を受けるのだろうか。

3 ユーロ圏の債務危機と EU の規制力

(1) 債務危機と金融危機の連鎖

リーマン・ショック後の混乱が落ち着き，出口戦略に関する議論が口にされるようになっていた2009年秋，EU はユーロの信任を失墜させる予想外の事態に直面することになった。ギリシャの新政権が，前政権による財政赤字に関する数値の粉飾を理由とした，財政赤字の大幅な修正を発表したのである。これにより，2011年現在まで続くユーロ圏の債務危機の引き金が引かれることになった。ユーロ圏の債務危機の根底には，EU がリーマン・ショック後抱えることになった二つの問題——財政赤字の急増と金融システムの脆弱性——がある。

EU は，リーマン・ショックによる金融・経済危機の拡大を防ぐために，金融システムの安定化と景気刺激を最優先し，財政規律を一時的に緩和することを認めた。これにより，各国は危機を乗り切ったものの，財政赤字を大幅に拡大することになってしまった。その一方で，域内の金融システムの脆弱性に対する懸念は完全に払拭されなかった。EU 内の銀行のサブプライム関連の損失は米国に次いで大きかったが，不良債権の処理や資本の増強が余り進んでいなかった[14]。加えて，EU 諸国の銀行は，域内で国境を越えた投融資を活発に行っているため，一国の金融システムが不安定化すると，その影響が他国に伝播しやすい。たとえば，PIIGS 諸国（ポルトガル，アイルランド，イタリア，ギリシャ，スペイン）には仏独英の銀行が GDP 比の20％を超える多額の投融資を行っているほか，PIIGS 諸国の銀行も互いに多額の投融資を行っている（白井，2010：pp.36-42）。にもかかわらず，2009年に EU が行った銀行のス

トレス・テストは，対象が大手22行に限られた上，各行の審査結果が発表されないままにその健全性が宣言されるというように，市場の信頼を回復するには十分な内容ではなかった。反対に，アイルランドは政府による金融機関6行の預金や劣後債の全額保証という大胆な措置を打ち出したものの，財政的な持続可能性が疑問視されていた。そのため，EUの金融システムに対する市場の信頼は磐石とは言えない状況が続いていた。

現在のユーロ圏の危機は，こうした政府財政の持続可能性と金融システムの不安定性に対する懸念の連鎖によって生じている。つまり，ギリシャなどEU内の中小国の債務不履行に対する不安が，EU主要国の金融システムの不安定化に対する懸念を煽り，それがさらにはEU主要国の信用問題にも波及することで，事態の収拾がつかない悪循環に陥っている。

(2) 経済ガヴァナンスを通したドイツ・モデルの適用強化

債務危機の金融危機への波及を食い止めるため，EUは三つの対策を実施することを決定している。第一に，2012年6月までに銀行の狭義の中核的自己資本（コア・ティア1）の比率を9％にまで引き上げることを決定している。第二に，ユーロ導入国向けの国際収支支援策の拡充を決定している。すなわち，既存の欧州金融安定ファシリティー（EFSF: European Financial Stability Facility）に加えて，2012年7月までに欧州安定メカニズム（ESM: European Stability Mechanism）を創設する方針である。第三は，経済ガヴァナンス（Economic governance）の強化，すなわち財政規律の強化とマクロ経済の不均衡の是正である。今後，ユーロ圏の国々に対しては，財政赤字だけでなく，公的債務残高の削減にも努めるよう，また，制裁が迅速かつ確実に発動されるよう，財政規律を強化することが決定されている。加えて，マクロ経済の過剰な不均衡を予防・是正する措置が新たに導入される。ユーロ圏で債務危機が拡大したのは，高インフレによって産業の国際競争力が低下していた国々が，本来であれば競争力を回復するためにコスト削減に努め，経常収支赤字の縮小に努めるべきところが，ユーロに対する市場の信任によって対外債務のコストが

低下せず，住宅バブルと対外債務の拡大につながったためであった。このような事態の再発を防ぐため，今後は加盟国の経常収支，対外債務，価格競争力などが監視され，過剰な不均衡が生じていると判断された場合には，その是正が求められることになる。さらに，是正勧告に繰り返し従わなかった場合には，罰金が科されることが合意されている。

経済ガヴァナンスの強化は，端的に言えば，ドイツの経済・財政政策モデルの適用を強化することを意味する。そもそも，経済通貨同盟（EMU: Economic and Monetary Union）における財政・金融政策の基本原則や制度構造は戦後の旧西ドイツのモデルを下敷きとしている。旧西ドイツは，戦間期のハイパー・インフレを教訓として，中央銀行の政府からの独立，財政均衡，賃金の抑制を通してインフレの抑制と通貨の安定を維持することを財政金融政策の基本方針としていた。これに対し，南欧諸国は，景気浮揚のための歳出拡大に寛容で，自国産業の（多くの場合，ドイツに対する）国際競争力を賃金の抑制ではなく，通貨の切り下げによって回復するのが常であった。従って，ギリシャやポルトガルは，今後ドイツ・モデルをより徹底して受容していくことを迫られることになる。

EUにとっては，これら三つの施策すべてを着実に実施し，債務危機のイタリアへの波及を回避することが重要となる[15]。ユーロ圏外の国々からの支援が期待できない中で債務危機を鎮静化するには，ユーロ共同債の発行やECBによる国債購入など，より大胆な施策が求められる。しかし，ドイツやECBは財政規律の強化を優先していることから，事態のさらなる深刻化がない限り，これらの対策が講じられる可能性は低い。従って，現時点では財政規律の強化が現実的な打開策となるが，これが順調に進むかどうかについては懸念が残る。経済ガヴァナンスの強化により，加盟国の経済・財政政策に関する主権は制限されることになるが，その影響はギリシャやポルトガルなど，過剰な債務を抱え，ドイツ・モデルとは異質の体質を保ってきた加盟国に偏ることになる。たとえば，ギリシャについては，財政再建期間が少なくとも2040年までは続くことになるが[16]，長期の財政再建やドイツ・モデルの強制に対する国民の反発

が強まり,財政再建がスムーズに進まないことも考えられる。一方,ドイツなどでは,ギリシャなどへの融資に対する国民の抵抗が根強く,それが支援策の拡充や,ユーロ共同債などより抜本的な対策の導入を難しくしている。EU が金融システムの安定性を回復するには,こうした政治的な紛糾の拡大を抑制しながら,長期にわたって財政規律を徹底していく必要がある。このように,債務危機と金融危機の不安が並存する状況が継続することは,国際金融ガヴァナンスにおける EU の規制力にどのような影響を与えるのだろうか。

(3) EU の規制力への影響

ユーロ圏の債務問題は,まず,EU の規制力の源泉である市場の引力の低下につながるだろう。今後,EU 域内の民間部門には金融収縮の,政府には緊縮財政の圧力が長期間かかり続けることになる。そのため,EU が世界のマネーを集め,域外に投融資する能力が減退すると予想される。また,債務危機がイタリアにまで波及するなどして危機がさらに深刻化し,域外諸国が支援に乗り出さざるを得ないような状況になった場合には,G20 や IMF,BCBS などにおける EU 諸国の地位が低下し,特に IMF においては,欧州諸国の過剰代表性が再び問題となるだろう。さらに,地域レベルにおいては,ユーロ圏に対する信用不安が,EU の MFA の魅力を減退させる恐れがある。今後,EU の市場調達金利と IMF のレート・オブ・チャージの差が 2 % 以上開くことになると,MFA の魅力が大きく削減されてしまう(注(12)参照)。

その一方で,近隣諸国にとっての EU 加盟の魅力はそれほど減退せず,今後もアキ・コミュノテール(以下,アキ)の輸出が進んでいくと考えられる。たとえば EU は,2010年から2011年にかけて,西バルカン諸国とトルコを対象に,信用秩序維持政策強化のための支援事業を実施し,アキの採用を促進しようとしている(ECB, 2010)。また,2014年から2020年にかけて,加盟候補国など計 8 カ国を対象とした加盟前支援措置(IPA: Investment for Pre-accession Assistance)に141億ユーロを投じる予定である。2011年に加盟交渉を終えたクロアチアは,国民投票を実施後,2013年にも EU 加盟を果たす予定であり,

モンテネグロとの加盟交渉も，早ければ2012年に開始される可能性がある。こうした展開は，近隣諸国にとってはEU加盟の誘因が多様であることに加え，EMUの魅力もなお根強いことを示唆している。発展途上国にとっては，通貨の安定を維持することによる外資の誘致や低金利での資金調達は大きな魅力であり，EMUはそれらの実現を後押しする。厳しい財政再建を強いられているギリシャにおいてもユーロに対する支持が高く，ユーロ圏外のEU加盟国もEMU強化のための条約改正への参加を検討しているのはこのためである。

　こうしたことから，財政・経済政策に関するドイツ・モデルは，将来EUの拡大を通して，西バルカン諸国にまで適用されていくことが見込まれる。これらの国々は，2004年以降EUに加盟した中東欧諸国と同様，加盟交渉を始める段階で，EMUに関する目標の共有と経済ガヴァナンスに関するアキの国内法化を求められることになるだろう。そして，EU加盟後は，ユーロを導入する以前であっても，制裁金を科せられることがない以外は，経済ガヴァナンスの枠組みに従うことになる。たとえばハンガリーはユーロを導入していないが，2011年1月にEMUの規定に反して中央銀行の独立性を損なうような憲法改正を断行した。その結果，EUからの国際収支支援を拒否され，EU司法裁判所への提訴を警告されている。また，財政赤字の削減に向けた効果的な措置が採られていないと判断され，2013年以降結束基金の配分を停止される見込みである。このように，EUは英国を除くユーロ圏外の加盟国に対して，結束基金などEU予算の配分停止や条件付けを強化することで，財政規律の順守を促していく構えである（Task Force to the European Council, 2010: p. 5）。この影響を最も強く受けるのは，経済水準が低く，EUからの受取額が多い加盟国である。つまり，西バルカン諸国は，EU加盟後，中東欧諸国に次いで規制強化の影響を強く受け，欧州委員会の指導の下で財政再建や構造改革を進めていくことになると予想される。このように，EUの地域レベルでの規制力は，グローバルなレベルでの規制力よりも減退しづらく，EUは欧州版IMFの様相を強めていくことになるだろう。

おわりに

　米国を震源地としたサブプライム危機は，EU の金融機関にとりわけ大きな打撃を与えた。金融危機の後には，当然その再発を防ぐための対策が求められるが，規制を強化しすぎて，自国の金融機関の国際競争力が削がれることは好ましくない。EU がこれらの問題に対処するために構想したのが，G20 首脳会議の創設と，国際金融システム強化のための行動計画であった。EU は，自らが持つ集合的行動能力，アジェンダ・セッティング能力，市場の引力を活用してこの構想を実現させ，銀行規制の改革やヘッジ・ファンド・マネージャー規制の導入，IMF を中心とした国際金融機関の強化を促した。このように，EU は国際金融ガヴァナンスのあり方に影響を与えるための規制力の源泉を豊富に有している。

　EU にとって皮肉なことは，EU の規制力を高めてきた通貨・市場統合が，域内のガヴァナンスの不備に足を引きずられることで，債務危機を引き起こしたということである。債務危機と金融危機の不安が並存する状況は，EU の規制力に深刻な影響を与える恐れがある。今のところ，EU が地域レベルで持つ規制力にはそれ程深刻な影響が表れていないが，グローバルなレベルにおける規制力は，市場の引力の低下とともに縮小しつつある。そうした中，EU は，金融市場の開放性を維持し，金融システムを安定させるため，経済・財政政策における加盟国の主権を制限しながら域内のガヴァナンスを強化するという，困難な道を歩もうとしている。その過程では，加盟国間の権力関係や軋轢が顕在化している。EU が規制力を回復していけるかどうかは，EMU の強化に伴う軋轢を克服し，中核国と周辺国が共栄できるような仕組みと状況を作り出していけるかどうかにかかっている。

参考文献
　大山剛（2011）『バーゼルIIIの衝撃――日本金融生き残りの道』東洋経済新報社。

白井さゆり（2009）「世界金融危機と G20金融サミットをめぐる経済外交」『SFC ディスカッションペーパー』（SFC-DP 2009-002）．

―― (2010)『欧州激震』日本経済新聞出版社．

「動き出す新自己資本規制（上）転機はギリシャ危機――独仏など，柔軟路線に」『日本経済新聞』2010年9月15日．

ポールソン，ヘンリー（2010）『ポールソン回顧録』日本経済新聞出版社．

Beattie, Alan (2009), "Q & A: IMF members fight over representation," *Financial Times*, September 25, 2009 (http://www.ft.com).

Department of the Treasury (2009), *Financial Regulatory Reform A New Foundation: Rebuilding Financial Supervision and Regulation*.

Drezner, Daniel W. (2007), *All Politics is Global: Explaining International Regulatory Regimes*, Princeton University Press.

ECB (European Central Bank) (2010), *Strengthening Macro and Micro-Prudential Supervision in EU Candidates and Potential Candidates*.

ECOFIN (Economic and Financial Affairs Council) (1998), *Report by the Council (ECOFIN) to the European Council in Vienna on Strengthening the International Financial System*, December 12.

High-level Group on Financial Supervision in the EU (2009), *Report*, February 25.

Task Force to the European Council (2010), *Strengthening Economic Governance in the EU: Report of the Task Force to the European Council*.

Gilpin, Robert (2001), *Global Political Economy: Understanding the International Economic Order*, Princeton University Press.

European Council (2007), *Presidency Conclusions*, December 14.

――(2008), *Presidency Conclusions*, October 15-16.

――(2010), *Presidency Conclusions*, June 17.

European Report (2008), "EU Summit: Brown Calls for Phase Two of Financial System Reform," October 16.

Fioretos, Orfeo (2010), "Capitalist diversity and the international regulation of hedge funds," *Review of International Political Economy*, vol. 17, no. 4: pp. 696-723.

FSA (Financial Services Authority) (2009), *The Turner Review: A regulatory response to the global banking crisis*.

Kapstein, Ethan B. (1994), *Governing the Global Economy: International Finance and the State*, Harvard University Press.

Lawder, David and Tim Ahmann (2009), "Geithner: strengthen derivatives, hedge fund rules," *Reuters*, January 23, 2011: http://www.reuters.com/assets/print?aid =

USTRE50M4W420090123(2011年5月31日アクセス).

Posner, Elliot (2009), "Making Rules for Global Finance: Transatlantic Regulatory Cooperation at the Turn of the Millennium," *International Organization*, vol. 63, Fall: pp. 665-699.

Quaglia, Lucia (2010), *Governing Financial Services in the European Union: Banking, Securities and Post-trading*, Routledge.

Singer, David Andrew (2004), "Capital Rules: The Domestic Politics of International Regulatory Harmonization," *International Organization*, vol. 58, no. 3: pp. 531-565.

Tarullo, Daniel K. (2008), *Banking on Basel: The Future of International Financial Regulation*, Peterson Institute for International Economics.

Woods, Ngaire (2010), "Global Governance after the Financial Crisis: A New Multilateralism or the Last Gasp of the Great Powers?," *Global Policy*, vol. 1, no. 1: pp. 51-63.

注

(1) http://www.world-exchanges.org/files/statistics/excel/EQUITY110.xls より算出。

(2) BIS (Bank for International Settlements) (2011), Detailed tables on preliminary locational and consolidated banking statistics at end-March 2011: Table 9B から算出。

(3) ラムファルーシー・プロセス (Lamfalussy process) については、Committee of Wise Men (2001), *Final Report of the Committee of Wise Men on the Regulation of European Securities Markets* を参照。リーマン・ショック後のEUレベルの監督体制の強化については、High-level Group on Financial Supervision in the EU (2009) を参照。

(4) FSFの後継である金融安定理事会 (FSB: Financial Stability Board) では、EU加盟6カ国に加え、ECBと欧州委員会が正式なメンバーとなっている。

(5) EU内のアクターはサミット開催に様々な目的を見出していたが、一般的に、金融システム安定のための規制強化は、「信頼回復」と「競争力の維持」という二つの動機によって推進される (Singer, 2004)。

(6) 英仏は2008年1月には既にG8の拡大を提案していた (Sarkozy, Nicolas [2008], «Vœux au corps diplomatique, Allocution M. de Président de la République Française», 18 janvier, http://www.elysee.fr/president/les-actualites/discours/2008/voeux-au-corps-diplomatique.6883.html [2011年12月9日アクセス];藤井彰夫[2011]『G20:先進国・新興国のパワーゲーム』日本経済新聞出版社、30-33

(7) たとえば，サルコジ大統領が拡大サミットの開催を訴えた国連総会の舞台裏では，ブラウン（Gordon Brown）英首相（当時）が南米やアフリカ，欧州諸国の首脳，そして米国に協力を働きかけていた（Brown, 2010: pp. 44-46）。

(8) サブプライム危機が発生した2007年以降の金融機関の損失額は，米州で1.2兆ドル，欧州で0.6兆ドル，アジアでは406億ドルと，米欧に集中していた（IIF [Institute of International Finance] [2010], *Interim Report on the Cumulative Impact on the Global Economy of Proposed Changes in the Banking Regulatory Framework*: p. 108）。

(9) G20の合意に従い，BCBSは2009年に27カ国に拡大された。内9カ国はEU加盟国である。

(10) 2001年から2006年にかけて，米国の銀行の自己資本利益率（ROE: Return on Equity）は平均13.8％，独仏を含むユーロ圏は8.1％，日本は0.3％であった（IIF, 2010: pp. 76, 104, 128）。

(11) 2009年の民間向けの銀行与信のGDP比は，米国で43％，ユーロ圏で133％，日本では105％であった（ibid.）。

(12) それまでECBや欧州委員会は米英と同様の立場をとっており，英国はリーマン・ショック後も従来の規制方針を堅持する模様であった（Sants, Hector [2008], "The regulator's view of hedge funds and hedge fund standards," October 22: http://www.fsa.gov.uk/pages/Library/Communication/Speeches/2008/1022_hs.shtml［2011年8月29日アクセス］）。

(13) IMFのスタンドバイ取極（Stand-By Arrangement）では，加盟国がクォータの300％以上借りる場合，金利が上乗せされる。たとえば，2011年5月から7月にかけてのIMFのレート・オブ・チャージは平均1.55％であり，それにサーチャージが2％，サービス料0.5％などが加算され，合計4％超の金利がかけられる。一方，EUの貸出金利は市場調達金利（たとえば，2011年5月にEUがポルトガルへの融資のため市場で資金調達した際の金利は2.75％）と同等である。また，IMFの返済期限は3年3カ月から5年以内で，期限前の返済が期待されているが，EUの場合は5年間（ラトヴィアへのMFAの例）と，返済期間に余裕がある。

(14) 2009年末のユーロ圏の銀行の中核的自己資本は8％と，米国の10.5％を下回っていた（IIF, 2010: pp. 50, 79）。

(15) 2011年8月時点で，IMFの今後1年間の貸付余力（Forward commitment capacity）に一般借入取極（General Arrangements to Borrow）と新規借入取極（New Arrangements to Borrow）の未発動分を足した額は4020億SDR（6480億

ドル)である。また,EFSFの貸付余力とESMの融資能力を合わせると,約7500ユーロとなる。イタリア政府の公的債務残高は1.8兆ユーロに上るため,同国が債務危機に陥れば,IMFとEUの貸付余力を超えてしまう可能性が高い。一方,スペインの公的債務残高は6400億ユーロであるため,対応が可能な範囲と見込まれる。だが,スペインへの融資はEUの貸付余力を激減させることで,市場の不安をさらに煽り,危機の他国への波及を促す恐れがある。

(16) ギリシャは2020年までに公的債務残高のGDP比を2010年の143%から127%に削減することを計画している(Directortate-General for Economic and Financial Affairs [2011], "The Economic Adjustment Programme for Greece: Fourth Review-Spring 2011," *European Economy Occasional Papers* 82 [July 2011]: p.29)。その後は,安定成長協定の下で,公的債務残高を毎年一定割合(GDPの60%を超える分について,毎年5%ずつ)削減することが求められる。つまり,2020年以降,少なくとも20年間債務削減に努める必要がある。

第9章

航空政策における EU の規制力

河越 真帆

はじめに

　自国の国内航空輸送に規制緩和を盛り込み，世界に先駆けて航空自由化に取り組んだのはアメリカであった。そんなアメリカの航空政策に対応するため，欧州連合（European Union: EU）は域内航空市場に自由化を導入し，共通航空政策を決定・推進していった貴重な経験を有している。そもそも航空政策とは，対外政策との関連が重視される性格を持つ政策領域である。それは，多国間協定による国際的な航空体制の下で，常に国際的な航空市場が国内市場においても念頭に置かれるからである。EU の航空政策の事例を見ても，域内市場の自由化を推進するとともに，対外的に強固な基盤づくりを進めている。そのため，域内から域外へと進出した EU の規制力のメカニズムを語るには適した事例であるといえよう。

　EU における航空政策の歴史の中でも，EU による域内市場統合と，アメリカとのあいだのオープンスカイ協定締結は特筆すべき出来事である。アメリカの航空自由化に遅れること数年で域内の航空市場統合を達成し，EU にとって最大のターゲットであったアメリカとのあいだにオープンスカイ協定を締結するに至ったからである。

　本章では EU の規制力を念頭に置きながら，EU がアメリカとのあいだでオープンスカイ協定という新たな協定を結ぶに至る交渉過程を通じて，グローバ

ルなアクターとして台頭しつつあるEUの規制力の特質を解明することが目的である。結論を先取りすれば、航空政策におけるEUの規制力は共同体域内でまず醸成され、その後域外へと進出する経緯をたどっている。

本章での構成は以下のとおりである。第1節では、EUの規制力の視点から域内市場統合を概観した後、その結果積み残された課題を指摘する。第2節では、EUの対外的な立場を明らかにしたうえで、アメリカとのオープンスカイ協定の交渉過程を通じて導き出されるEUの規制力の分析を進める。最後に、域内で醸成された規制力の域外への行使に関して総括を行い、結語としたい。

1 EU航空市場統合による規制力の内部強化

前史を振り返れば、EUにおける航空自由化は市場統合と同時に並行して進められた。EUの前身である欧州共同体（European Community: EC）の「一つの市場」には航空も含まれており、その共同体域内市場の自由化が不可欠であったからである。特に、アメリカの国内航空規制緩和政策が成立した1978年ごろのEC域内の特筆すべき状況は、以下のように集約できる。第1は、国際航空に関する決定権限は主権国家であるEC各加盟国の掌中にあったことである。第2は、航空産業そのものが国家庇護の対象となる幼稚産業であり、ナショナル・フラッグ・キャリアーの擁護は国家の専行事項であったため、自由化の導入そのものに対して加盟国が抵抗したことである。すなわち、ヨーロッパの航空市場は国家が介入する領域であって、競争が導入された自由な市場というわけではなかったため、市場の構造改革が不可避であったのである。

この状況が一変して、EUの航空市場が統合されたのは何故か。それは、EU域内での統治構造の変化が生じ、各国別の航空政策ではなく、域内の共通航空政策が推進されることになったからである。航空自由化導入に至っては、「マルチ慣れ」（第1章参照）の手法が功を奏した。EUには、自由化への見解が異なる加盟国間の衝突を克服し、新制度を形成するための多国間交渉を行った経験がある。EUの諸機関と、主張の異なる加盟国が参加する交渉が継続的

に行われ、対立する利害の調整が行われつつ最終合意が形成され、パッケージ（指令や規則の集合体）がまとめられていった。これが域内においてのマルチ慣れの経験である。

EUでの航空市場自由化の交渉事項を集約すると、①輸送力、②運賃、③市場参入の三点である。このうち、加盟国間で最も抵抗を呼んだ自由な市場参入に関しては先送りし、比較的合意が形成しやすい輸送力・運賃に関する事項から取り上げ、タイムリミットを設けたうえで三段階にわたって自由化を取り入れる交渉が行われた。（河越、2010年）

まず輸送力に関していえば、第一段階（パッケージⅠ）で路線単位の輸送力制限が撤廃され、国単位での輸送力の均等比率が緩和された。第二段階（パッケージⅡ）を経て、最終段階（パッケージⅢ）で制限枠が完全に撤廃されることになった。

次に運賃設定に関しては段階的に運賃規制が緩和され、硬直的な運賃体系が変わった。公共サービス義務が指定されている路線を除き、域内の航空会社は自由に運賃を設定できるようになった。航空運賃の決定方式の変更に関しては、加盟国間の交渉だけではなく、欧州委員会の権限強化と、航空にも競争原理を導入することを明らかにした欧州司法裁判所による判決（ヌーベル・フロンティエール判決[1]）が合意形成に大きく貢献した。

一番難航したのは、自由な市場参入の問題であった。加盟国の中でも2カ国（英国とスペイン）がそれぞれ領有権を主張するジブラルタル空港の処遇や、域内の空港間の経済的格差を理由に、一律的な自由化の導入への抵抗が根強い国々に対する配慮が合意形成のためには必要であり、そのために加盟国間で交渉が継続的に行われた。その結果、加盟国は国単位で複数航空会社指定を認め、その基準となる需要量規制の緩和を徐々に行い、最終段階では市場参入での完全自由化を達成することになるのである。

最終段階であるパッケージⅢの発効は1993年1月であった。域内の航空輸送の完全自由化が1997年より達成されることになり、輸送力、運賃、航空市場参入に関して自由化が実現した。EU域内であれば、路線に国際線と国内線の区

別はなくなり，輸送力と参入企業数に関する制限が撤廃され，航空運賃を柔軟に設定できるようになったのである。また，それぞれの加盟国によって認可されていた航空事業者のライセンスが，EU によって航空事業者の共通ライセンスとして認可されることになった。これは，ライセンスの認可権限を含む一連の決定権限が，加盟国レベルから EU へと移譲されたことに等しい。

総括すれば，市場統合達成後は EU 域内において国際航空・国内航空の区別がなくなり，共通のルールが広がったといえる。各加盟国によって分断されていた航空市場が，EU 域内で共通市場となった。そして，一つとなった市場では，加盟国が有していた航空政策の規制権限が EU 諸機関に移譲したことになる。ここで，様々な航空サービスの自由化を達成する目的で，ある国の国内輸送を他国の航空会社が行うこと（カボタージュ）[2]の促進が可能となった。EU による自由な航空会社の設立の件と，国際航空・国内航空の区別をなくすカボタージュの件は，のちのアメリカとの航空協定交渉において EU 側の要求する事項として浮上することになる。

対外的な関係に視点を向ければ，EU 域外の国々との航空協定に関する課題が散見された。共通の航空市場が完成したが，二国間主義による国際協定をどうするかが問題となったのである。対外的な国際航空協定の舵取りは，果たして加盟国という国家単位か，それとも EU が行うのかという権限のありかが問われ，特にアメリカがオープンスカイ政策[3]を展開しつつあった90年代において，この問題は顕在化していった。

2　規制力の対外進出——アメリカとのオープンスカイ協定

歴史的に見れば，第二次世界大戦以降の国際航空は二国間協定を軸として進展していった。この体制は「シカゴ・バーミューダ体制」と呼ばれ，国際航空輸送の雛形となっている。しかしながら，二国間が基本となる航空協定は制限が多く，原則として発着枠などで変更が生じるたびに当事国である二国間での交渉を必要としていた。この状況を一変させるアメリカによるオープンスカイ

表9-1　欧州諸国の米国とのオープンスカイ2国間協定締結の状況

第5次拡大以前のEU加盟国（15カ国中11カ国締結）	
1992年	オランダ
1995年	スウェーデン，ルクセンブルク，フィンランド，デンマーク，ベルギー，オーストリア
1996年	ドイツ
1998年	イタリア
1999年	ポルトガル
2001年	フランス
新加盟国（10カ国中4カ国）	
1995年	チェコ
2000年	スロバキア，マルタ，
2001年	ポーランド
非EU加盟国（6カ国）	
1995年	スイス，ノルウェー，アイスランド
1998年	ルーマニア，ウズベキスタン
2000年	トルコ

出典：遠藤伸明「EUにおける航空自由化と対外航空交渉の統合」『ていくおふ』2004年秋号，15頁の図表2。

協定とは，グローバルな変化に迅速に対応するための方策であり，相手国との双方の市場を開放させるための協定である。

数多くあるオープンスカイ協定の中でも，EUとアメリカのあいだに結ばれたものは「最も野心的な協定」[4]であると評価された。この協定はEUとアメリカのあいだの長年の交渉の賜物であり，EUの規制力が存分に発揮された末に可能となったものである。

ただし，EUがアメリカの交渉相手となる以前に，EU加盟国の数カ国は，アメリカとのあいだに個別に二国間協定を締結してしまっていた。アメリカは，手始めにオランダとのオープンスカイ協定を1992年に締結した。続いて1995年には，中欧オーストリア，スイス（EU非加盟国），ベルギー，ルクセンブルク，アイスランド（非加盟国），デンマーク，ノルウェー（非加盟国），スウェーデン，フィンランドの9カ国とオープンスカイ協定をそれぞれ締結した。翌年1996年には，ドイツとのあいだでも同協定を結んだ。

アメリカとの協定締結国が拡大することに懸念を抱いた英国とフランスは，EU加盟国にアメリカとの交渉を控えるよう呼びかけたが，これに従わない国が続出する事態となった（のちにフランスもこの協定を結ぶこととなる。当時の状況は表9-1を参照されたい）。

事態を一変させたのは，2002年11月に欧州司法裁判所で出された「オープンスカイ判決」[5]であった。この判決によって，EU加盟の8カ国とアメリカとのあいだの二国間協定がEU法に違反していると認定された。外国との航空交渉に関しては，オープンスカイ判決後の2003年6月の閣僚理事会において新ルールが決定され，その結果従来の二国間交渉ではなく，欧州委員会がEU加盟国を代表して域外の国々と交渉することとなった。この時期，EUによる国際航空政策の指針が相次いで発表され，EUは近隣諸国との共通航空領域（Common Aviation Area: CAA）の創設をも果たし，グローバルなパートナーとのあいだの関係樹立へと前進した。なお，CAAとは2005年に締結された9カ国の近隣諸国[6]との協定に基づいたものである。

　アメリカとのオープンスカイ協定の第一段階のための交渉は11回行われ，双方の合意成立までには約4年の月日を費やした。その後，オープンスカイ協定の第二段階の交渉が再開され，2010年3月にEUとアメリカは合意に至った。以下，EU-アメリカ間の交渉の焦点となった事柄を明らかにしたうえで，オープンスカイ協定交渉過程に見られるEUの規制力を，「市場の引力」（第1章参照），EUの「マルチ慣れ」による対外的規制力，「アジェンダ・セッティング能力」（第1章参照）の三点から分析する。

(1)　EU-アメリカ間の交渉の焦点

　アメリカの航空会社は以前よりEU域内の国際線においては自由に路線を開設する権利を有していた。だが，同等の権利はEU側にはなく，EUはオープンスカイ協定締結にあたって，EUの航空会社にもアメリカ国内へ同等の権利が認められるべきであると主張していくことになる。

　EUとアメリカの交渉の当初から，両者の見解の相違は明らかとなった。2004年2月にワシントンで開かれた会合では，①両サイドの航空会社の外資比率の違い（アメリカは25％上限，EUは49.9％上限），②アメリカは本来認めないがEU域内では実施されているカボタージュの問題，③欧米間のゲートウェイとして象徴的に槍玉にあがったロンドン・ヒースロー空港の発着枠問題が

議題になった。ヒースロー空港は、バーミューダⅡ協定以来、二国間で限定的な発着枠（英米各2の航空会社のみ）[7]を残存する象徴的な空港として、EU-アメリカ間交渉でしばしば議題に上った名前であり、大西洋路線の中でもドル箱路線を担う空港として論議の的となった空港であった。このうち、①外資比率と②カボタージュの事項とは、EUの航空会社によるアメリカ国内市場への参入問題と関わる焦点である。

ここで、EUの航空会社がアメリカの国内路線に参入するには、路線権をアメリカから得るか、アメリカ内で航空会社の設立をするか、2通りの参入方法があった。

しかしながら、前者のアメリカからの路線権の獲得に関しては、アメリカ政府から拒否され、後者の航空会社設立に関しては、外資比率の上限がネックとなって会社設立の実現が難しい状況であった。そのため、EUは外国投資家が経営権を行使できる株式の取得制限を引き上げることをアメリカ側に要求したのである。この外資比率の問題は、のちにオープンスカイ協定締結の最大の障害となる。この背景には、商業航空に関するとはいえ、外資比率の引き上げによる外国資本の航空会社設立は安全保障上の脅威であるという懸念から、アメリカ側が躊躇していた事情がある。特に、アメリカにおける航空企業の国籍要件は極めて政治的な問題であった。それは、アメリカ国籍の航空会社が所有する民間航空機が軍事輸送に従事できると定めたCRAF（Civil Reserve Air Fleet：民間予備航空隊）と呼ばれるアメリカ国防上の制度の存在である。

アメリカ国内市場への参入に関し、EU側の主張は、「アメリカはEU内（たとえばロンドン―ローマ間）の輸送権を行使しているが、これは国内線に相当する。したがって、アメリカは欧州企業がアメリカ内の路線に就航する権益を認めよ」（杉浦、2010：34頁）というものであった。これに対し、アメリカ側の反論は、「EU域内の航空市場はアメリカと同等の一つの国の国内市場といえるのか」というものであり、アメリカ国内線は国内市場であり、外国企業には開放しない主張をたびたび表明した。

端的に言うと、EUでは市場統合が達成されたとはいえ、これが対外的に

「一つの国内市場と同等の一つの市場」と認識されるかが EU にとっての最大の問題であった。ましてや，交渉相手は巨大な国内航空市場を有するアメリカである。交渉開始当初から，合意成立までの過程は平坦な道のりではないことが予想された。

(2) 市場の引力

2004年5月にワシントン D.C. で5回目の両者の交渉の機会があったが，その時点で外資比率の引き上げを巡っては EU とアメリカ側の考えの隔たりは深かった。また，政治的日程で見ても，アメリカでは11月に大統領選挙を控え，有権者を刺激する自由貿易に関する話題を政治家が口にすることは少なかった。そして，アメリカ議会内でも外資比率に対する反対意見が席巻していた。当時，外資比率引き上げやカボタージュを含む包括的な協定を望む EU の思惑と，自国に不利益なことは協定に盛り込みたくないアメリカの意図は全く異なり，交渉は停滞した状況にあった。

そのような事態を打破した要因は，EU 拡大による市場の引力が増したことにある。2005年5月にいよいよ EU の東方拡大により加盟国が25カ国になることにともない，EU の域内航空市場も拡大した。当初は，貧しい東欧の10カ国（キプロス，チェコ，エストニア，ハンガリー，ラトヴィア，リトアニア，マルタ，ポーランド，スロヴァキア，スロヴェニア）が加盟したところで，アメリカから比べると弱小規模である東欧の航空会社への国家援助や，競争ルールの適用に難がある EU 内の状況に変わりはないとされてきた。だが，新規の航空市場への参入機会を持つということは，アメリカ企業にとっても魅力的であった。この当時，アメリカ運輸省の国際航空局の上級官僚であったポール・グレッチ（Paul Gretch）が，「ビッグバン的な包括的な協定は無理だが，第一段階としての協定は可能だ」と発言した（*Airline Business*, April 2004: p.7）ように，アメリカの交渉担当者には EU 拡大を睨み早期合意に積極的な姿勢が見られた。

9月に入り，欧州委員会内で人事異動があり，新航空担当委員に就任したジ

ャック・バロー（Jacques Barrot）と，アメリカ運輸長官であるノーム・ミネタ（Norm Mineta）が，過去3年近く行われた交渉内容を回顧し，妥協案作りに着手するようになった。この事態打開の動きの背景には，アメリカでの大統領選挙が行われない年であるというタイミングの良さや，協定の早期合意に前向きな姿勢がEU加盟国間でフランスとオランダを中心に表明されていたことがあった。そして，EUとアメリカのあいだで2005年11月中に合意が成立した。

しかしながら，漸く漕ぎつけたこの合意は翌2006年5月に頓挫することとなる。最大の懸案であった航空会社の外資比率を巡って，アメリカ議会内での反対論が浮上していたためであった。そのため，EUは新航空協定の発効時期を延期する方針を明らかにし，2006年12月には合意の取り下げという最悪の事態に直面した。この当時，アメリカ運輸省は，25%上限の外資規制などの条項を緩和する手続を議会に提案していたが賛同を得ることができず，反対が根強いことから提案そのものを取り下げていた。運輸省は，膠着事態打開のため外資規制の緩和の問題に関しては先送りをすることにし，この件以外の内容での合意の再成立を急ぐことになった。

協定交渉が再度暗礁に乗り上げた最中の2007年には，ブルガリアとルーマニアがEUに加盟し，これでEU全加盟国は27カ国となった。加盟国数の増加は，世界の航空市場におけるEU域内市場の重さがさらに比重を増すということにつながる。また，この時期には航空会社の再編が活発になり，EU域内での3大航空会社（エールフランス-KLM，英国航空，ルフトハンザ）体制が一連の合併を経て整った。EU域内ではアメリカ国内と比較すると国籍を越えた吸収合併が可能となっていて，航空業界の再編成が行われていた。アメリカとしては拡大しつつある航空市場へ参入を果たすことと，国境を越える航空会社再編への対処を講ずることの必要性に迫られるようになった。

3月になると，EUとアメリカは交渉を再開して修正協議を行い，漸くオープンスカイ協定の第一段階に関する合意が成立した。第一段階の合意内容には，EUの航空会社はEU国籍とみなす一文があり，EUが漸くアメリカと同様に一つの国（一つの市場）として，アメリカに認められたことを示す内容であっ

た。2003年のEU-アメリカ首脳会談以降，4年以上の歳月と11回の協議の結果であり，一度の協定破棄の危機を乗り越えたうえで漸く到達した合意であった。

EUとアメリカの双方が，既存の二国間体制に取って代わる革新的な多国間のオープンスカイ協定であると高く評価する一方で，アメリカの外国資本の規制緩和の件は未解決のまま残された。この問題はオープンスカイ協定第二段階に持ち越されることとなる。EUとアメリカの双方で合意が得られた事項に関しては，2008年3月30日より施行に移された。そして，同年5月から第二段階の交渉が再開されることになった。このように懸案を残しつつもEUとアメリカのあいだで合意が形成された要因の一つは，航空市場の引力であり，これが交渉において膠着状態打開の重要な鍵であったと言えよう。

(3) EUのマルチ慣れ

前述のとおり，EUは共同体域内の航空市場の自由化を紆余曲折の末に達成している。オープンスカイ協定締結に際しても，EU域内での経験がアメリカとの交渉においても活かされた。主張の異なる相手との交渉においては，合意可能な事項から着手すること，合意困難な事項に関しては懸案事項として遂行を先送りすること，懸案事項に関してはタイムリミットを設け着実な遂行を義務づけること，といった手法が踏襲された。

外資規制など残された懸案事項に関しては，引き続き協議が行われることを双方が確認した。実際のところ，交渉にはタイムリミットが設定され，2010年11月30日までに第二段階の合意到達を目指すことがオープンスカイ協定第21条により明らかとなった。

残された課題については引き続き交渉が行われたが，交渉再開当初よりアメリカ航空会社の所有と支配に関してアメリカ側の態度の軟化は望めそうになく，「タフな戦い（a tough fight）」（*Airline Business*, May 2008: p. 66）が交渉担当者達によって予想された。

EU-アメリカ間の交渉は，2008年5月15日にスロヴェニアの首都リュブリヤ

ーナで再開された。より一層の自由化の進展に関して，オープンスカイ協定交渉を担当した欧州委員会の航空局長であるダニエル・カジェハ (Daniel Calleja) は，第二段階合意までのデッドラインが2010年11月末までとなっていることを踏まえ，早期の協定締結に関する意欲的であった。

意欲的で楽観的な EU 側の交渉者の展望とは対照的に，アメリカ側の見方は冷淡であった。「デッドラインがあるから交渉継続ではなく，話し合うべき事項が多すぎるから交渉を行う」というアメリカ運輸省の担当者の発言 (*Airline Business*, January 2009: p. 32) に代表されるように，EU 側と違って交渉にそれほど前向きではなかった。交渉課題を振り返ってみると，第一段階で積み残された EU-アメリカ間のオープンスカイ協定の課題は，アメリカ航空会社における所有と支配についての見直しであった。

このことを踏まえ，第二段階ではアメリカが EU と同様に外資上限比率を過半数までに引き上げることで双方が合意した。第二段階の合意内容には，運航を巡る様々な問題（環境，安全，労働者の権利保障問題）に対しても緊密な協力を EU・アメリカ両サイドが行うことが盛り込まれた。

最大の懸案事項として残されたアメリカ航空会社への外資規制緩和の問題は，アメリカでのテロ対策などの安全保障上の問題にも関わるものであったため，本問題に対するアメリカ議会の反対は根強いものであった。その後漸く2010年2月1日に法案が可決され，連邦航空法49条には修正事項[8]が追加された。修正といっても航空関連の規制がわずかに緩和されたに過ぎない内容であったが，連邦議会によって審議すら拒否された当初の状態と比較すれば，アメリカがEU に譲歩を示した結果であると評価できよう。これは EU 側の粘り強く，タイムリミットを設けたうえでの着実な交渉の成果であり，EU によるマルチ慣れの経験が対米交渉においても活かされた結果である。

(4) アジェンダ・セッティング能力

EU とアメリカ間のオープンスカイ協定には，航空分野での環境保護が含まれている。本書の第7章で詳述されているように，EU が推進する航空での温

暖化対策はEU以外の国々から反発を受けている状況にあるが，そもそも京都議定書を締結していないアメリカとの協定に環境保護を盛り込んだこと自体は評価されるべき点である。ここでは，環境対策がオープンスカイ協定に含まれた背景を，EUによるアジェンダ・セッティング機能の視点から考察してみたい。この時期，オープンスカイ協定締結のための対米交渉と並行して，EUは国際民間航空機関（International Civil Aviation Organization: ICAO）にも活発に働きかけていた。交渉相手のアメリカだけではなく，国際機関に対しても提案を行うことによって，EUは環境問題を国際的なイシューにしたのである。これはEUによるアジェンダ・セッティング機能の表出である。

環境問題を議題に盛り込む背景には，EUで航空分野での排出量取引（Emissions Trading Scheme: ETS）に関する法制度化が進んだことが指摘できる。ETSとは，具体的には二酸化炭素を中心とする温室効果ガス排出削減のために，欧州委員会が排出枠の割り当て[9]をEU発着の航空輸送会社に課すことを指す。欧州委員会は，ETSには航空輸送を含めることを2006年12月に発表し，EUを発着するすべての路線における運航については，2012年1月1日から本制度が適用されることとした。EUはこの制度をグローバルな範囲にまで拡大しようと目論んでいる。特にアメリカとのあいだを結ぶ大西洋路線は，世界の運航の約6割を占めるという巨大市場であり，アメリカとのあいだにおいても環境の問題を提起する必要があった。

そのために，EUは対米交渉と並行して，ICAOを通じて航空分野における温室効果ガス排出量削減に関する規制のための提案を行っている。1989年9月に欧州委員会の運輸担当委員がICAO総会に初めて出席して以来，欧州委員会はICAOへの働きかけを行ってきた。欧州委員会は，オープンスカイ協定のための交渉中であった2005年9月にICAOの本部のあるモントリオールに代表事務所を開設し，2007年6月21日に公式に業務開始を果たしている。2007年5月25日に締結したオープンスカイ協定には，第15条3項に「ICAOで採択された航空の環境基準に従う」ことが明記されており，EUはICAOへの働きかけを強め，グローバル・スタンダードの設定に機先を制したかったのである。

オープンスカイ協定第二段階合意の後に，ICAO が2010年9月28日より10月8日にかけて開催した第37回総会において，2020年より航空分野での温室効果ガス排出量を削減することを決定した。現時点で環境保護のための排出量規制のグローバル・スタンダードは未だ確立されておらず，EU の提案は反発を呼んでいる。しかしながら，航空に環境対策を盛り込む努力は，アメリカと ICAO など多方面への働きかけによる EU のアジェンダ・セッティング機能の表れであると言えよう。

おわりに——規制的アクターとしての EU の台頭

　本章では，アメリカの航空規制緩和の後に域内航空市場の自由化を達成した EU が，対外的にはグローバルなアクターとしてアメリカと交渉を始め，世界の中でも先進的な内容でオープンスカイ協定を締結するまでになった過程を規制力の点から明らかにした。

　オープンスカイ協定の主な内容としては，① EU 加盟国とアメリカ国内の航空会社に向けての企業数，輸送力，路線，以遠路線，運賃の規制撤廃，② EU 域内の国籍ルールの導入，③ EU 航空会社のアメリカでの以遠輸送の自由化，貨物便の自由化とともに，アメリカ航空会社による EU 加盟国・非加盟国間の輸送自由化，航空会社間の提携（アライアンス）[10]の自由化，④ EU とアメリカの代表者から構成される合同委員会の設置と，安全・環境などに関する協調が盛り込まれている。ただ，この協定での一番の成果は，EU 域内市場がアメリカの国内市場と同等の一つの市場であるとアメリカ側に認識されたことにあった。

　オープンスカイ協定締結の過程は，規制的アクターとしての EU の台頭と換言することができるのではないだろうか。アクターとしての EU を扱った事例は，これまで安全保障や環境などの分野に限られてきたが，本章で述べた航空の事例においても，EU のアクターとしての性質（"actorness"）（Bretherton and Vogler, 2006）は抽出できることを示唆した。そのうえ，航空など市場統

合を達成した分野でこそ，域内と域外の規制力は相乗的に効果を上げることを本章は検証したものと位置づけることができる。この航空協定の事例は，アメリカに遅れて自由化を推進したEUが，対外的にアメリカと対峙するアクターとなったことをまさしく明示する事例である。これは，EUが域内市場を管理する統治能力が，対外的にも信頼されるに足りるとアメリカに認識されたことにほかならない。

統合の段階をたどれば，EUが域内市場を達成しており，域内のルール作りが整っていたからこそ対外的なアクターとしてグローバル市場で交渉できることが可能となった。EU外部から見れば，巨大なEU域内市場に参入しようとする企業やこれらの企業を有する国家は，EU内部の規制に適合しようとすることが本事例で明らかになった。圧倒的な国力を誇り，航空分野におけるリーダーシップを有するアメリカとても例外ではなく，統合されたEU域内規制を受容することが，アメリカがオープンスカイ協定を締結するには必要な手続であった。

EUの規制力の源泉の一つは，市場の引力であった。EUの第五次拡大による東欧諸国の航空市場開拓が，アメリカにとって魅力的な用件の一つであったことから，EUとアメリカ間での協定交渉においてEUの主張がアメリカに容認されたことが明らかとなった。

第二の源泉力とは，EU域内でのマルチ慣れの経験である。EUとアメリカは，アメリカ国内の外資規制緩和に懸念を残しつつも，国内線開放や環境への配慮などを議題に載せて，技術的にも解決可能なイシューから対応し，航空路線のさらなる自由化を推進した。ここでEUが行使した交渉テクニックは，すでにEU域内で完成していたものであった。

第三の源泉力とは，EUによるアジェンダ・セッティング能力である。EUとアメリカの合意はグローバルな航空市場にも大きな影響を与えた。特に，温暖化対策を航空にも適用することをオープンスカイ協定に盛り込んだことは，EUによる環境規制の対外進出のための一歩であった。ただし，EUはアジェンダを提示したが，その規制方法を巡って諸外国とのあいだで軋轢を生みつつ

ある状況にあることは第7章に述べられているとおりである。

　航空政策におけるEUの規制力は，域内市場統合という内向きのパワーと対外的な交渉を司る外向きのパワーの双方を含む。しかしながら，両者は相互に排他的に分断されたパワーではなく，域外へその影響力を発揮することを可能にしたのが域内で強化された規制力であり，域内と域外の規制力の両者には相互作用が働いている。たとえば，航空分野での環境保護のイシューが，EU域内という地域限定的範囲のみならず，グローバルなレベルにおいても提示されることになり，EU各加盟国は域内の規制ルールを一層遵守すべき立場に追い込まれる状況になった。これは，EUの規制力の域外への進出が域内での規制力の求心力を強化することを示唆している。航空の事例において，EUは域内と域外の双方向を睨み，自己の規制力を発揮させるアクターとして台頭しつつあると言えよう。

参考文献

遠藤伸明（2010）「航空自由化の進展とグローバルアライアンスの深化」『運輸と経済』第70巻第6号，4-11頁。

遠藤伸明（2004）「EUにおける航空自由化と対外航空交渉の統合」『ていくおふ』第108号，10-17頁。

河越真帆（2010）「EU（欧州連合）における共通航空政策の出現と発展――欧州化の視点から――」（慶應義塾大学大学院法学研究科博士論文）。

塩見英治（2006）『米国航空政策の研究――規制政策と規制緩和の展開――』文眞堂。

杉浦一機（2010）『エアライン敗戦――格安航空来襲とJAL破綻――』中央公論新社。

鈴木一人（2006）「『規制帝国』としてのEU」山下範久編『帝国論』講談社選書メチエ，43-78頁。

山口勝弘（2007）「国際航空分野の排出権取引制度のあり方」『交通学研究』2007年研究年報，21-30頁。

Airline Business

Official Journal of the European Union

Bretherton, C. and J. Vogler (2006), *The European Union as a Global Actor*, 2nd edition, Routledge.

"EU-US Open Skies: A new era in transatlantic aviation starts on 30 March", Press

Releases, March 28, 2008, *European Union*.
European Commission (1997), *The Single Market Review. Subseries II: Impact on Services. Volume 2: Air Transport*, Office for Official Publications of the European Communities.

〈航空関連サイト〉
アメリカ合衆国運輸省：http://www.dot.gov/
国際民間航空機関（International Civil Aviation Organization: ICAO）：http://www.icao.int/

注
（1） Joined Cases 209 to 213/84, Ministère public v Lucas Asjes and Others, Andrew Gray and Others, Andrew Gray and Others, Jacques Maillot and Others and Léo Ludwig and Others, *ECR*, 1986: pp. 1425-1473. ヌーベル・フロンティエールとは，格安航空券を販売した旅行代理店の名前であり，本件はフランス民間航空法違反の罪に問われた事件である。
（2） カボタージュとは他の国の国内路線に就航する権利のことで，カボタージュが認められれば，たとえばイギリスの航空会社がフランス国内線（パリ―ニース間など）を運航することが可能となる。
（3） オープンスカイ協定は，参入する航空会社の数，中間地点・以遠地点を含む路線，輸送力，運賃，航空会社間の提携（アライアンス）に関する自由化を盛り込んだ内容が特徴である。
（4） "EU-US Open Skies: A new era in transatlantic aviation starts on 30 March," Press Releases, March 28th, 2008, European Union.
（5） ここでの8カ国は，アメリカとオープンスカイ協定を締結している7カ国（デンマーク，スウェーデン，フィンランド，ベルギー，ルクセンブルグ，オーストリア，ドイツ）およびアメリカと二国間航空協定を締結している英国を指す（Case C-467/98, C-468/98, C-469/98, C-471/98, C-472/98, C-475/98, C-476/98, C-466/98）。
（6） 9カ国とは，アルバニア，ボスニア・ヘルツェゴビナ，クロアチア，マケドニア，アイスランド，コソボ，モンテネグロ，ノルウェー，セルビアのことである。
（7） 四つの航空会社とは，英国側が英国航空（British Airways）とヴァージン航空（Virgin Atlantic）の2社で，アメリカ側がユナイテッド航空（United Airlines）とアメリカン航空（American Airlines）の2社であった。
（8） アメリカ国内では，旅客と貨物の運搬の場合，登録された航空機のみに運航が

許可されている。連邦航空法（Federal Aviation Act: FAA）49条の修正事項によれば，外国航空会社所有の航空機でも，アメリカ法人か永住権保持者がその所有者であればアメリカで登録することが可能となった（法令番号 49U. S. C. 41108, 49U. S. C. 41102, 49U. S. C. 41103, 49U. S. C. 41109)。
(9) 二酸化炭素排出量実績は，ETS の対象となるすべての便の2004-2006年の推定年間排出量の平均値であり，この数値に基づいて2012年に割り当てられる排出可能単位が決定される。
(10) アライアンスと呼ばれるグルーバルな事業展開の取り組みは，1990年代後半から航空会社がグループを形成したことが端緒である。グローバルアライアンスとは，1997年成立のスターアライアンス，98年誕生のワンワールド，2000年成立のスカイチームの3グループである。

第Ⅲ部　移民・開発・平和――政治的規制主体としてのEU

第10章

人の移動に対する EU の規制力

前田 幸男

はじめに——EU における人の移動規制はどこで，どのように行われるのか

　今日の欧州連合（EU: European Union）の入管政策が，EU 加盟国内部とその外部にどのような影響を与えているのだろうか。EU 空間の拡大とともに，包摂される人々も当然増加してきたにもかかわらず，その影響力については，空間編成も含めて，包括的な理解はほとんどなされていない。しかし，人の移動に関わる政策の現状を理解することは，喫緊の課題と言える。というのも，入管政策が，境界線上での取り締まりの際に，移動する権利を保障されている人々と，権利そのものを否定されている人々を線引きすることで起こる人権問題と密接に関わっているからであり，また，その理解が，問題の所在を特定し，改善点を探るという実践的な含意にもつながりうるからである。したがって，本章では人の移動の場面における EU の規制力がどこで，どのように発揮されているのかを理解するため，欧州近隣政策（ENP: European Neighbourhood Policy）と EU の外部境界線の監視・管理を担う組織である FRONTEX に注目する。この規制—実践の反復が，どのようなかたちで人の流れをコントロールしているのか，またどのようなかたちで人々の移動の自由の保障／剝奪の切り分けを行っているのか，さらには EU 空間をどのようなかたちに変容させているのかについて明らかにする。最後に，以上のような人の移動に対する EU

の規制が EU のシティズンシップに果たす役割について考察する。

1　EU の規制力が生み出す複雑な空間編成を把握するために

　かつてロバート・クーパー（Robert Cooper）は，次の特徴から，ヨーロッパ諸国をポストモダンな諸国家と論じた（Cooper, 2000 [1996]）。そこでの諸々の活動は，国境の制限を受けることが少なくなり，内政と外交の区分が無くなり，そして軍事力が紛争解決の手段とみなされなくなるとしている。同様にロバート・ケーガン（Robert Kagan）もアメリカと対比させながら，ヨーロッパはポストモダン・パラダイスであると位置づけている（Kagan, 2003）。

　こうした認識は，ヨーロッパを規範力を持つ統一体として論じようとする，いわゆる「規範的権力」論の中にも存在している。しかし，その問題点は大きく二点指摘できる。一つは，EU という観念（アイデア）を措定するも，その中身には踏み込まない空虚な存在として，その観念が一人歩きしてしまう点。もう一つは，「規範」（norm）の存在を EU の側に引きつけると，「規範」から逸脱する側を生み出す点である。規範的権力論を展開する人々は，EU の規範を普及させるために，よき実践例を挙げたり，より害の少ない方法を模索することは可能であると論じているが（Manners, 2008），それがヨーロッパのセルフ・イメージを立ち上げることになっており，結果的にそこに近づけるか近づけないかで，正常なもの（the normal）とそうでないもの（the abnormal）を自ずと生成してしまうのである（Cf. Diez, 2005）。

　このような単純な二分法による類型は，EU の多層的統治がどのように展開しているかについての注意深い分析を逆に困難にしてしまう。EU を単なる国家の足し算としてとらえるのではなく，「新しい統治様式」の分析対象として EU を理解するという議論が90年代以降に起こっているが，大部分はそうした統治様式が，EU 空間のあり方をどのように変化させてきたのかについてはほとんど論じないままになっている（Rumford, 2008: p. 31）。こうした状況を踏まえると，EU を，アメリカとの対比で論じたり，単なる統合拡大の主体とし

て見る時代は終わり，むしろ EU をこれまでの領域的な国家―社会関係の大転換が起こる磁場として理解すべき段階に来ている（Rumford, 2008: p. 27, 36）。

2 人の移動管理が引き起こす二つの脱領域化

今日の EU による諸規制を受けて移民管理が行われる地点という意味では，地図上で引かれている境界線がますます曖昧になっており，取り締まりの地点として EU 空間の内か外かさえ定かではない「不分明な非決定ゾーン」（Bigo, 2004: p. 69）が増加してきている。こうした状況を象徴的に表している空間編成は，「内部における外部」と「外部における内部」という二つの入れ子状態の統治様式を生み出している。以下ではそうした人の移動の管理が具体的に展開される場所について述べたうえで，その規制がもたらす政治的含意について論ずる。

(1) EU 内部に点在する「外部」としての収容所（Camp）

EU 内部で収容所の役割を事実上，果たしているとされるのが「空港（waiting zones）」と「拘留センター（detention centers）」（Bigo, 2006; Salter (ed.), 2008）である。地図で確認すれば，こうした場所は，厳密に言えば，いまだ内部に入ったとは言えないような空間と言える。こういった場所での「拘留は，刑法と関連するものではなく，脱法化（de-judicialization）と関連」（Bigo, 2007: p. 4）し，また「外国人の拘留は刑法ではなく行政法と関係する」（Ibid.: p. 5）。刑法のような国内法が適用除外される空間として，収容所が EU 空間の中に無数に点在している。

こうした収容所に入れられる人々は，一切の法的保護が受けられないという意味で，例外状態に置かれていると呼ぶこともできるかもしれない。しかし，注意すべきは，ここでの「例外」とは単に規範やルーティンとは一線を画する緊急事態のことを指すわけではないということである。「例外」は規範にもなり，ルーティンにもなりうる（Bigo, 2007: p. 17）。したがって，この場合の主

権とは，（国内・国際の）法との関係をその都度切り結び，（国内・国際）政治的な状況を鑑みながら登場してくる，統治の一翼を担うパーツと考えることができる。

しかし，EU 加盟国の主権が上記のように歯車の一部となって，EU 域内の空港や港といったチェックポイントで移動の自由を認め続けられる人々と自由を剥奪される人々の切り分けがルーティン的に行われているのとは別に，シェンゲン協定自体の一時的停止を通して，人の移動の自由そのものが奪われるケースが登場しうる。その一例が，2011年に入って本格化したアラブ革命の影響で発生した大量の難民が EU 空間に流入してきた場合，EU 域内での旅券審査の一時的な復活が許されうるという議論である。これは，入管政策の場面でEU が単体として規制帝国化するのは，大量の移民が発生しない限りにおいてであって，その流入を EU の境界線上で防ぎきれない場合は，EU 加盟国は各々の安全保障の論理に基づいて，個別の主権を発動できることを意味している。第1章で鈴木が EU の規制力の「力」を司るファクターとして挙げている，加盟国の集合的行動能力は，もろくも崩れる可能性がある。域外からの大量移動の圧力と，各国内秩序の不安定化への懸念によって，域内の人の移動の自由を保障する共通ルールは宙吊りになりかねないのである[1]。

したがって，EU 内部に点在する外部としての収容所には，EU の規制力が発揮された結果として，ルーティン的に投げ込まれる不法移民や難民申請者と，各国の存続をかけた個別の主権権力による判断を通して投げ込まれる人々の両方が収容されていることがわかる。

(2) EU「外部」で行使される行政権力――ENP と FRONTEX

次に内部にある外部とは逆に，EU 空間の外部で展開される EU の行政権力（ここでは ENP と FRONTEX）について述べる。

EU への大量移民を食い止める装置としての欧州近隣政策（ENP）[2]

ENP とは，2004に正式に立ち上げられた，EU が近接する国々との良好な

関係を深めることを狙いとする政策であり，民主化の深化，市民社会支援，経済発展を目標に掲げた政策とされている。しかし，人の移動を管理するという観点からENPをとらえ返した場合，EUには，周辺国に誘因と制裁の両面をちらつかせて，周辺国内部の法・制度の変更や適応を求めるといった別の側面がある。たとえば，EUと周辺国とのあいだにある種の非対称な関係に基づいて生ずる統治様式が立ち現れる[3]。人の移動管理を地政学的に語る場合，いまだ内戦が止まないような「野蛮な地帯」(Urry, 2003: p. 130; Axford, 2006: p. 173)の管理のために，こうした近隣国は緩衝地帯として措定される[4]。このENPの枠組みは，EU加盟国とその周辺国との二国間条約の周りを固める意味での環境整備となる[5]。そこには二つの狙いがあると考えることができる。一つは，経済的交流と投資の促進を通した相互繁栄であるが，これは「リベラルな統治」を根付かせて，EUの影響圏を少しずつ拡張するという狙いが込められている。その延長として，人の移動に関する二国間条約が存在すれば，不法移民の取り締まりを成功裡に行うことが可能となる。

　もう一つは，不法移民の水際での取り締まりという観点からすると，ENPの枠組みにEU外部の周辺国が組み込まれている場合，リベラルな統治という発想は後退し，EUは結果的に体制上の差異を利用して，周辺国の行動を規律するような影響力を持つ。たとえば，イタリアとリビアの関係を見てみよう。カダフィ政権期のリビアは「難民の地位に関するジュネーブ条約」を批准していなかった。その事実ゆえに，北アフリカから無数の難民を受け入れるEUの玄関口となっているイタリアからすれば，国際法上の難民の地位の保障義務を免れているリビアと独自の協力関係を構築することで人の移動の抑制が可能となる[6]。

　上記の例は，EUがその外部の国々にルールの遵守を求める規制力の枠組みからは逸脱するように見えるが，EU外部に位置する周辺国にとっては「EUとの良好な関係を築くこと」が政治的経済的繁栄を持続させることにつながるため，EUの加盟国との良好な関係を維持することも重要な政策課題となってくる。それゆえEUの外に位置する周辺国（ここではリビア）は，必要な時に

は主権を発動し，領域内の人々の移動の自由を奪うことも辞さないのである。一見すると，EUへの不法移民を取り締まるリビアの主権の力が前面に出ているように見えるが，ここではそうすることが結果的にEUの不法移民管理に資することを忘れてはならない。EU周辺国の「主権」の作動が移民に対して強権的か否かは，EUとの関係性の中で見極める必要がある。その意味で，リビアのケースでさえEUの規制力にはEUの外部に位置する周辺国による「主権の行使」の仕方を規律する力が結果的に織り込まれていると理解することができる。こうしてEUは，ENPによってソフトな境界線を設定しながら，不法移民が大きな問題になってくると，距離を置きつつも，ソフトな境界線をハードな境界線へと変貌させる力を持つ（Jones and Clark, 2008）。

しかし，同時に欧州人権裁判所によって，不法移民であっても，人権侵害があった場合は，裁判所が移民の取り扱い方をめぐってその不当性を宣言することもある。つまり，EU空間の外部でハードな境界線が現出する一方で，それは絶対的な執行力を持つわけではなく，国際人道法や国際人権法との緊張関係の上にかろうじて成立する実践と言えるだろう。

これに対して，イタリアとリビアの両政府は，国連海洋法条約で規定されている領海12カイリを超えたところでは，国外追放の禁止は適用されないとしている（Buckel and Wissel, 2010: p. 42）。こうした解釈は，難民のような，生命や自由が脅かされかねない人々がそれらの場所に追放されたり，送還されることを禁止する国際法上の原則（いわゆるノン・ルフールマン原則）が適用されない空間の創出（デファクト・スタンダード化）を目指したものと言える。「国外追放」は「国内」からの追放だからこそ，難民条約などの国際法は遵守されるのであって，そもそも領域外での侵入防止策はこれにあたらないという考え方である。

こうしてEUおよび加盟国の移民政策は一貫性を欠いたものとなっていることがわかるが，それはEUレベルと各国レベルでの事情の違いが反映していると見ることができる。EUレベルでは，官僚制と人権裁判所が大きな比重を占める一方で，各国レベルでは人民のゼノフォビアと政権への不満が大きな影を

政治に落としているからということができる（Cf. 鈴木，2006：51頁）。つまり，ここで問題となっているのは，EUの外部に位置する周辺国の主権行使を，距離を置いて飼い馴らすEUの規制力と，EUがそもそも政体の中に含みこんでいる普遍的な人権規範というリベラルな規制力とのあいだの緊張・相克である。

「予めの排除（foreclosure）」の装置としてのFRONTEX

　FRONTEXとはEUの外部境界線を監視・防衛するためにEU加盟国間の協力体制を調整するためのEUの専門機関である[7]。FRONTEXは，マルチレベルな協力体制によって不法移民の流入の阻止と人命の救助を目的として2005年に立ち上げられたが，その体制は，そもそも移民が非合法なルートを経由して（ex. ボート・ピープル化などを経て），EU空間への侵入を試みる前の時点で，予めの排除が実現していれば，こうした問題をできるだけ回避することができるという論理に基づいて整えられている（Cf. Guild, 2009）。

　FRONTEXが依拠していると言える，EU空間内部にとっての脅威を予め流入させないことでセキュリティを確保する「予めの排除」の論理は，内部の豊かさを守るという集合住宅や高層ビルのような空間内部のセキュリティを確保する（Davis, 2006 [1990]）という形態のミクロな実践と本質的に同じ形態をとっている。この「予めの排除」を可能とする統治様式は，多様なスケールにおいて同時的に展開しており，EUはその一端を担っていると言える。

　たとえば，近年EUは移民流入の抑制のために，以下のようなシステム整備を行っている。

- the European Patrols Network（EPN）：2007年5月に始動することとなったEU各加盟国の国境警備をEU全体の境界線警備として行うものである。このコンセプトは，2005年12月の欧州評議会において，地中海の両岸の監視と取り締まりを実施することの決定（Council of the European Union, 2006）から始まり，のちの欧州委員会での「EUにとっての統合された海洋政策」に関する文書でも確認されている（European Commission, 2007）。

- Central Record of Available Technical Equipment（CRATE）：FRONTEX は，境界線の管理と監視のために使用できるツールや装備についてのデータベースを構築している。これは各国相互の自発的な提供によって作られたもので，船舶・ヘリコプター・レーダー装置・熱検知カメラ・移動物探知機などが登録されている。
- Common Integrated Risk Analysis Model（CIRAM）：FRONTEX が開発した不法移民の流れを予め分析するシミュレーション・ツールである。もともとは2002年に作られた欧州理事会の専門家グループが起源で，2003年にヘルシンキに設立されたリスク分析センターでその業務は担われていたが，その内容が FRONTEX に移行され現在に至っている。

　こうしたシステムを構築して，FRONTEX は日々，EU への不法移民などの人の移動に対する「リスク管理」を行っているが，ここではその政治的含意について指摘しておきたい。

　移民の管理の場合，通常の犯罪のように人物や場所の特定から入るのとは異なり（不法移民に札付き［usual suspects］は存在しえないという発想），不法移民発生の「蓋然性」を基に監視・パトロールを行う。そこではどのような非合法なルートを経由して EU 空間に入ろうとするのかを把握するため，過去の事実を蓄積し，統計化することで，未来の可能性を予測する。つまり，未来のために過去を動員する。これは安全保障に関わる様々な政策分野（EPN はもとより，FRONTEX，共通安全保障・防衛政策［CSDP: Common Security and Defense Policy］など）のこれまでの活動を連結する力を持つ（Bigo, 2002）。

　以上からもわかるように，見えない不安分子を相手にしなければならないことから，EU の境界線を守るため，FRONTEX には，EU 加盟国および ENP に関わる各国との協力とそのスピードが不可欠となる上に，システマティックかつ効率的に活動可能な組織が必要となってくる。つまり，EU は不法移民や難民といった日々待ったなしの問題に直面しており，序章で遠藤がマヨーネ（Giandomenico Majone）を引用しながら指摘しているように，入管政策を各

国の「選挙サイクル」に委ねられるだけの余裕をEUは持ちえない。というのも、シェンゲン協定加盟国はいったんEU空間に入った人間には、原則として移動の自由を認めなければならないからである（ただし先に指摘したように移動の自由を制限する例外は起こりうる）[8]。こうした必要性から、FRONTEXは不測の事態に柔軟かつ迅速に対応できるようにするために、近年その権威と活動可能範囲を拡張してきた[9]。そして2007年には一国が緊急かつ不測の事態に陥り、支援の要請を受けた場合、FRONTEXは5日以内に各国の警察をEU境界線のパトロール活動に動員できるようなった（Rapid Border Intervention Teams [RABITs]の発足）[10]。RABITsは、EU外部境界線付近の監視を行い、必要があれば要請した国の保有するデータベースを使用することができ、強制力の使用も許されている。もちろん、完全に各国の警察をFRONTEXの統制下に置くことになるのではなく、両者の円滑な連携がどれだけできるかが、一連のオペレーションにとっての鍵となる。ただ、軽視してはならないのは、RABITsに関わる全員は「EUとFRONTEXを示す青い腕章をつけなければならない」[11]ということの象徴的意味での影響力である。

　こうしてFRONTEXという官僚組織そのものの影響力の拡大が起こりつつある。つまり、FRONTEXは、その任務を確実に全うするために、各国の手を離れ、さらにはEUの決定機関の手も離れ、独自に行動し、影響力を持つ範囲を広げつつある。FRONTEXの活動は、静かに、専門職業的に、そして技術的に、その実践を定着させつつあり、そこでは各国からの行政権威の転移が起こっているのである。あらゆる「人」がどのEU加盟国に入国しようとしても、1999年にシェンゲン協定を編入したアムステルダム条約が、EU市民にとって、域内の人の移動の自由という「普遍的価値」を備えたデジュール・スタンダードとしていったんは立ちはだかり、選別を行う。このルールが導く当然の帰結として、FRONTEXはEUの内部と外部を地図上で分かつ長い境界線に関わるすべての地点で、権利保障の対象外となる人々の取り締まりを行う権限を持つようになり、権力行使範囲の空間的拡張を果たしていることがわかる。

　この活動範囲の空間的拡張は、EU加盟国のそれぞれに存在する労働「市

場」が持つ引力（=魅力）が総体として大きいために（第1章参照），人の移動に規制や取り締まりを実施しなければ，大量の移民が発生し，EU 空間内部での秩序の不安定化や失業率のさらなる悪化につながりかねないという懸念と関わっている。つまり，EU 市場の引力の大きさゆえに，その秩序の安定を任される FRONTEX の活動規模も膨張せざるをえないのである。

このことは FRONTEX が行っている「リスク分析」は，決してウルリッヒ・ベック（Ulrich Beck）が論じているような予測不可能なカタストロフを考えるために行われているのではなく（Cf. Aradau and Van Munster, 2007），むしろ移民との関係で EU 各国の行う独自行動を，結果的に一つの動きとしてまとめあげるためのテクノロジーとして使用されていることがわかる（Neal, 2009: p. 349）。

こうして不法移民は人知れず，効率的に，そしてシステマティックに除去されることから，FRONTEX はテクノクラート的特徴を備えたリスク管理を主とするセキュリティの装置ととらえることができることがわかったが，こうした特徴は「今ここにある危機」というかたちで言説を通して恐怖を煽ることで安全保障体制を強化するセキュリタイゼーションの枠組みでは説明不可能な現象であると言える（Neal, 2009: p. 352）。いうまでもなく，こうした FRONTEX によるリスク管理体制は，予め確立された EU 規制を前提としたルーティン・ワークとして，EU の内部と外部の人々の切り分けを行い，内部秩序の安定を目指しているのである。

3　アイデンティティ確保としてのセキュリタイゼーション

EU の各加盟国は国民／外国人／難民申請者などの「身元（アイデンティティ）」を電子化することでデータの収集・蓄積を進めてきたが，EU への人の移動をめぐる安全保障の確保は，データとして様々な地位に振り分けられる人々の「アイデンティティの確保（Securitization of Identity）」にかかってくる[12]。これは先に論じた FRONTEX の活動にとっても必須である。EU レベ

ルでは，シェンゲン情報システム（SIS），ビザ情報システム（VIS），難民や不法移民の情報データベースである Eurodac などを整備し，EU 空間に住む人口の把握の精度を高めてきた（Cf. Guild, 2009）。その意味で，監視はデータとの照合作業によって行われることとなり（Databeillance），犯罪者や移民・難民の管理はウィルスを発見—除去する行為と類似したものとなっている（Walters, 2006）。その結果，ここでは要塞としての EU というよりも，「ファイヤー・ウォール」もしくは「フィルター」としての EU が登場しており，この人の移動管理を空間的にとらえ返すと，ウィルスはひっかかった地点で除去されることになる（「線」ではなく「点」を通した統治；Delanty, 2006）。

　この場合，条件をクリアーできないものは，そもそも船や飛行機に搭乗させないというオペレーションの徹底が可能となる。つまり，リモートコントロールの実施（Zolberg, 2000）である。たとえば，EU 加盟国の大部分が参加するシェンゲン協定によれば[13]，シェンゲン協定加盟国に入国する人々は，出身国によってはシェンゲン・ビザを取得しなければならない場合がある[14]。また，ビザ免除国の場合は「6カ月内90日」，シェンゲン・ビザ対象国の場合であればビザ取得後6カ月，という累積滞在日数の上限を超えた場合，再入国は認められなくなる。さらに入国が許されないような人間を輸送した場合，運輸を行った主体には何らかの制裁が科される（いわゆるキャリアーサンクション）[15]。こうして EU に人を送り出すあらゆる国家は，EU の規制の下，パスポートを必要とする国，パスポートとビザを必要とする国，トランジットでさえビザが必要とされる国といったかたちで，安全／危険のグラデーションの中に階層化され，それぞれのポジションで統治の一端を担うことになる。

　これをミクロな個人のレベルからとらえ直すと，EU が提供するルールに則って入国できる者とそうでない者が選別されることになる[16]。こうした事実は，先の ENP の枠組みに見られるような権力の非対称性を表わしており，入国管理の場面では EU が政治主体として文字通り「規制帝国」として立ち現れていると言える。

　こうした一連の流れは，「国家の人口掌握能力の再強化」（Torpey, 2000）が

行われたからと論ずることも可能だが，EU の場合，実際の状況はもう少し込み入っている。つまり，個別の国家と市民のあいだの紐帯の強化は，不法移民の国外追放を行う側として，EU の入国管理手法の一端を担っているに過ぎない。これに加えて，そうした人々を出国させない国々，国外追放者を受け入れる EU 以外の国々，そもそもの入国を阻止する FRONTEX，さらにはそれら一連の統治のあり方に従う市民も，EU の統治を実現するために割り振られた役割を演じている。つまり，これらがすべて一つなぎの集合体（trans-continental assemblage）として EU の統治を構成していることに自覚的でなければならない。というのも，EU 空間への人の流れを安定的に統治するためには，EU が「規制帝国」という主体であることだけでは十分ではなく，それ以外のアクター（EU 加盟国・非加盟国，運輸業者，移動する人々など）が，ルールを違和感なく自然化し，受容した状態にまでならなければならないからである（たとえそれを完全に実現するなどということが不可能であったとしてもである）。ここでは人の移動管理の場合，EU の「規制力」の問題系が，政治主体としての「規制帝国」の議論よりも射程が広くなるというとらえ方が可能となる（第 1 章参照）。

4 EU 空間——人の移動が管理されるすべての場所のこと

以上の流れを踏まえて，グローバル化が進む中で領域性の空間とフローの空間がせめぎあいを止めない結果，人の移動の管理をめぐって EU は近年ますます防衛されるべきものとして理解されているにもかかわらず，空間的には以下のような内／外の区分が曖昧になるような状況が現出している。
すなわち，
(1) EU の領域内に無数の収容所（含：港や空港）が点在している。内部にありながら，あたかも外部であるかのように機能する場所（checkpoints）。
(2) EU の外部にも無数の収容所（含：港や空港）が点在している。外部にありながら，あたかも内部であるかのように機能する場所。

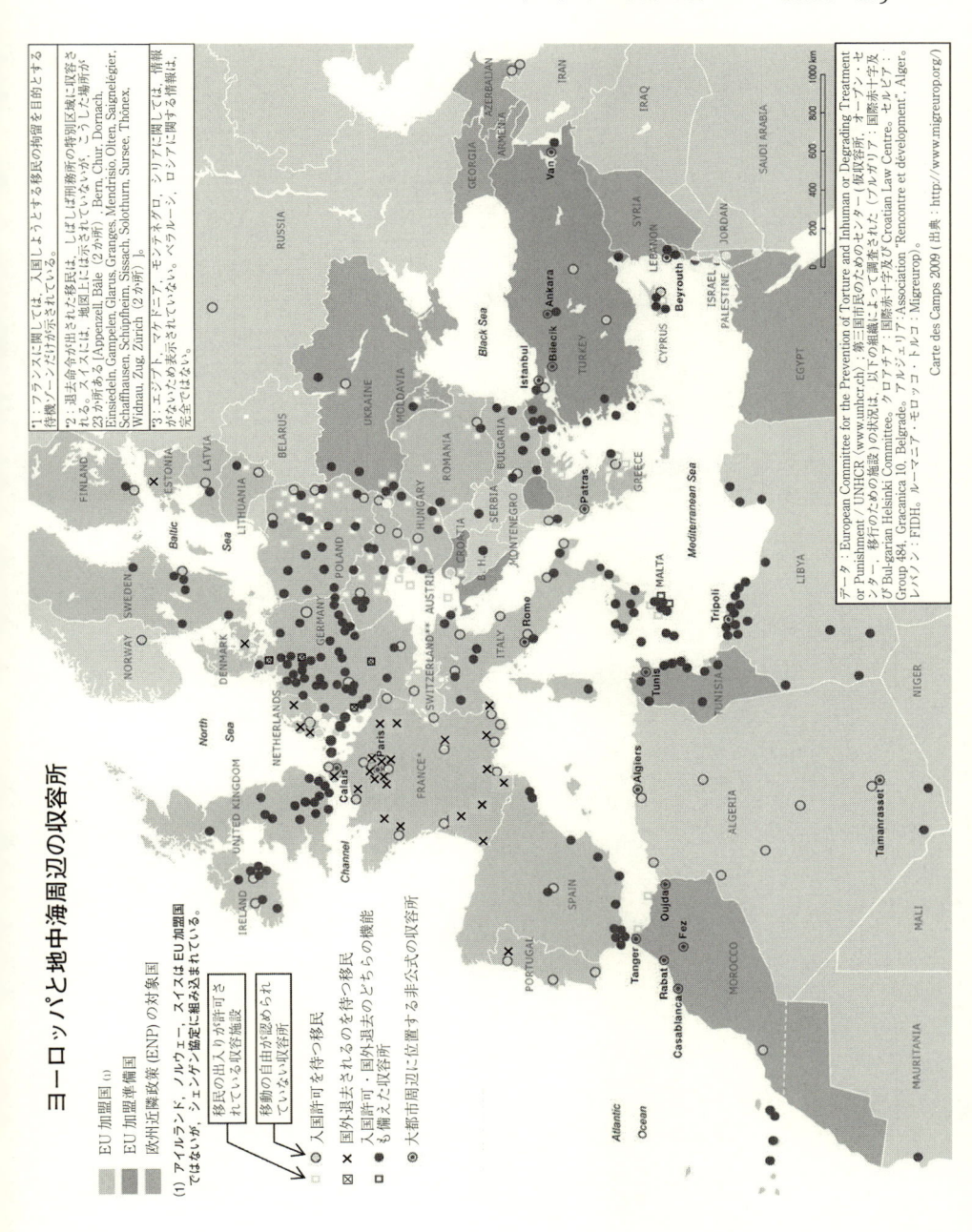

第10章　人の移動に対するEUの規制力　213

ヨーロッパと地中海周辺の収容所

凡例:
- EU加盟国 (1)
- EU加盟準備国
- 欧州近隣政策 (ENP) の対象国

(1) アイルランド、ノルウェー、スイスはEU加盟国ではないが、シェンゲン協定に組み込まれている。

- ○ 入国許可を待つ移民
- × 国外退去される途中の移民
- ⊠ 入国許可・国外退去のどちらの機能も備えた収容所
- ◉ 大都市周辺に位置する非公式の収容所
- □ 移民の出入りが許可されている収容施設
- ☐ 移動の自由が認められていない収容所

1 フランスに関しては、入国しようとする人間や移民の拘留を目的とする待機ゾーンだけが示されている。

2 退去命令が出された移民は、しばしば刑務所の特別区域に収容される。スイスには、地図上には示されていないが、こうした場所が23か所ある (Appenzell, Bâle (2か所), Bern, Chur, Dornach, Einsiedeln, Gampelen, Glarus, Granges, Mendrisio, Olten, Saignelégier, Schaffhausen, Schipfheim, Sissach, Solothurn, Sursee, Thônex, Widnau, Zug, Zurich (2か所))。

3 エジプト、マケドニア、モンテネグロ、シリアに関しては、情報がないため表示されていない。ベラルーシ、ロシアに関する情報は、完全ではない。

データ：European Committee for the Prevention of Torture and Inhuman or Degrading Treatment or Punishment / UNHCR (www.unhcr.ch)；第三国市民のためのセンター (仮設容所，オーブン・センター，移住のための施設）の状況は、以下の組織によって調査された（ブルガリア：International Helsinki Committee、クロアチア：国際赤十字及びCroatian Law Centre、セルビア及びBulgarian Helsinki Committee、クロアチア：国際赤十字及びCroatian Law Centre, セルビア：Group 484, Gracanica 10, Belgrade、アルジェリア：Association 'Rencontre et development', Alger、レバノン：FIDH, ルーマニア・モロッコ・トルコ：Migreurop)。

Carte des Camps 2009（出典：http://www.migreurop.org/)

(1)に関しては，空港や港が，地図上では EU 空間内に入っているにもかかわらず，実質的にはいまだ EU 内部ではない例外空間として位置づけられることから生ずる。他方で(2)に関しては，シェンゲン協定というルールを EU 外部の国家群が受容し，結果的に EU の規制力が作動することから生ずる。この EU の規制力の発揮を空間的に表現すれば，EU の内部とその外部のあらゆる地点が，人の移動を管理する境界線の役割を果たすこととなっており，バリバール（E. Balibar）の言葉を借りれば，そこはもはや「境界地（borderland）」(Balibar, 2009: p. 203) と呼ぶにふさわしい。

おわりに——規制によって防衛されるものとは

　以上，EU 空間の内外での人々の情報の把捉を通した不法移民の取り締まり，および人の移動のシステマティックな管理が，ENP や FRONTEX などで静かに進行していることがわかった。他方で，様々な理由で EU 外部に位置する国々から EU 空間へ移動してくる人々がシステマティックに選別されていく状況を前にして，われわれはもう一歩踏み込んで，以下の常識を再確認する必要があるだろう。すなわち，依然として「われわれはまずもって市民であり，われわれのシティズンシップの結果としてのみ人間となる」(Walker, 2009: p. 88) 世界に住んでいるという常識である。この議論を EU の文脈に引き付けるならば，入管政策がナショナル・レベルからリージョナル・レベルへとスケール・アップしたとはいえ，EU 空間内での移動の自由を享受するためには，政治共同体という観点から，まずもって EU 市民であることが必須であり，人間であるかどうかは議論の対象にもされない。ここでのシティズンシップは決して政治的参加の実践によって勝ち取られるものではなく，外部の脅威から防衛される「権利」として立ち現れている (Walters and Haahr, 2005: p. 111)。

　それゆえ，この場面では依然として EU 市民こそが法—権利の主体なのであり，どこかの加盟国の成員であることの延長として賦与される EU の成員資格

が，域内の自由な移動にとっての第一条件となっている。言い換えれば，ここでの「境界線」は単に領土を画定するための国境を意味するだけではなく，「権利を付与される者とされない者」を分かつ線を構成していることがわかる (Buckel and Wissel, 2010: p. 39)[17]。こうして EU が入管政策において規制力を発揮するということは，突き詰めればシティズンシップの付与という基準を経由して「移動の自由／不自由」の区分を再生産しながら，政治的共同体の外延を固持することを意味するということがわかった。

ただし，こうした包摂／排除の線引きに対しては，欧州の制度的レベル（欧州人権裁判所や欧州議会）からも，また草の根レベルからも問題提起がなされている[18]。つまり，人の移動管理に関して言えば，EU の規制力は様々な諸力によって揺さぶりをかけられ，「力」の行使の仕方が絶えず問われているということも忘れてはならないのである。

参考文献

庄司克宏（2007）「難民庇護政策における『規制間競争』と EU の基準設定」『慶應法学』第7号，611-655頁。

鈴木一人（2006）「規制帝国としての EU——ポスト国民帝国時代の帝国」山下範久編『帝国論』講談社，44-78頁。

Aradau, C. and R. Van Munster (2007), "Governing Terrorism through Risk," *European Journal of International Relations*, vol. 13, no. 1, pp. 89-115.

Axford, B. (2006), "The Dialectic of Borders and Networks in Europe: Reviewing 'Topological Presuppositions'," *Comparative European Politics*, vol. 4, pp. 160-182.

Balibar, E. (2002), *Politics and the Other Scene*, Verso.

Balibar, E. (2004), *We, the People of Europe?: Reflections on Transnational Citizenship* (J. Swenson, Trans.), Princeton University Press.

Balibar, E. (2009), "Europe as Borderland," *Environment and Planning D: society and Space*, vol. 27, no. 2, pp. 190-215.

Barbou des Places, S. (2004), "EU Asylum Policy and Regulatory Competition," *Journal of Public Policy*, vol. 24, no. 1, pp. 75-98.

Bigo, D. (2004), "Criminalisation of 'Migrants': the Side Effect of the Will to Control the Frontiers and the Sovereign Illusion," in: B. Bogusz, R. Cholewinski, A. Cygan, and E.

Szyszczak, *Irregular Migration and Human Rights: Theoretical, European and International Perspectives*, M. Nijhoff, pp. 61-91.

Bigo, D. (2006), "Global (In) security: The Field of the Professionals of Unease Management and the Ban-opticon," in: S. Naoki and J. Solomon, *Translation, Biopolitics, Colonial Difference (Traces: a multilingual journal of cultural theory and translation; 4)*, Hong Kong University Press, pp. 109-157.

Bigo, D. (2007), "Detention of Foreigner, States of Exception, and the Social Practices of Control of the Banopticon," in: P. K. Rajaram and C. Grundy-Warr, *Borderscapes: Hidden Geographies and Politics at Territory's Edge*, University of Minnesota Press, pp. 3-34.

Buckel, S. and J. Wissel (2010), "State Project Europe: The Transformation of the European Border Regime and the Production of Bare Life," *International Political Sociology*, vol. 4, no. 1, pp. 33-49.

Buzan, B., O. Wæver and J. D. Wilde (1998), *Security: A New Framework For Analysis*, Lynne Rienner.

Cooper, R. (2000 [1996]), *The Post-modern State and the World Order*, Demos; Foreign Policy Centre.

Council of the European Union (2006), The Presidency Conclusions of the Brussels 15/16 December 2005, *15914/1/05, CONCL3*.

Davis, M. (2006 [1990]), *City of Quartz: Excavating the Future in Los Angeles* (2 ed.), Verso.

Delanty, G. (2006), "Borders in a Changing Europe Dynamics of Openness and Closure," *Comparative European Politics*, vol. 4, pp. 183-202.

Diez, T. (2005), "Constructing the Self and Changing Others: Reconsidering 'Normative Power Europe'," *Millennium: Journal of International Studies*, vol. 33, no. 3, pp. 613-636.

European Commission (2007), An Integrated Maritime Policy for the European Union, COM(2007) 575 final.

FRONTEX (2008), *General Report 2008*, FRONTEX.

Guild, E. (2009), *Security and Migration in the 21st Century*, Polity.

Human Rights Watch (2009), *Pushed Back, Pushed Around: Italy's Forced Return of Boat Migrants and Asylum Seekers, Libya's Mistreatment of Migrants and Asylum Seekers*, New York.

Jones, A. and J. Clark (2008), "Europeanisation and Discourse Building: The European Commission, European Narratives and European Neighbourhood Policy," *Geopolitics*, vol. 13, no. 3, pp. 545-571.

Kagan, R. (2003), *Of Paradise and Power: America and Europe in the New World Order*, Alfred A. Knopf.

Manners, I. (2008), "The Normative Ethics of the European Union," *International Affairs*, vol 84, no. 1, pp. 45-60.

Neal, A. W. (2009), "Securitization and Risk at the EU Border: The Origins of FRONTEX," *Journal of Common Market Studies*, vol. 47, no. 2, pp. 333-356.

Rumford, C. (2008), *Cosmopolitan Spaces: Europe, Globalization, Theory*, Routledge.

Salter, M. B. (ed.) (2008), *Politics at the Airport*, University of Minnesota Press.

Torpey, J. (2000), *The Invention of the Passport: Surveillance, Citizenship and the State*, Cambridge University Press（藤川隆男監訳（2008）『パスポートの発明：監視・シティズンシップ・国家』法政大学出版会）.

Urry, J. (2003), *Global Complexity*, Polity.

Walker, R. (2009), *After the Globe, before the World*, Routledge.

Walters, W. (2002), "Mapping Schengenland: Denaturalizing the Border," *Environment and Planning D. Society and Space*, vol. 20, no. 5, pp. 561-580.

Walters, W. (2006), "Rethinking Borders Beyond the State," *Comparative European Politics*, vol. 4, pp. 141-159.

Walters, W. (2009), "Europe's Borders," in: C. Rumford, *The SAGE Handbook of European Studies*, SAGE, pp. 485-505.

Walters, W. and J. H. Haahr (2005), *Governing Europe: Discourse, Governmentality and European Integration*, Routledge.

Zolberg, A. (2000), "Matters of State: Theorizing Immigration Policy," in: C. Hirschman, P. Kasinitz and J. DeWind, *The Handbook of International Migration*, Russell Sage, pp. 71-93.

注

(1) チュニジアからイタリアへ渡った移民が，ノーチェックでフランスへ入国できることに対して両国に緊張が走っている。Cf. http://www.bbc.co.uk/news/world-europe-13277695（2011年8月31日アクセス）.

(2) その根拠となる文書は以下のとおり。1. Wider Europe-Neighbourhood: A New Framework for Relations with our Eastern and Southern Neighbours COM (2004) 373 final 2. European Neighbourhood Policy: STRATEGY PAPER COM (2003) 104 final.

(3) 将来のEU加盟というカードがそれなりに相手に現実味を持たせる地域であれ

ば，この ENP はより大きな影響力を近隣国に与えることができる。
(4) ENP としては以下の三つが存在している。(1)EU 東部境界線：ベラルーシ，ウクライナ，モルドヴァ（The Eastern Partnership (2009)）。(2)EU 南部境界線：アルジェリア，モロッコ，チュニジア，リビア，エジプト，イスラエル，パレスチナ管轄地区，ヨルダン，レバノン，シリア（The Union for the Mediterranean (2008)）。(3)黒海周辺：アルメニア，アゼルバイジャン，ジョージア（The Black Sea Synergy (2008)）。
(5) イタリアとリビアのあいだには2008年8月30日に友好条約が締結されている。
(6) この点，欧州人権裁判所は2005年5月，イタリアが行った飛行機による大規模な国外追放は国際法違反であるという見解を示している（Fortress Europe, 2007: p. 7）。ただし，皮肉にも中東・北アフリカ一体で起こった民主化の波を受けてリビアに国際的な関心が集まったことは事実で，こうした状況下ではEU加盟国が独自にその構成的外部としての体制の異なる国々を不法移民対策に意識的に利用することは国際的非難を容易に引き起こしかねないため，ますます困難になっている。
(7) Regulation（EC）No 2007/2004.
(8) なお，EU加盟国の中で，アイルランドとイギリスはシェンゲン協定の国境検査撤廃の適用対象から除外されており，市民の移動の自由は制限される。他方で，両国は司法・刑事面では他のEU加盟国と協力関係にあることからシェンゲン情報システム（SIS, SIS II）にはアクセスが可能となっている。
(9) たとえば，2008年，地中海上のアフリカ沿岸で行われたジョイント・オペレーション（JO）としては，スペインと共同で行っているJO-HERAが315日間，イタリア・マルタと共同で行っているJO-Nautilusが332日間，エーゲ海で行われているJO-Poseidonが217日間となっている（FRONTEX, 2008: p. 45）。
(10) Regulation（EC）No 863/2007, OJ EU L 199/30 11 July 2007.
(11) Regulation（EC）No 863/2007, Article 6-4.
(12) 紙幅の関係で，詳細は別稿に譲らざるをえないが，国家にとっての危険を国家元首や政策担当者が，公の場で発言することを契機として，安全保障体制が強化される現象を理論化する動きがある（いわゆるセキュリタイゼーション理論；Buzan, Wæver, and Wilde, 1998以降の議論の集積）。一般にセキュリタイゼーションと言えば，不安や恐怖のレベルの上昇が安全保障の強化につながるという議論を指し，移民や難民の受け入れといったアジェンダに対しても，たとえばEU加盟国の国民も，しばしば不安感から敏感に反応するケースは少なくない（Securitization of Unease）。他方で，本節で展開するEU市民としての「身元の確認」という面で言えば，EUやEU加盟国と市民の紐帯は常にアップデート・

精緻化されている（Securitization of Identity）。

　以上を踏まえると，「セキュリタイゼーション」現象は，(1)主観的不安が集合的に具現化した場合に起こる安全保障への影響と，(2)人民の客観的情報把握が進むことによる安全保障への影響という二方面で進むということがわかる。このことをここでは「セキュリタイゼーション・ダブル」と呼ぶことにしたい。ある政治共同体の市民が，身元を完全に掌握されたうえで，不安を煽られ神経症的になっていく時，この二重のセキュリタイゼーションに確実にバインドされ，市民の「不安」と「身体」はひとまとまりの統治へと練り上げられていく。

　EUの安全保障研究において取り組まれなければならない課題は，その両者がどのような関係性を構築しているのかを解明することである。

(13)　ただし，EU加盟国のイギリスとアイルランドはシェンゲン協定を部分的に実施しているに過ぎず，域内の自由移動を認めていないにもかかわらず，SISには参加するという形態をとっている。加えてノルウェー，アイスランド，スイスはEUに未加盟でもシェンゲン協定には加盟しており，EU加盟国とシェンゲン協定加盟国は大部分重なるものの，若干のズレが存在している。

(14)　国境を越境してくる人々の最終目的地が，シェンゲン加盟国ではなく，あくまで経由地であったとしても，その場で難民申請を行う者が後を絶たないため，トランジットの場合でもビザが要求される国が存在している。詳しくは以下を参照。Regulation (EC) No 539/2001. また，複数のEU加盟国で難民申請を行う「庇護ショッピング」に対するEU基準設定に関する経緯に関しては庄司（2007）を参照。

(15)　1983年にオランダ，1987年にドイツ・イギリス・ベルギーの国内法に，輸送するものへの義務が組み込まれ，それ以降，他のヨーロッパの国々にコピー＆ペースト・ベースでこの規定は浸透することとなる（Barbou des Places, 2004）。

(16)　このことは，潜在的には国家間の対立や紛争が存在しているにもかかわらず，行為主体を，移動する個人のレベルに落とし込むことができる限りにおいて，国家間の政治的対立を私的な自己責任の問題へとすり替えることに成功している。これがEUの現在行っているリベラルな帝国的統治としての移民管理政策である。

(17)　EUにあって，移動の自由を付与される者／剝奪される者はどのような基準の下で区分されるのかという点については，国籍による区分にとどまらず，宗教・ジェンダー・民族・階級に基づく多次元的な階層化も起こっているという指摘がある（いわゆる「グローバル・アパルトヘイト」（Balibar, 2004: p. 113）の存在）。いうまでもなく，この多次元的階層化は，「誰が」資本を循環させるのかという問題と，資本が「誰を」循環させるのかという問題とも深い関係を結んでいると言わざるをえない（Balibar, 2002: pp. 82-83）。この点，世界の貧困地域からEU

空間を守るためにシェンゲン・ビザがあると指摘することもできることを考えると，そこには資本とシティズンシップは一致することはないにしても，連動しながら新しい鉄のカーテンを構成しているとの議論が浮上してくるのである（Cf. Walters, 2002: p. 576）。

(18) 制度的レベルでの統治のあり方への問題提起とは，欧州人権裁判所のように普遍的価値に基づきながら移民の人権を救済するような装置が作動する場合や，欧州議会によるEU行政への修正要求が起こる場合である。逆に草の根レベルからの問題提起とは，たとえば2011年2月に起こったアフリカ・マリ共和国バマコでのFRONTEXに対する抵抗デモ行動の発生のような事例である。以下を参照。http://frontexplode.eu/2011/02/02/frontexplode-in-mali-and-senegal/（2011年8月31日アクセス）

第11章

EUの国際開発援助政策に見る規制力の限界
―― 利他性・規範性の後退

元田 結花

はじめに

　欧州連合（EU: European Union）は対外政策の重要な領域として開発援助政策を位置づけており，EUとその27加盟国による2010年の政府開発援助（ODA: Official Development Assistance）の実績も，約束額ベースで総額538億ユーロに達している。これは世界のODAの半分以上を構成していることから，EUは「世界最大のドナー」[1]であると自負している（European Commission, 2011a）。国民総所得（GNI）に対するODAの比率も，国際社会の目標である0.7％を2015年に達成することをEU総体として目指しており，国際開発に取り組む主導的ドナーとして肯定的に評価されている（Youngs, 2010: p. 98; Holland, 2009: p. 30）。政策内容に目を向ければ，EUは自己の利益を離れて，人権，民主主義，法の支配などの規範的な価値を追求するドナーであるとの評判もある（Börzel and Risse, 2009: p. 35）。

　しかし，このようなEUの実績・評判をもって直ちにEUが主導的なドナーであり，国際開発における規範的な価値を推進していると評価することはできない。EU加盟国は援助政策の自律性を保持しているうえに，総額538億ユーロに占めるEU単独の実績は2割程度である（European Commission, 2011bより算出）。図1に見るように，EUのODA規模は二国間ドナーの中では2位であるが，1位のアメリカの半分程度であり，加盟国の上位3カ国と比べて

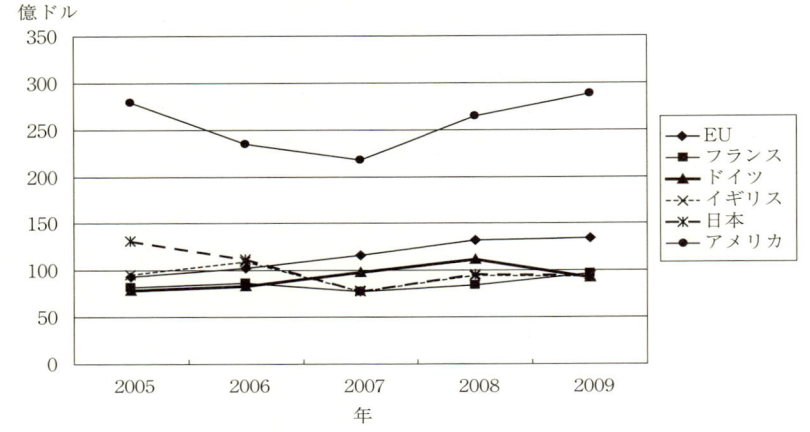

図11-1　主要ドナーの二国間ODAの実績（USドル，実行額ベース）

出典：DACのデータベース[2]から，筆者が算出。

も，EUの実績が突出しているわけでもない。そもそも，ODA額が大きければ直ちに国際的な開発援助政策における影響力が増大するというわけでもないことは，1990年代の日本の例を見れば明らかであろう。また，開発援助政策においては，ドナーが「言っていること」と「実際にやっていること」が乖離していることは珍しくなく，規範的な価値を扱う活動分野ほど，実践に照らして判断する必要がある（Cornwall and Eade, 2011）。

実際にどのような開発援助活動をしているのかという観点からEUの規制力を明らかにするには，少なくとも三つの次元に分けて見ていく必要がある。すなわち，直接の政策対象である被援助国への影響，他のドナーが採用するアプローチや国際的な開発援助政策の潮流との関係，そして，最もマクロな次元である国際社会における開発アジェンダセッティングにおける役割，である。もっとも，被援助国におけるEUの影響力は，EUと他のドナー，被援助国内部の行為主体の相互作用の中で決まるため，詳細なケーススタディが必要となり，本稿の範囲を越える。しかし，EU対被援助国の関係に限定するならば，先行研究を用いた分析は可能である。この作業は，EUの市場の力をはじめ，被援

助国に対する EU の規制力の源を抽出する際にも有用であるため，本章ではこの次元については，主として EU 対被援助国の関係に焦点を当てることとする。

以上のような問題意識から，以下，第 1 節で開発援助政策の概要を押さえ，第 2 節において EU が被援助国の開発政策にどのように影響力をおよぼしているのかを，EU の援助措置別に見ていく。そこで浮かび上がった特徴を踏まえて，第 3 節において，国際的な開発援助政策の潮流の中に EU をどのように位置づけることができるのかを検討するとともに，EU がどれだけ「規範的な価値」を実現しようとしているのかを明らかにしていく。第 4 節において，国際的な合意の形成・促進において EU がどのような役割を果たしているのかを確認した後に，全体の分析から得られた EU の規制力のあり方を，結論として提示することにする。

1　EU の開発援助政策の概要

(1)　21世紀における改革――目的の明確化と援助プログラムの再編

1957年に開始された EU の開発援助政策であるが，21世紀を迎える段階にあってもなお，戦略的な方針が欠如していた。開発援助を EU の政策の一環として位置づけていたマーストリヒト条約においても，統一性のある援助政策が方向づけられていたとは言い難く，具体的な政策指針となる一貫した開発援助戦略の設定は遅れていたのである（Carbone, 2007: p. 53）。

国際的には，特に1990年代後半から主要ドナー国において，「援助疲れ」の様相が見られるようになっていた。しかし，2001年にミレニアム開発目標（MDGs: Millennium Development Goals）のかたちで2015年までに達成すべき明確な目標が設定されたことによって，各国も具体的な行動を求められるようになった。2002年のモンテレー開発資金国際会議に向けて，欧州委員会の働きかけにより，EU は「バルセロナ・コミットメント」において加盟国が全体として ODA を GNI 比の0.33％から0.39％に増大させることを発表した。この

公約は，2001年の9.11テロを受けて，開発と安全保障が相互に補強されるという認識の高まりを背景に，アメリカに対しても開発資金を増やす重要性を訴えるかたちとなり，EU 側の提案に対してアメリカも援助額を増やすことを公約するにいたった（Ibid.: Ch. 3）。

　モンテレー会議以後，国際政治において開発援助が重要課題として扱われるようになるとともに，EU においても，統一的な開発援助政策に向けた改革が進められていく。その結果，2005年12月に出された『開発についての欧州合意』によって，持続可能な開発の実現を通じた貧困の削減と，MDGs の達成が，EU の開発協力政策全体の目標として掲げられるにいたった。同時に，国家戦略文書（CSP: Country Strategy Paper）フレームワークに基づき，各被援助国の政治・経済・社会・環境の領域における状況の分析，当該国の開発戦略の把握，従来の EU の開発協力政策の総括を踏まえたうえで，開発協力政策全体の目標と地域別の援助措置に関連づけながら，当該国への具体的な支援が形成されるようになった。CSP の立案過程においては，パートナーシップに基づいた相手国の主体性を尊重するかたちでの政策対話を通じて，人権や基本的自由，民主主義，グッド・ガヴァナンスなどの価値が EU と相手国のあいだで共有され，促進されることが目指されたのである（European Commission et al., 2006）。

　さらに，国際開発，通商，安全保障の各領域で EU が影響力を高められるように，整合的かつ効率的な援助政策を目指して，各プログラムの再編・統合が進められた。それまでの EU の援助政策は，旧植民地との紐帯に基づいたアフリカ・カリブ海・太平洋（ACP: African, Caribbean and Pacific）諸国への援助を出発点に，半世紀におよぶ歴史の中で地理的拡大を続けていたため，改革前には，五つの地域別援助プログラムが並立する状態であった。2007年に，トルコと西バルカン諸国は，加盟前支援措置（IPA: Instrument for Pre-Accession Assistance）の対象となり，旧ソ連邦の独立国家共同体加盟国・客員参加国（当時）のうち，アゼルバイジャン，アルメニア，グルジア[3]，ベラルーシ，モルドバ，ロシアと，事実上の客員参加国であるウクライナ，そして中東地

域・北アフリカ諸国を対象とする地中海地域に対しては，欧州近隣パートナーシップ措置（ENPI: European Neighbourhood and Partnership Instrument）が採用されるにいたった。残りの旧ソ連邦の独立国家共同体（中央アジア諸国）と，ACP諸国に属さないアジアとラテンアメリカの国々は，開発協力措置（DCI: Development Co-operation Instrument）の対象となった[4]。なお，欧州委員会は，当初，ACP諸国もDCI対象国と同列に扱おうとした。しかし，同諸国への援助の財源である欧州開発基金（EDF: European Development Fund）がEUの予算外の扱いであったことから，加盟国はEDFに対する発言権を失うことを拒み，結果としてEDFによるACP諸国向けの援助プログラムが維持されることになった[5]（Holden, 2009: pp. 171-182）。

(2) 政策決定・執行過程における問題

EUの開発援助政策の制定・執行については，EUレベルの法規制の制定，対象国・地域に対する6年もしくは3年ごとの長期的援助計画の編成，各対象に向けた年次ごとの援助活動の計画と実施，の三つの次元に分けて考えることができる（Holden, 2009: pp. 36-41）。

開発援助政策は通常立法手続に基づいており，法規制の制定段階では，欧州連合理事会の発言力が強いことが指摘されている（Ibid.: p. 36）。加盟国は各次元において関与しているが，2007年の改革におけるEDFの扱いに見たように，各国は自己の利害関心を優先させることが多く，欧州連合理事会においても，各国の利益対立の調整が常駐代表委員会に持ち込まれることが多い（Carbone, 2007: p. 51）。

長期的援助計画の編成と，年次ごとの援助活動の計画・実施は，専ら欧州委員会の管轄となる。しかし，同委員会においてODAの大半を管理する欧州援助協力・開発総局は政策決定において指導力を発揮できていない。前述のモンテレー会議前のように，主導的な役割を果たすケースもあるが，それは例外的である（Holden, 2009: pp. 181-182）。『開発についての欧州合意』の下，ODAの規模も増加しているにもかかわらず，加盟国の援助政策との調整も進まず，

担当委員の発言力が弱いこともあって，ODA を有効に活用することができていない状況にある（Youngs, 2010: p. 100）。専門の研究部署もなく，現地においても，CSP を含む各種政策の立案・執行活動能力に問題があることも指摘されている（Holden, 2008, 2009）。現地から見ると，関連行為主体が多い EU の援助政策は，物事が決まるまでに非常に時間がかかり，EU の官僚主義的な性格とともに，刻々と変動する援助のニーズに対応できていないとの批判が出されている（Baroncelli, 2010）。

　求心力を欠いた政策決定過程は，EU の援助政策を目的から乖離した，断片的で一貫性のないものにしてしまいやすい（Carbone, 2009）。近年は，『開発についての欧州合意』と，被援助国内部で援助資金を有効に配分し，被援助国が複数のドナーの政策を調整するコストを減らすことを目指す「相補性と役割分担に関する行動準則」に依拠して，援助政策の一体性を目指す動きが強化されており（Council, 2007），リスボン条約はこの動きを加速させるものとして期待されている（European Commission, 2011b）。特に，欧州対外行動庁（EEAS: European External Action Service）の設置が，欧州員会の内部調整の進展と政策立案執行能力をもたらすのかが問われてこよう。また，ニース条約 179 条 3 項（ACP 諸国との関係に影響を与えないとする規定）が削除されたことは，EDF による援助を他の援助枠組みと同一の手続で処理できるようになるという意味では，政策の一体性を確保するのに有用であろう。しかし，通常決定手続において，最貧国が多くを占める ACP 諸国の開発ニーズがどれだけ配慮されるのかという懸念もある。

2　被援助国との関係——地域ごとの影響力の差

(1)　「コンディショナリティによる対外的ガヴァナンス」モデルの援用

　被援助国との関係で EU の規制力を考える際には，援助それ自体に加えて，EU への加盟，EU 市場へのアクセスなど，EU の主張を相手国に受容させる

誘因がどのようなものであり，それらがいかに作用しているのかを考えることが有用である(6)。

加盟前支援措置（IPA）と欧州近隣パートナーシップ措置（ENPI）においては，EUへの加盟を誘因として，中欧・東欧諸国に対し，援助をともないながらアキ・コミュノテールの受容を促し，実現させた経験を踏まえて，いわゆる「コンディショナリティによる対外的ガヴァナンス」（Schimmelfenning and Sedelmeier, 2004）が援用されている。ただし，IPAの対象国に対しては，加盟に向けた厳格なタイムテーブルは設定されていない。当然ながら，これらの国がEUの要求に応じる誘因は，中・東欧諸国の場合よりも低い。そこで，安定化・連合プロセスへの参加と，加盟候補の地位を代わりの誘因として提示し，IPAを通じて具体的な恩恵を提供しつつ，各国の実情にあわせた経済・政治改革を促し，加盟国の地位に漸進的に近づけさせている（Renner and Trauner, 2009: p. 454）。

ENPI対象国に用意される梃子は，EUの域内市場への参入に際しての関税の免除措置（対象品目は国によって異なる）や財政的・技術的援助などである。対象国には，連合協定締結に向けて経済・政治両面での改革を進めることが求められ，同協定を締結した後も，行動計画に沿って引き続き改革を進める限りにおいて援助が供与され，EU域内市場との統合が進められる。IPAと異なり，EUへの加盟は予定されておらず，ウクライナのように加盟への希望を明言している国も，EU側から加盟に向けた道程表を引き出せていない。新しい連合協定の主眼は自由貿易の伸展とEUのエネルギー市場へのウクライナの統合であり，経済面での改革は進展が見られるものの，ウクライナ側の政治勢力が希求するビザの自由化などが認められないことから，政治改革の誘因は低いままとなっている（Holden, 2009: Ch. 4; Shapovalova, 2010）。一方，地中海諸国は，コペンハーゲン基準に照らすとEUへの加盟は現実味がないため，支配層の利益に反する政治改革を進める誘因は一層弱くなり，EUの影響力はより経済面に偏ったものとなっている（Holden, 2009: Ch. 3; Kausch, 2010）。

注意すべきは，IPA・ENPIいずれも，EUが対象地域に対して抱く戦略的

な利害関心に依拠して展開されている点である。自らの国境に隣接する地域の安定と安全保障の強化を図る一方で，通商関係の進展を通じた経済的繁栄をめざし，あるいはエネルギーの供給先を多様化させるためのルートを開拓するために，アキ・コミュノテールの（部分的）受容というかたちで相手国の経済・政治改革を進展させることが目的となっている。その意味で，この二つの開発援助政策は「欧州色」が強いものとなっており，実際に EU 側の求める改革を促す効果が認められる。ただし，EU 側が用意した誘因が機能するには，相手側の利害関心と一致する必要があるため，被援助国において，EU と被援助国の双方にメリットがある経済改革を促すには有効であるが，政治エリートの既得権益を脅かすような政治的な改革をもたらすまでにはいかない傾向が指摘できる。

(2) より「標準的」な開発援助政策

　欧州開発基金（EDF）と開発協力措置（DCI）は，加盟前支援措置（IPA）・欧州近隣パートナーシップ措置（ENPI）の対象地域よりも遠方にあり，戦略上の重要性も低い国々を対象とする，欧州色が薄れた「標準的」な（Holden, 2009: p. 133）開発援助政策である。以下に見るように，いずれの援助でも，EU と緊密な通商関係を築くことが目指されており，そのための経済改革は優先されるが，貧困削減や政治改革への配慮は後退している。

　EU と ACP 諸国の関係を基礎づけるコトヌー協定は，通商面では，先行のロメ協定の下で ACP 諸国側に付与されていた非相互的な特恵的待遇がなくなり，より WTO 協定に適合した内容になっている。援助の面では，貧困削減と経済成長を進めることで，地域内の経済統合と，EU と各国のあいだの経済パートナーシップ協定（EPA: Economic Partnership Agreement）に結びつけようとしている。コンディショナリティと援助がセットになって，被援助国内の自由主義的な経済改革と，民主化を含む政治改革が促されている。援助の配分基準としては，ACP 諸国のニーズに加えて実績も考慮されるようになり，特に MDGs の達成が全体の指針として参照されるようになった。（Carbone,

2008: pp. 220-221)。ACP 諸国が自らの開発戦略を決定すべきとされるが、実際に EDF が供与する援助プログラムの内容は、EU 側の利害関心が反映されている（Slocum-Bradley and Bradley, 2010: pp. 42-43)。資金を供給する優位な立場から、EU は援助を誘因として提示し、自らが重視する経済自由化を推進させているのである。

ただし、ACP 諸国における自由化の動きは、より根源的には、世界銀行や国際通貨基金（International Monetary Fund: IMF）といった国際金融機関が推進しており、EU が促す各国の自由化と域内統合は、その動きによって後押しされている（Brown, 2004)。コンディショナリティも、たとえばガーナでは、国際金融機関が課すもののほうが重要性が高いとされている（Holden, 2009: 147)。一方、近年の中国によるアフリカへの積極的な進出は、アフリカ諸国にとってはコンディショナリティの縛りのない潤沢な開発資金の供給元が登場したことを意味し、EU の援助政策の影響力が減退するのではないかとの懸念も強い。しかし中国も、アフリカにおいて持続的に活動するには、同地域の安定を推進し、旧来からのドナーと協調することが必要であるとの認識を示すようになっている（Carbone, 2011)。したがって中国が EU の援助政策に対してどのような影響を及ぼすのかは、今後の動向を見守る必要がある。

開発協力措置（DCI）は、多様な国々を一つの枠組みで対応しようとしているため、統一性の欠けたプログラムとなっている。紙幅の関係から、以下主要対象地域であるラテンアメリカとアジアについて見ていく。

成長著しいラテンアメリカの市場は EU にとって魅力的であり、EU が域内最大のドナーとなっている開発援助も、MDGs の達成や貧困削減、ガヴァナンス改革支援よりも、EU 側の経済的利害関心に沿った経済改革・民間セクター支援に向けられる比重が大きい。地域協定との協力関係も重視しており、同地域でライバルとなるアメリカの多国籍企業の進出に対抗するかたちで、通商とサービスの自由化を核とする域内統合を推進するために、メルスコールやアンデス共同体に対して連合協定締結に向けた交渉を進めている。たとえばメルスコールの場合は、援助は通商や経済統合面での技術支援が主となっており、

関税水準の調整や,統計手法の調和化などが含まれている。EUの援助は,南アメリカの自由化を進め,EUとの緊密な通商関係の確立に寄与したとされるが,今後どの程度域内経済統合に影響を及ぼすのかは不明であるとされる (Icaza, 2010: p. 131; Holden, 2009: Ch. 6)。

援助を通じて成長する市場におけるプレゼンスの増大を図るという点で,EUはアジアに対してラテンアメリカと同様のアプローチをとっている。たとえば,ASEANとの関係では,以前よりも援助の比重は低下しつつあるものの,依然としてビジネス活動の規制・基準の調和化を含む経済統合に向けた技術援助を提供している。二国間援助については,各国が置かれた開発状況に応じたかたちで,社会的・経済的ニーズへの援助が大半を占めるが,通商・投資活動に関する法規制の改革や,財政管理への支援なども含まれる (Holden, 2009: Ch. 6)。ラテンアメリカとアジアに共通する点として,他の援助措置と比して,EUと被援助国の関係を条件づける制度化が進んでいないことが挙げられる (Ibid.: p. 169)。

3　国際的な開発援助政策との関係

(1)　世界銀行・国際通貨基金 (IMF) の開発援助政策との関係

第1節で見たように,MDGsの達成,貧困削減と合わせて,新自由主義的な経済改革と,民主化やガヴァナンス改革などの政治改革が,EUの援助政策が目指すべき課題となっているが,これらは,国際的な開発援助政策の潮流と重なり合っている。EUの他のドナーに対する影響力や,規範的な主張の説得力を見るには,これらの潮流に対する,EUのアプローチの位置づけを明らかにする必要がある。以下,現在の援助政策を主導する世界銀行・IMFの政策と,EUの援助政策の規範的な性格を特徴づけるとされる,ガヴァナンス改革・民主化・人権擁護に向けた援助を取り上げることとする。

現在の開発援助政策の基調となっているのが,世界銀行・IMFが主導する

貧困削減戦略文書（PRSP: Poverty Reduction Strategy Paper）であり，EU も自らの CSP フレームワークと PRSP 体制の整合性を図る必要性を認めている（European Commission, 2006: p. 5）。次節でも扱う「パリ宣言」に基づく援助協調が重要な役割を果たすとされ，世界銀行・EU ともに，相互の協力関係と政策調整が進展していると認識している（Baroncelli, 2010: p. 155）。実際，ACP 諸国との関係では，PRSP の前身である構造調整プログラムが展開されていた頃から，EU は国際金融機関の影響を大きく受けて，援助を供与する際に付随するコンディショナリティを通じて，新自由主義的な経済・政治改革を被援助国に求めるようになっていた（Brown, 2004）。現在の PRSP との関係も，国際的な開発援助政策の潮流に追従したものである。ただし，コンディショナリティを通じた改革の推進は，途上国の主体性が侵害される一方で，改革が実行されにくいことから，コンディショナリティの対象範囲の縮小や，事後的コンディショナリティへの移行が模索されている。EU も同様の是正策を図っており，特に事後的コンディショナリティへの移行は，EU が他に先駆けて試みたものである（Bigsten, 2007: pp. 110-111）。

　一方，より「欧州色」が強い，加盟候補国と近隣諸国との関係でも，たとえばトルコにおいては，IMF が要求する経済改革を進めることを，EU 加盟に向けた前提条件としてとらえる向きもあった（Aprac and Bird, 2009: p. 149）。現在の ENP 諸国に対する支援では，EU が被援助国に課す経済改革の内容は，被援助国側の問題関心を反映したものに絞られると同時に，貧困への配慮も重要とされており，被援助国は，自国の PRSP で要求されている貧困対策と社会福祉政策を実行することが，EU の援助との関係でも求められている（Noutcheva and Emerson, 2007: pp. 90-91）。

　したがって，支援対象国によって，世界銀行・IMF の推進する改革と，EU のアキ・コミュテールの受容に対する要求の度合いは異なるが，両者は重なり合うかたちで，対象国の改革を方向づけていることが分かる。

(2) ガヴァナンス改革・民主化・人権擁護に対する援助

　グッド・ガヴァナンスは，PRSP の重要な政策課題でもあるが，ここでは，PRSP との関係に限らず，EU のガヴァナンス改革・民主化・人権擁護全般に対する援助のあり方を見ていく。すでに第 2 節において，EU が被援助国に援助を供与する場合，途上国の政治改革への配慮は不十分なものになりやすいことを指摘した。実際に EU のガヴァナンス理解を見てみると，各地域に向けた援助政策のいずれも，新自由主義的経済秩序に整合的な政治・行政体制であり，PRSP 体制下で想定されているものと同様に，経済改革が政治・行政改革に優先する位置づけとなっている。しかも，被援助政策を通じた政治・行政改革は，新自由主義的改革に必要な公共セクター改革や，財政管理，分権化などに焦点を当て，パッケージ化された技術援助を機械的に提供するといった，技術的な対応に陥りがちな傾向が指摘されている。既存の権力構造に対する批判的な分析もなされず，社会的弱者の決定過程への参加に対する配慮も見られないのである（Hout, 2010）。

　このようなガヴァナンスに対する脱政治化されたアプローチは，経済的・戦略的配慮から政治改革に対してあまり圧力をかけないという，第 2 節で見た傾向と合わせて（Yongs, 2010: pp. 58-72 も参照），EU が法の支配や，民主主義，人権の尊重といった，規範的な価値の実現を目指すという見解に，疑義を投げかける。実際，より積極的に民主化支援を志向するとする援助活動においても，たとえば，ベラルーシでは政府を支持する非政府団体（NGO）を支援したように，被援助国政府にとって望ましい，現状維持に資する援助が行われている（Ibid.: p. 75）。法の統治といっても，中央アジアにおいて支援の対象となっているのは，EU からの投資にとって関係が深い，商法関係の法改正である（Issacs, 2009）。この分野に特化した欧州民主主義・人権措置（European Instrument for Democracy and Human Rights: EIDHR）の下で供与された援助を見ても，制度的では整備されてきたものの，現地政府とのあいだで軋轢を避けるために，欧州委員会の現地代表が「民主化支援」のカテゴリーに属する小

規模プロジェクトを展開するケースは少ないなど，取り組みの不十分さが指摘されている（Herrero, 2009）。

被援助国政府との良好な関係を維持する傾向と合わせて，EU が積極的に政治改革を援助する能力についても問題が指摘されている。たとえば，EDF の下では，ガヴァナンス改革を進めている被援助国に対して，資金を供与する枠組み（欧州員会ガヴァナンス・インセンティブ・トランシェ［ECGIT: European Commission Governance Incentive Tranche］）が新設されている。実際の運用を見ると，欧州委員会側の分析能力および交渉力の欠如も一因となって，被援助国側の多様性に配慮することなく，同じようなモデルに基づいて一方的に改革すべき分野を指示し，被援助国の遵守を確保できないままに資金を供与してしまっている。その結果，被援助国側が主体性を持たない改革が押しつけられることになるが，被援助国側の認識からすれば単に援助資金が微増したに過ぎず，EU 側のモニタリング体制の不備もあって，内実がともなわない機械的な活動を助長することになる（Molenaers and Nijs, 2009）。

4　国際的合意との関係

(1)　援助協調

それでは，国際的な次元における，EU のアジェンダセッティング能力はどのようなものであろうか。現在，ドナー間で求められているのが，各ドナーの援助政策間および被援助国の開発政策とのあいだで整合性を図ることである。経済開発協力機構（Organization for Economic Cooperation and Development: OECD）の開発援助委員会（Development Assistance Committee: DAC）が手続面での議論の中心となっており，特に2005年の「パリ宣言」は現在各ドナーの参照基準となっている。この分野における EU への評価は高く，政策の整合性に関する国際的な合意の形成とその実践に向けて――さらなる取り組みが求められているものの――加盟国を導く役割を果たしてきたとされる（DAC,

2007: Ch. 5)。さらに，CSP フレームワークは，EU・加盟国間・途上国の政策の相補性をもたらすものとして，「相補性と役割分担に関する行動準則」は，援助活動の重複を避け，効率的な資源配分を促す指針として，大きな期待が寄せられている（OECD, 2009）。

しかし，援助の現場でこれらが政策協調を促すかどうかは，各事例にあたる必要がある。たとえば，CSP は，地中海諸国に対する支援において EU の援助の整合性の向上に寄与した一面もあったが，欧州委員会の分析・立案能力の制約もあって，EU 内部での情報管理については依然として問題が残っているとされる（Holden, 2008, 2009: Ch. 3）。アフリカ諸国（Carbone, 2008）や太平洋諸国（Dearden, 2008）を対象にした研究でも，CSP は意図したような機能を果たしていないことが指摘されている。パリ宣言は「宣言するのは容易であるが，実践に移すのは困難」であり（Monye et. al., 2010），EU もその例に漏れないのである。EU は援助協調を促す道具立てを整えた限りにおいて，国際的な合意の推進者となっているが，実践面で協調を進展させるまでにはいたっていないと言える。

(2) ミレニアム開発目標（MDGs）の達成に向けた開発資金の増大

政策目的の面から各ドナーが目指すべきとされているのが，MDGs である。第1節(1)で見たように，EU は，欧州委員会による働きかけを通じて，2002年のモントレー会議の前に，MDGs の達成に向けて開発資金を増大させる姿勢を示したことによって，アメリカからの ODA 増額の公約を引き出した。以後，それまでの援助疲れの潮流は一転し，各ドナーは援助額の増大を競うようになった（Carbone, 2007: p. 66）。EU は，2005年の「ミレニアム＋5」サミットに向けても，再び MDGs の実現に努める意思を表明しており，ODA の対 GNI 比を0.7%にするという目的とあわせて，国際的な開発合意の実践面における具体化・定着を促す姿勢を率先して示した（Ibid.: pp. 75-79）。対 GNI 比0.7%の実現に向けて——2010年度のように，予定よりも遅れが生じることはあるが——着実に ODA を増大させていることや，アフリカへの支援を強化し

ているという実績も，EU が MDGs の実現に寄与しているという評価をもたらしている（Holland, 2009）。

一方で，ODA の対 GNI 比目標の達成に向けたタイムテーブルを加盟国別に厳格に定めることに反発している加盟国もある（Carbone, 2007: p. 79）。リーマン・ショック以降，援助額を削減させる加盟国も出はじめている。また，低所得国に向けられる EU の ODA は全体の半分にも満たない。アフリカへの援助の比重は2000年代半ばから低下しており，代わって近隣の中所得国への援助が増えている。世界的な不況が長引く中，ODA が減少していくのみならず，必ずしも途上国の開発目標と一致しないかたちでの援助の戦略的利用が加速されるのではないかと懸念されている（Young, 2010: pp. 99-100）。

EU はまた，「バルセロナ・コミットメント」の中で，加盟国が途上国の債務救済を進めることも宣言した（Holland, 2009: p. 33）。現在では，重債務貧国に対する債権の大半は削減対象となっているが（Youngs, 2010: p. 98），このような顕著な実績に対しても，債務救済を ODA 実績として組み込んでいることが，「実質的な援助」を減少させているとして，EU の市民社会団体から批判が向けられている（CONCORD and AidWatch, 2011）。債務救済を ODA に入れることの是非は，長らく論争の的となっているが，この制度上の分類にともなう問題以外にも，債務救済の原資の大半は新規の ODA 予算として割り振られるのではなく，既存のプロジェクトに割り振られていた予算を付け替えるだけであり，新規の開発活動を賄う援助資金の増大にはつながっていないことが指摘されている（Youngs, 2010: p. 99）。

おわりに

本章では，被援助国との関係，国際的な開発援助政策の潮流との関係，国際的合意との関係に整理して，開発援助政策における EU の規制力を分析した。その結果明らかになったのは，利他的な立場から民主主義や人権・法の支配などの規範的な価値を推進し，国際社会が目指すべき開発に向けて，主導的に行

動するといった EU に対する評価は，極めて表層的・一面的なものであるということである。

被援助国の開発政策に対する影響力については，EU にとっての経済的・戦略的重要性の度合いと，EU 側が提供する誘因を通じて，被援助国に影響を及ぼす経路が制度化されている度合いによって，濃淡が生じていることが分かる。すなわち，欧州色の強い加盟前支援措置（IPA）を筆頭に，欧州近隣パートナーシップ措置（ENPI），標準的な援助政策である，欧州開発基金（EDF）による援助，そして制度化の度合いが最も低い開発協力措置（DCI）の順で，EU の影響力はより限定的になっている。

国際的な開発援助政策の潮流との関係では，EU と世界銀行・IMF が推進する改革は大枠で一致しており，より標準的な開発援助政策においては，EU は両機関が設定する援助の潮流に追従する一方，欧州色が強くなる援助措置対象国においてはアキ・コミュテールの受容を進めている。EU の援助政策の規範的な性格を特徴づけるとされる，ガヴァナンス改革・民主化・人権擁護などの政治改革に向けた援助については，そもそも経済的・戦略的配慮から政治改革に対してあまり圧力をかけない傾向がある上に，積極的に政治改革を支援しようとする援助であっても，欧州的な価値を推進する性格は薄れ，経済改革を推進するための制度改革を主とした，政治性のない，技術的な援助が供与される傾向にある。

国際的合意について EU の果たした役割を見ると，援助協調の推進にせよ，MDGs の達成に向けた開発資金の増大にせよ，一面では EU のアジェンダセッティング能力が認められる。しかし，より詳しく EU の活動を見てみると，援助協調については，要とされる CSP フレームワークが機能していない。また，開発資金の増大との関係でも，ODA の対 GNI 比目標設定の厳格化に反対する加盟国の存在，援助総額に占める比重で見た対低所得国援助の小ささおよび対アフリカ援助の低下傾向，実質的な援助額を減少させる，あるいは援助資金の増大につながらない債務救済のあり方など，むしろ合意の達成を阻害するような点も見られ，その主張に説得力を持たせることが困難となっている。

以上から，EUの開発援助政策の実態は，特にEUおよび加盟国の経済的・戦略的な利害関心の強さや，EUの政策形成・執行能力の不十分さといった要因によって大きく決定づけられていると言えよう。利他的・規範的な価値を推進し，被援助国に対しても国際的な次元でも影響力をおよぼすという意味でのEUの開発援助政策における規制力も，具体的な援助活動においては，EUおよび加盟国の利害関心に合致し，EUが能力的に対応できる限りで実効的なものになっているに過ぎないのである。

参考文献

Arpac, Ozlem and Graham Bird (2009), "Turkey and the IMF: A Case Study in the Political Economy of Policy Implementation," *Review of International Organizations*, vol. 4, no. 2, pp. 135-157.

Baroncelli, Eugenia (2010), "Aid, Trade and Development: World Bank Views on the EU's Role in the Global Political Economy," in: Lucarelli, Sonia and Lorenzo Fioramonti (eds.), *External Perceptions of the European Union as a Global Actor*, Routledge, pp. 150-164.

Bigsten, Arne (2007), "Development Policy: Coordination, Conditionality and Coherence," in: Spair, Andre (ed.), *Fragmented Power: Europe and Global Economy*, Bruegel Books, pp. 94-127.

Börzel, Tanja and Thomas Risse (2009), "Venus Approaching Mars?: The European Union's Approaches to Democracy Promotion in Comparative Perspective," in: Magen, Amichai, Thomas Risse and Michael McFaul (eds.), *Promoting Democracy and the Rule of Law: American and European Strategies*, Palgrave Macmillan, pp. 34-60.

Brown, William (2004), "From Uniqueness to Uniformity?: An Assessment of EU Development Aid Policies," in: Arts, Karin and Anna Dickson (eds.), *EU Development Cooperation: From Model to Symbol*, Manchester University Press, pp. 17-41.

Carbone, Maurizio (2007), *The European Union and International Development: The Politics of Foreign Aid*, Routledge.

Carbone, Maurizio (2008), "Better Aid, Less Ownership: Multi-Annual Programming and the EU's Development Strategies in Africa," *Journal of International*

Development, vol. 20, pp. 218–229.

Carbone, Maurizio (2009), "Mission Impossible: The European Union and Policy Coherence for Development," in Carbone (ed.) (2009), pp. 1–20.

Carbone, Maurizio (ed.) (2009), *Policy Coherence and EU Development Policy*, Routledge.

Carbone, Maurizio (2011), "The European Union and China's Rise in Africa: Competing Visions, External Coherence and Trilateral Cooperation," *Journal of Contemporary African Studies*, vol. 29, no. 2, pp. 203–221.

CONCORD and AidWatch (2011), *Challenging Self-Interest: Getting EU Aid Fit for the Fight against Poverty*, CONCORD.

Cornwall, Andrea and Deborah Eade (eds.) (2011), *Deconstructing Development Discourse: Buzzwords and Fuzzwords*, Practical Action Publishing.

Council of the European Union (2007), *Conclusions of the Council and of the Representatives of the goverments of the Member States Meeting within the Council on EU Code of Conduct on Complementarity and Division of Labour in Development Policy*, 9558/07, DEVGEN 89, ACP 94, RELEX 347, Brussels, 15 May.

DAC (2007), *DAC Peer Review of the European Community*, OECD.

Dearden, Stephan (2008), "EU Aid Policy towards the Pacific ACPs," *Journal of International Development*, vol. 20, pp. 205–217.

European Commission (2006), *Increasing the Impact of EU Aid: A Common Framework for Drafting Country Strategy Papers and Joint Multiannual Programming*, COM(2006) 88 final, Brussels, 2 March.

European Commission (2011a), Press Release: Commissioner Piebalgs calls for EU to maintain its leadership on official development aid as new figures reveal it spent a record €53.8 billion in 2010, IP/11/410, Brussels, 6 April.

European Commission (2011b), *Annual Report 2011 on the European Union's Development and External Assistance Policies and Their Implementation in 2010*, Commission Staff Working Paper, SEC(2011) 880 final, Brussels, 6 July.

European Commission, Council of the European Union and European Parliament (2006), *The European Consensus on Development*, Joint statement by the Council and the Representatives of the Governments of the Member States Meeting within the Council, the European Parliament and the Commission on European Union Development Policy: 'The European Consensus', *Official Journal of European Union*, C 46/1, 24 February.

Herrero, Sonia (2009), *A Decade of Democracy Promotion through the European*

Initiative for Democracy and Human Rights, WP-DS 1/2009, European Partnership for Democracy.

Holden, Patrick (2008), "Development through Integration?: EU Aid Reform and the Evolution of Mediterranean Aid Policy," *Journal of International Development*, vol. 20, pp. 230-244.

Holden, Patrick (2009), *In Search of Structural Power: EU Aid Policy as a Global Political Instrument*, Ashgate.

Holland, Martin (2009), "The EU and the Global Development Agenda," in: Carbone (ed.) (2009), pp. 21-40.

Hout, Wil (2010), "Governance and Development: Changing EU Policies," *Third World Quarterly*, vol. 31, no. 1, pp. 1-12.

Icaza, Rosalba (2010), "Global Europe, Guilty!: Contesting EU Neoliberal Governance for Latin America and the Caribbean," *Third World Quarterly*, vol. 31, no. 1, pp. 123-139.

Issacs, Rico (2009), "The EU's Rule of Law Initiative in Central Asia," *EUCAM Policy Brielf 9*, Centre for European Policy Studies and Fundación para alas Relaciones Internacionales y el Diálogo Exterior.

Kausch, Kristina (2010), "Morocco: A Flawed Response," in: Youngs (ed.) (2010), pp. 115-134.

Molenaers, Nadia and Leen Nijs (2009), "From the Theory of Aid Effectiveness to the Practice: The European Commission's Governance Incentive Tranche," *Development Policy Review*, vol. 27, no. 5, pp. 561-580.

Monye, Sylvester, Emos Ansah and Emmanuel Orakwue (2010), "Easy to Declare, Difficult to Implement: The Disconnect between the Aspiraitons of the Paris Declaration and Donor Practice in Nigeria," *Development Policy Review*, vol. 28, no. 6, pp. 749-770.

Noutchva, Gergana and Michael Emerson (2007), "Economic and Social Development," in: Weber, Katja, Michael Smith and Michael Baun (eds.), *Governing Europe's Neighbourhood: Partners or Periphery?*, Manchester University Press, pp. 76-96.

OECD (2009), *Aid Effectiveness: A Progress Report on Implementing the Paris Declaration*, Better Aid, OECD.

Renner, Stephan and Florian Trauner (2009), "Creeping EU Membership in South-East Europe: The Dynamics of EU Rule Transfer to the Western Balkans," *Journal of European Integration*, vol. 31, no. 4, pp. 449-465.

Schimmelfennig, Frank and Ulrich Sedelmeier (2004), "Governance by Conditionality:

EU Rule Transfer to the Candidate Countries of Central and Eastern Europe," *Journal of European Public Policy*, vol. 11, no. 4, pp. 661-679.

Shapovalova, Natalia (2010), "Ukraine: A New Partnership," in: Youngs (ed.) (2010), pp. 59-77.

Slocum-Bradley, Nikki and Andrew Bradley (2010), "Is the EU's Governance 'Good'?: An Assessment of EU Governance in Its Partnership with ACP States," *Third World Quarterly*, vol. 31, no.1, pp. 31-49.

Youngs, Richard (2010), *The EU's Role in World Politics: A Retreat from Liberal Internationalism*, Routledge.

Youngs, Richard (ed.) (2010), *The European Union and Democracy Promotion: A Critical Global Assessment*, The Johns Hopkins University Press.

注

(1) 本稿では，慣例に従い，援助供与主体をドナーと呼ぶこととする。
(2) http://www.oecd.org/dataoecd/50/17/5037721.htm（2011年9月3日アクセス）。
(3) 2009年に独立国家共同体から脱退した。
(4) 南アフリカや，湾岸諸国（イラン・イラク・イエメン）もDCIはカバーしている。
(5) EDF・DCI・ENPI・IPA以外の援助措置については，本章で言及することは少ないため，http://ec.europa.eu/europeaid/index_en.htmを参照されたい（2011年9月14日アクセス）。また，現行の援助措置と，従前の援助プログラムとの関係については，Carbone（2007: Ch. 2），Holden（2009: Ch. 7）などを参照のこと。
(6) ロシアはむしろEUと勢力範囲を争う立場にあることから，分析の対象外とする。また，中東地域については，「アラブの春」の動向は極めて流動的であるため，以下はそれ以前の状況について触れるにとどめる。

第12章

平和構築における EU の規制力とその限界

五十嵐元道

> ヨーロッパは準帝国主義的に行動しているか？
> そうだ，している。
> しかし，もし言いたいなら否とも言える。
> 違いは，どう答えるかその人次第ということだ。
> これ〔EU のボスニア政策〕はまだ説得なのだ，強制ではないのだ。
> ———— Paddy Ashdown (2007: p. 115)

はじめに

　欧州連合（EU: European Union）の平和構築活動は人権や法の支配，民主主義といったヨーロッパが伝統的に培ってきた規範を標準とし，その標準を紛争後地域において実現するために規制力を行使する。その際，EU は対象地域を改良するために自らの権力を現地社会に浸透させることを目指す。その点で平和構築は EU の強い権力性を示す事例である。ただし，本章がこれから論じるように，そこには二つの限界が見出せる。権力の浸透性の限界と，原理的普遍性の限界である。これまで平和構築の研究において，その権力性やイデオロギーは十分に議論がなされてこなかった。これに対して，本章は EU が平和構築を通じて行使している権力性およびその背後にあるイデオロギーを明らかにする。

　平和構築は通常，紛争後社会を対象にする。EU にとって対象地域は周辺に位置し，権力的には非対称な関係である。EU は平和構築において規制力というかたちで権力を周辺に行使する点で一種の「帝国」である。また EU はこれ

まで存在した他の帝国が持っていた特徴を共有している。第一に、その活動がいくら普遍的な様相であっても、あらゆる帝国がそうであったように、EUの活動には地理的な特性が反映されている。地理的な条件によってEUの権力にも強弱が現れる。第二に、EUは愛他的で普遍的なイデオロギーを掲げるが、あらゆる帝国がそうであったように、EUは自己利益の追求を決して放棄しない。

　こうした地理性や中心／周辺といった側面は、「グローバル・ガヴァナンス」という概念ではしばしば見落とされがちなものだった。本章はこうしたEUの「帝国」的な側面に光を当てる。ロバート・コックス（Robert Cox）の表現を使えば、グローバル・ガヴァナンスの研究のほとんどは問題解決型であった（Cox, 1981）。このアプローチは、グローバル・ガヴァナンスの技術的な問題の克服を目指す。しかし、グローバル・ガヴァナンスそれ自体が前提にしているイデオロギーを分析者自身が共有し、内在する権力性を捨象してしまうという問題点がある。本章は規制力および帝国という視点によって、これまでの問題解決型のグローバル・ガヴァナンス論および平和構築論と一線を画し、別のEUによる平和構築の像を描くことを目指す。

1　EUと平和構築

(1)　平和構築とは何か

　ところで「EUの平和構築」とは何か。一体、EUのどの活動を平和構築と呼ぶのか。平和構築の定義として最も言及されるのが、1992年に出されたブトロス・ガリ（Boutros Boutros-Ghali）の「平和への課題」（"An Agenda for Peace"）の定義である。これによると、平和構築とは「紛争が再び生じないように、平和を強化し強固なものとする構造を見つけ、それを支援する行動」である（Boutros-Ghali, 1992: para 21）。さらに2008年に国連平和維持局から出された「国連平和維持活動：原理とガイドライン」には、「平和構築とは、持

続可能な平和の必要条件を創出する複雑で長期的なプロセスである。それは包括的なやり方で，暴力をともなう紛争の深く根を張った構造的原因に対処する」とある（UN Department of Peacekeeping Operations, 2008）。

　では，どのような活動が具体的に平和構築なのか。2009年に出された「紛争直後の平和構築に関する国連事務総長報告」（Report of the Secretary-General on Peacebuilding in the Immediate Aftermath of Conflict）では，およそ五つのカテゴリーの活動が列挙されている。第1のカテゴリーが，武装解除，治安部門改革，法の支配の強化といった安全保障に関する支援活動であり，第2のカテゴリーが，選挙支援など政治過程に関する支援活動である。第3のカテゴリーとして，水や衛生といった基本的な行政サービスの供給支援が挙げられ，第4のカテゴリーとして，基本的な行政機能，政府の機能の回復支援が提示される。そして最後に，経済の再活性化のための支援活動が挙げられる。

　このように平和構築と一言で言っても，その内容は多様である。しかし，その目的ははっきりしている。平和構築の目的はすなわち，紛争（後）地域に国民国家を（再）建設することである。平和構築の「平和」は，国民国家による秩序の（再）構築を前提としている。特に近年では，選挙の実施や市場の自由化を進める活動よりも，国家の制度構築，とりわけ法の支配に関わる諸制度（軍隊，警察，裁判所，刑務所など）や中立的な官僚制度の（再）構築に重きを置く。そこで注目されている概念が治安部門改革（SSR: Security Sector Reform）である。SSRとは，紛争後地域が軍事力の管理を国家に一元化し，かつそれを民主的に管理できるようにするための支援活動を指す。このように平和構築活動に関する議論は，経済の自由化や民主化よりも法の支配の確立を優先事項とする傾向にある。

(2)　平和構築のアクターとしてのEU

　平和構築が実務において発展するのにともない，EUは国連やアメリカとともに，平和構築の主要なアクターになろうとしてきた。その契機となったのがボスニア紛争におけるデイトン合意だった。ボスニア紛争への介入の際にイニ

シアティブをとったのはクリントン（William Jefferson Clinton）政権下のアメリカだったが，1995年にオハイオ州で行われた和平交渉の際，ヨーロッパ諸国はボスニア再建のイニシアティブを何とかアメリカに奪われまいと努力した（Chandler, 2005: pp. 337-338）。当初，国連を通じて戦後復興を行うというヨーロッパ側からの提案をアメリカが拒否したため，ヨーロッパ諸国はその代りにボスニア和平履行協議会を設置することを提案し合意に至った[1]。これによって，ヨーロッパはその後のボスニアでの政治過程に関与する権限を確保した。さらに和平履行会議の上級代表のポジションにヨーロッパ人を入れることに成功し，のちにこの上級代表の権限を増強していった（ボスニアの事例については第3節で再度論じる）。

90年代後半，ヨーロッパはイギリスのイニシアティブのもとで欧州防衛統合を進めた（細谷，2009：第3章）。EUはアメリカに従属するのではなく，独自の安全保障の能力を獲得しようとしていた。そうした流れのなかで，ボスニアに続いてヨーロッパに平和構築の能力向上を促した出来事が1999年のコソボ紛争だった。やはりボスニアの時と同様に，コソボ紛争においてもアメリカの軍事力がヨーロッパのそれよりも圧倒的に高いことが明らかになった。コソボでの和平成立と同じ月（1999年6月）に開かれたケルン欧州理事会では，EUに欧州安全保障防衛政策（ESDP: European Security and Defence Policy）を実施するための能力を与えることが決定した。ESDPは人道援助および救援，平和維持，平和創出などの危機管理での戦闘部隊の任務をその内容とする（アムステルダム条約17条2項）。それは単に軍事的な活動，すなわち軍事力に依拠した治安の回復のみならず，その後の治安部門の改革，つまり警察や軍隊，裁判所など法の支配を構築するうえで最も重要となる諸機関の改革（治安部門改革を含む）もその主要な任務とする（植田，2007；Eekelen, 2008）。

EUは2000年代に入ってからも，積極的に国家建設の能力を高めようとした。ボスニアやコソボでの経験もさることながら，9.11以後，破綻国家や脆弱国家がテロリズムの温床と認識されたことも影響した。それは2001年からブッシュ政権となったアメリカが長期的で大規模な国家建設を嫌ったのとは対照的だっ

第12章　平和構築における EU の規制力とその限界　245

た。とりわけイギリスは早くから破綻国家や脆弱国家を安全保障上の脅威と結びつけ，国家建設の重要性を認識していた。2002年，当時の英国外相ジャック・ストロー（Jack Straw）は破綻国家がドミノ式に無秩序や危機を惹き起こす懸念を表明し（Straw, 2002），ブレア（Anthony Blair）政権の政策アドバイザーで，2003年に発表された「欧州安全保障戦略」（ESS: European Security Strategy）の起草者の一人でもあったロバート・クーパー（Robert Cooper）も，破綻国家や脆弱国家の脅威を指摘した（Cooper, 2002）。

　国家建設を内容とする平和構築は単に人道的な活動というよりは，ヨーロッパの安全保障のための活動でもある。ここまで指摘したように，平和構築はEU がアメリカからある程度独立した安全保障のアクターとなるうえで重要だった。また，それはヨーロッパの脅威とも言うべきテロや近隣地域での紛争を予防したり，解決したりするためにも重要だったのである。

(3)　治安部門改革（SSR）の進展

　平和構築活動のなかでも特に注目すべきなのが，ここまでに何度か言及した治安部門改革（SSR）である。平和構築のアプローチとして重要視されているSSR を EU は様々なかたちで実施してきた。代表的なのが，欧州安全保障防衛政策（ESDP）の枠組みでの SSR である。ESDP は EU の外交や安全保障を司る第二の柱（共通外交安全保障政策［CFSP: Common Foreign and Security Policy］）において，欧州理事会（European Council）により実施されてきた。これはすなわち，人道援助や紛争予防を目的とした SSR である。これとは別に，欧州委員会（European Commission）もまた開発協力政策，欧州拡大政策，欧州近隣諸国政策（ENP: European Neighbourhood Policy），安定化・連合プロセス（SAP）などの枠組みを通じて，SSR を実施してきた。このように，EU における SSR は理事会と委員会の両者によって実行されている[2]。それはすなわち，SSR が多様な目的で実施されているということである。紛争（後）社会を対象とした人道援助や紛争予防のみならず，拡大政策や近隣政策においても SSR は重要な地位を占めている。

何故SSRはこのように多目的に利用されるのか。それはSSRが，開発領域がガヴァナンスに注目しはじめた文脈と，安全保障が国家建設を重視し始めた文脈の結節点に位置するからである[3]。開発の領域では積極的な市場化アプローチの失敗もあり，それまで等閑視されてきた政治領域が注目され，「ガヴァナンス」という言葉が一種のお題目になった。M・ダフィールド（Mark Duffield）（Duffield, 2001）が指摘するように，冷戦後，開発は市場と市場に関する制度だけではなく，政治領域をはじめ，社会全体の構造を問題とした。平和を構造化することが開発の大前提，あるいは目的の一つであると認識された。その結果，SSRは開発が目的とする平和の構造化の有力な処方箋の一つとみなされている。

　他方，安全保障の分野が国家建設に着目したこともSSRにとって重要だった。先に述べたように，9.11以後，破綻国家や脆弱国家が先進国にとっての脅威の源泉であると認識され，そうした地域での国家建設が安全保障分野の問題であるとされた。その結果，平和構築の有力なアプローチとなりつつあったSSRが，破綻国家や脆弱国家に適用された。また，SSRはEUの近隣諸国との安定的な関係を構築するうえでも重要である。マンスフィールド（E. Mansfield）とスナイダー（J. Snyder）の指摘によれば，権威主義から民主主義に移行したばかりの地域は紛争に陥る危険性が高く（Mansfield and Snyder, 1995），ロシアとEUのあいだにはそうした地域が多く存在している。そうした地域での紛争は人道的に問題であるほか，ロシアとEUの関係を緊張させる契機にもなりかねない。軍事力を民主的に管理できるように促すSSRは，そうした地域で大規模な人権侵害や紛争が生じることを防ぐ役割が期待されている。

　2006年6月にEU理事会から出された「治安部門改革のための政策枠組みに関する理事会決定」によれば，SSRは対象地域での「良き統治（透明性の確保や説明責任の履行など），民主主義的規範，法の支配，人権の尊重および促進の強化」を最終的な目標とする。そのために，SSRは「対象地域における治安制度の良き統治や明確な意義を持った政策，治安概念の発展を含む，実効

的な治安制度」の確立に取り組む,とされる (Council of the European Union, 2006)。つまり SSR はそもそも紛争(後)社会に対象を限った政策ではない。良き統治,民主主義,法の支配,人権の尊重が不十分な地域であれば,どこでも SSR の対象となりえる。委員会が2006年5月に発表した「治安部門改革を支援する欧州共同体の概念」によれば,SSR の対象となる地域は二つに大別される。一つは紛争中あるいは紛争後の社会といった脆弱国家 (fragile states) と呼ばれる地域であり,もう一つが「良き統治,法の支配,民主的原理や人権の尊重へ向かう途上の国々」(たとえば南アフリカやウクライナ)である (Commission of the European Communities, 2006)。

このように SSR は EU によって様々な地域に多様な目的で実施されている。一見ばらばらなようだが,紛争予防のための SSR も,権威主義から民主主義への移行期にある地域支援のための SSR も,安全保障の観点から見れば一つの集合と考えることができる。確かに平和構築と直接関係するのは ESDP における SSR かもしれないが,後で述べるようにヨーロッパの安全保障の点では,欧州拡大政策も平和構築とは地続きの関係であり,EU の平和構築がどのような戦略的文脈に位置するかを分析するうえでは,SSR を包括的にとらえることが重要である。

2 平和構築および治安部門改革 (SSR) に内在する規制力

ここまで EU が近隣地域の紛争での経験やアメリカとの関係から平和構築のアクターとして成長してきたこと,そして特に平和構築のアプローチとして治安部門改革 (SSR) に注目してきたことを明らかにした。ここからは SSR に内在する権力性がいかなるものかについて分析する。これまで示唆してきたように,SSR は必ずしも中立的で愛他的なものではない。あくまで EU の安全保障上の明確な目的が存在する。EU の安全保障のために周辺地域に SSR を通じて介入し,現地社会の性質を EU の標準に沿って改良する際,そこには強い規制力が働く。

では平和構築およびSSRはどのように規制力の媒体となるのか。もちろん，SSRが常に規制力の媒体となるわけではない。実際，SSRはすでに様々な目的によって70カ国以上で実施されてきたが（Buxton, 2008: p. 29），そのほとんどにおいて介入の程度は低かった。しかし，SSRはその機能に鑑みれば明らかに権力性を内在している。先にも言及したが，「治安部門改革のための政策枠組みに関する理事会決定」によれば，SSRとは「国際的に合意された線に沿って，良き統治，民主主義規範，法の支配，人権の尊重と促進を強化するように設計された，対象国あるいは対象地域が参加する改革プロセス」である。SSRは治安部門のみの改革を最終目標とするのではなく，治安部門という制度的改革を通じて，対象となる社会とその規範全体をドナー側の標準（民主主義や法の支配，人権）に沿って改革する試みである。すなわち一種の社会改良の試みである。

SSRは圧倒的な武力や経済力に基づく強制的な活動ではない。国際法秩序に反するような行為でもなければ，その例外でもない。しかし，ドナーとホストの関係は中心と周辺の関係である。ドナーは「見習うべきモデル」なのであり，ホストは「劣った存在」として規定される。こうした優劣の関係に基づき，ドナーは合法的に周辺へ浸透する。ドナー側は周辺に与えるべき処方箋を決定する権能を有するが，周辺はその政策決定に参加する余地はわずかにあるか，最悪まったく存在しない。周辺は政治的意思決定権を制限される。これがSSRにおける規制力である。この平和構築およびSSRの規制力を支えるのが，法の支配，人権，民主主義といったイデオロギーである。EUがこれらのイデオロギーを専門的に解釈することで（専門知を集積することで），先に述べたような中心／周辺の関係が構築される。

具体的な事例を見てみよう。現在実施されているEUによる破綻国家あるいは脆弱国家におけるSSRの代表的な事例が，コンゴ民主共和国における警察ミッション（EUPOL-Kinshasa, 2007年7月以降 EUPOL RD Congo）や，アフガニスタンにおける警察ミッション（EUPOL Afghanistan）である[4]。コンゴ民主共和国での警察ミッションは2005年2月に開始され，すでに5年以上

が経過した。アフガンでのミッションは2007年5月に開始され，2010年5月にさらに3年延長されることが決定した。いずれのミッションも長期的な活動であり，その活動内容は多岐にわたる。警察ミッションという名前ではあるが，実際には法の支配に関係する制度全体の構築・改革を目的とする。特に紛争後地域の場合，司法制度の整備（警察機構の構築，法曹の養成，裁判所の設置，刑務所の設置など）はもちろんのこと，兵士たちの武装解除や社会復帰（DDR），兵士として戦闘に参加した子供たちのケア，女性など社会的弱者の積極的な保護などが最重要課題となる。また軍事力を民主的に管理するために，議会や政府などの文民による監視・統制を制度化しなくてはいけない。さらに政治家による軍事力の濫用を防ぐために現地のマスコミやNGOなどもこうした監視・統制に加わる必要がある。ここからも分かるように，SSRの関係アクターは公的な軍隊や警察だけではない。非公式の武装勢力はもちろんのこと，市民社会もまたそこに含まれる（上杉，2010）。SSRの政策形成において主導的な役割を果たしてきた「経済協力開発機構・開発援助委員会（OECD/DAC）」が2004年に発表したSSRに関する報告書は，SSRを上述のように包括的に解釈している（OECD/DAC, 2005: pp. 20-21, 35）。

　このように関係アクターが多岐にわたるのは当然である。何故なら先に述べたように，SSRは国家の制度全体を改革し，社会の性質そのものを改良しようとするものだからである。EUをはじめとするドナーは，このSSRを通じて対象地域の細部にその権力を浸透させ，安定した秩序を築こうと試みる。こうして築いた秩序を永続化させるために重要なのが，ドナー側の規範を内面化しドナーに代わって標準の実現を請け負う現地社会の代理人（agents）の生成である。EUはSSRの原理の一つとして現地社会のオーナーシップ（現地社会を改革の主体とすること）を掲げるが（Council of the European Union, 2005），それは現地社会の代理人の参加と規範の内面化なしには，構築した秩序の維持が困難だからである[5]。

3 規制力の浸透性の限界

(1) コンゴ民主共和国とアフガニスタン

ところが実際の事例では，こうした平和構築および治安部門改革（SSR）に基づく規制力はうまく機能していない。コンゴ民主共和国でもアフガニスタンでも，EU は自らの規範を浸透させ，EU の標準を EU に代わって現地社会で実現する理想的な代理人を生成することができずにいる。たとえば，そもそもアフガニスタンにおいて警察ミッションは地方まで届いていない（Gross, 2009: p. 35）。そして新しい治安部門がまだ現地社会に根付いておらず，タリバンに市民が引き寄せられる原因となっている（Gross, 2010: p. 299）。またコンゴでは国全体で見れば紛争が沈静化してきたものの，まだ治安部門が中央集権化されておらず，治安部門自体が市民の安全を脅かすという本末転倒な事態が生じている（Martinelli, 2010: p. 228）。またコンゴでの平和構築活動を分析したS・オテセル（Severine Autesserre）によれば，2003年から治安回復のためにEUが関与した東部キブ地域では未だ紛争中と同じレベルで治安に問題がある（Auteserre, 2010）。それは地方でのミクロなレベルの暴力に対する処置を平和構築活動が適切に行ってこなかったからであると彼女は主張する。一般的に言って，紛争後の現地社会には現地社会独自の政治・経済・社会システムが存在する。それらに対して，西欧で培われた法の支配や民主主義の規範，司法制度が取って代わるのは容易ではない。A. デ・ヴァール（Alex de Waal）がアフリカの脆弱国家などの地域で，すでに存在する家産制的な政治経済システムを改革するよりも利用するべきであると論じたのは（de Waal, 2009），そうした社会改良の困難さ，あるいは危険性を認識したゆえであった。このようにSSRを通じた規制力には浸透性の限界がある。

また，他の平和構築活動の参加国との関係もEUの権力性を左右する要因である。コンゴでの活動では国連が主要な活動主体であり，EUは国連との密接

な協力関係を築いてきた(6)。これに対して，アフガニスタンでの活動では，北大西洋条約機構（NATO: North Atlantic Treaty Organization）やアメリカとの関係調整はうまくいかず，既存の警察機構改革との調整に失敗してきた（Gross, 2010: pp. 305-306）。特にアメリカとはSSRに関する目的および哲学が異なる。アメリカが反政府武装勢力に対応することを目的として警察機構改革を行ってきたのに対し，EUは日常的な治安回復を司る文民警察の育成を目的とする。こうした齟齬がEUの権力性の浸透を阻害している。またEU内部でもイラク戦争をめぐるイギリスとフランスの対立など，参加国間で齟齬が生じる場合があり，それがEUの規制力を弱めてきた。

(2) ボスニア・ヘルツェゴビナ

けれども，こうした浸透しにくい平和構築におけるドナー側の規制力が他の事例よりも高いレベルで浸透している事例がある。ボスニア・ヘルツェゴビナ連邦（以下「ボスニア」とする）である。ボスニアにおける平和構築の歴史は長い。1992年に内戦が開始し，1995年11月アメリカ主導でデイトン合意が締結され，内戦が終結した。その後，デイトン合意に基づき，NATOを中心とした多国籍部隊が治安の回復（軍事部門）を担当し，ヨーロッパを中心に構成された上級代表事務所（OHR: Office of the High Representative）が文民領域における国家建設活動を担当した(7)。デイトン合意（特に Article II of Annex 10）は，その曖昧さから多様な解釈を許し，国際社会を代表したOHRに強大な権限（ボン・パワー）の法源として利用された（1997年にボンで開かれた和平履行委員会によって上級代表の強大な権限が正式に承認されたため，この権限は以後「ボン・パワー」［Bonn Powers］と呼ばれた）。この権限によってOHRはボスニアの官僚や選挙で選出された政治家を罷免することが可能になった。M. ハンフリーズ（Michael Humphreys）らによれば，欧米はすぐにボスニアから撤退するための「出口戦略」を検討していたが，目標達成が困難であることが判明し，「保護領戦略」に転換を余儀なくされた（Humphreys and Jelisic, 2010: pp. 444-445）。その過程で監視役の予定であった上級代表に強力な

権限が与えられ、その結果、ボスニアはヨーロッパのラージ（Raj：大英帝国のインド植民地の通称）と呼ばれたほどの大規模な国際統治に発展した（Knaus and Martin, 2003）。こうした OHR の権限拡大を開始した最初の人物が、元スペイン外相のカルロス・ウェステンドルプ（Carlos Westendorp）（在職期間1997年4月-1999年8月）だった。彼は「法の強制発効・削除、大統領・閣僚を含む公職者の追放および任命、メディアに対する規制、教育カリキュラムの策定、難民・避難民への住居返還などに至る広範な分野に直接介入する手法で国内政治勢力と対抗した」（篠田、2004：221頁）。

　2002年からは徐々に権限が EU へと移り、ボスニアでの国家建設活動は EU 統合と一体化した。この時期に国際社会を代表して国家建設を取り仕切ってきた和平履行委員会の上級代表（HR: High Representative）が、EU のボスニア特別代表（EUSR: European Union Special Representative）を兼任することになったのは重要な変化である。すなわち、ボスニアの国家建設が EU の管轄事項となったのである。そしてデイトン合意から13年後の2008年6月、遂に EU はボスニアとのあいだで安定化・連合協定（SAA: Stabilization and Association Agreement）を結んだ。SAA は EU が対西バルカン政策として打ち出した安定化・連合プロセス（SAP: Stabilization and Association Process）の一部である。EU は EU 加盟という最終目標を掲げながら、この SAP を通じて西バルカン諸国に EU が提示する条件を飲ませる。それによって西バルカン地域の秩序を再構築する狙いである。ボスニアもこの SAP のなかに取り込まれた。ボスニアは EU への加盟を強く望んでおり、2000年初頭から EU が提示する様々な条件を受け入れてきた。その条件の中核をなすのが SSR だった。デイトン合意後もボスニアは内部にセルビア系が強いスルプスカ共和国（Republika Srpska）を抱え、権力、特に軍事力を中央に集中することができずにいた。しかし EU への加盟（その前には NATO への加盟）が強力な引力となり、ボスニアは軍隊の統合、諜報機関の統合、集権化された司法制度の構築を達成した（Ashdown, 2007: p. 113; Dowling, 2008: pp. 180-182）。このように EU は加盟を梃子にすることで国家建設を強く推進することが可能だった。言

第12章　平和構築における EU の規制力とその限界　253

い換えれば，SSR を実施した他の地域よりもボスニアにおいて EU の帝国的権力が浸透しやすかったのは，ボスニアが EU への加盟を望んでいたからであった。ボスニア特別代表を務めたパディ・アッシュダウン（Paddy Ashdown）自身が，OHR によるボン・パワーを「圧力」（push）とし，EU が EU 加盟をちらつかせることで政治・経済的な要求を相手に飲ませる力を「引力」（pull）と認識しているのは興味深い（Ashdown, 2007: p. 113）。

　ただし，EU に権限の大半が移ったとはいえ，OHR と EU は現在まで両方とも実際に活動してきたのであり，ボン・パワーが消滅したわけでも，その行使がなくなったわけでもない。確かにボン・パワーの行使件数は2004年（およそ160件）以降減少してきた。それでも2009年には前年度よりも19件増加し，31件を記録した。そのなかで最も多かったのが政治家などの解任および停職に関するケースと，憲法など国家レベルの問題に関してのケースであった（Sjewczyk, 2010: pp. 35-36）。このように EU 加盟をちらつかせてもボン・パワーの行使はなくならない。つまり，EU への加盟の可能性だけではボスニアを思うように改革することは難しいのである。実際，最大の課題であった警察機構改革は強い抵抗に遭い続け，思うように進めることができなかった[8]。徴税の権限とともに，警察管理権限は既存のエリートたちの権力の源泉になっており，それを中央に明け渡させることは必然的に抵抗を生ぜしめた（Humphreys and Jelisic, 2010: pp. 449-451）。欧州委員会が2009年10月に発表した「ボスニア・ヘルツェゴビナ経過報告書」（Bosnia and Herzegovina 2009 Progress Report）においては，長年の懸案事項である，カントンなどが持つ地方の警察権限を連邦レベルでの統合はその時点ではまだ達成されていなかった（Commission of the European Communities, 2009: pp. 59-60）。さらに2010年の経過報告書も「警察分野の準備はまだ初期段階にとどまっている」と結論している（Bosnia and Herzegovina 2010 Progress Report）。これは軍隊や諜報機関など他の治安部門と比較しても遅延してきたと言って良いだろう。ここに EU の平和構築を通じた規制力の浸透性における限界がある。

　また，この EU への加盟可能性が相手にとって魅力的に映る範囲も限られる。

表12-1 平和構築における規制力の浸透性の限界

	規制力の浸透性の限界	
限界の種類	垂直的限界（現地社会への浸透）	水平的限界（浸透の領域）
限界の原因	①現地社会固有の秩序 ②ドナーの分裂	①EU加盟への意思の欠如 ②近隣大国との緊張関係

　アフリカや中東はもちろん，EUの周辺でも加盟が規制力浸透のための梃子として作用しないところが少なくない。たとえば，グルジアやウクライナはいわばロシアの影響圏であり，EUの積極的な介入はロシアとの緊張関係を高める危険性が懸念されている(9)。それゆえ，EU自身が積極的な権力行使に及び腰になりがちである。またロシアの影響圏や北アフリカのような地域は，必ずしもEU加盟を望んでいなかったり，加盟可能性がはじめから極めて低かったりするため，EUから提示される内政に関わる条件を受け入れる動機が小さく，EUの規制力が浸透しにくい。したがって，こうした地域ではEUもボスニアの事例のような権力の行使は困難である。このように規制力の浸透性の限界は領域的な意味でも存在する。以上の規制力の浸透性の限界は表12-1のようにまとめることができる。

4　原理的普遍性の限界

　ボスニアの事例は，国際社会の代表としての国家建設活動とEU加盟プロセスの組み合わせの結果，EUが非常に強い規制力を行使可能であったことを示した。しかし，それでも規制力が思うように浸透させられないという浸透性の限界も存在した。EUが標準とする市民社会を周辺地域で構築しようとする点においてEUはまさに帝国である。そうした強い権力をともなう政策をEUはどのような規範によって正統化してきたのか。まずEUが自らをどのように認

識し，表象しているのか検討する。

　「欧州安全保障戦略」の起草者の一人であるロバート・クーパーは「新しいリベラルな帝国主義」と題した論文のなかで，ヨーロッパの諸国を「ポストモダンな国家」と呼ぶ。この「ポストモダンな国家」とは，その活動が国境の制限を受けることが少なくなり，内政と外交の区分がなくなった国家，さらに軍事力を紛争解決の手段と考えない平和的な国家である。ところが，国際社会にはポストモダンな国家にとって脅威であるような前近代的な国家が存在しているため，ポストモダンな国家はそれに対応する必要があるという。彼は次のように宣言する，「そこで必要なのが人権やコスモポリタンな価値を受け入れた新しい帝国主義である」と。彼によれば，IMFや世銀などの国際経済組織による活動も一種の新しい帝国主義であり，EUによるバルカンへの政策もまた別の種類の新しい帝国主義である（Cooper, 2002）。おそらくクーパーは，人権やコスモポリタンな価値を受け入れることで新しい帝国主義が国際社会での正統性を維持できると考えた。2002年から2006年までボスニアのEU特別代表を務めたパディ・アッシュダウンもこうした考えに近い。彼はインタビューのなかでボスニアにおけるEUの活動を準帝国主義であると主張する。ただし，彼はそれが強制力ではなく説得に基づくものだとする。選択するのは我々（EU）ではなく，彼ら（ボスニア）だというのである（Ashdown, 2007）。EU安全保障研究所から2010年に出されたB. シェブチク（Bart M. J. Sjewczyk, 2010）の論稿もまたEUの帝国認識を考えるうえで興味深い。この論稿ではEUのボスニアでのボン・パワーの行使が人間の尊厳を最大限に尊重・保護するものである限り，正統であるということ，さらにボスニアの統治体制は国内民主主義と国際的な人権保護の二つの要請を満たそうとするものだと主張する。このように人権などのヨーロッパのリベラリズムが追求してきた普遍的原理によって帝国主義は正統化される，という意識がEUの平和構築関係者のなかにある。

　帝国の正統性を支える普遍的原理の結晶が「人間の安全保障」という概念である。ハビエル・ソラナ（Francisco Javier Solana）によって発表された「マ

ドリード報告書」(The Madrid Report of the Human Security Study Group) によれば，帝国主義的な介入と「人間の安全保障」に基づく活動の違いは，その軍事力の行使が「個人の保護，法の支配の基礎づけ，法を侵犯したものの逮捕」を目的とする点であるという。「人間の安全保障」において重要なのがボトムアップという姿勢である。国家建設活動の主要な批判の一つが，権力を背景にしたトップダウンによる国家建設は市民社会を無視することになり，本当の意味での「平和」は構築できない，というものだからである（Richmond, 2009）。「人間の安全保障」は国家の安定した秩序ではなく，むしろ市民個人の安全を強調する。EU はこの「人間の安全保障」を国家建設の全面に押し出すことで，その権力の正統性を維持しようと試みている。

　しかし，忘れるべきでないのは，「人間の安全保障」という言説が，ボスニアにおいて人間の尊厳が危機に瀕しているという言説と一体になることではじめて意味を持つ，という点である。レネ・ハンセン（Lene Hansen）が指摘したように，第一次大戦以降，ボスニアが語られる際，ボスニアは「自分たちでは紛争を止められない野蛮な地域」としてしばしば表象されてきた。さらに彼女は，ボスニアの人々を教育し，平和を教え込むという平和構築の語りのなかに，新しい文明化の使命を読み取る（Hansen, 2006: Ch. 6）。EU はボスニアなどの紛争地域を「自分たちでは紛争を止められない野蛮な地域」として表象し，人間の尊厳を保護するという新しい文明化の使命を掲げることで，介入を自ら正統化することができる。「人間の安全保障」はその言説構造全体の重要な一部をなす。すなわち，それは人道主義に基づいて「野蛮な他者」を生成する。他者の生成は原理的普遍性の限界の一つである。

　また，この原理的普遍性には別の限界もある。再びボスニアの SSR について考えてみたい。ボスニアの警察機構改革の目的は何か。「人間の安全保障」が強調するようなボトムアップの姿勢から言えば，ボスニアの一般市民の安全こそが最も重要なはずである。しかし実際には，EU にとってはボスニアの一般市民の安全とは別に，EU の領域内部の安全の保障もまた重要である。それがボスニアにおける組織的犯罪対策の強化となって現れている。2010年4月に

表12-2　平和構築における原理的普遍性の限界

原理的普遍性の限界	
「自己／他者」の生成	自己利益の追求と，他者の利益の追求の衝突

出されたボスニア・ヘルツェゴビナでのEU警察ミッションに関する概要報告書（factsheet）によれば，「EUの警察ミッションは主にボスニア・ヘルツェゴビナにおいて組織犯罪と腐敗と戦うために，法の執行を行う機関を支援する」とし，組織的犯罪と汚職対策をその目的に掲げる[10]。また先にも言及した「2009年度ボスニア・ヘルツェゴビナ経過報告書」（Bosnia and Herzegovina 2009 Progress Report）が警察機構の連邦レベルでの統合の遅れが組織犯罪対策に深刻な影響を及ぼしていると指摘しているように（Commission of the European Communities, 2009: p. 60），警察機構改革の主要な目的が組織犯罪対策であることは間違いない。本章冒頭で述べたように，EUがSSRを積極的に発展させた背景には安全保障上の理由があった。域外領域の治安部門を強化することで組織的犯罪に対応するというこの政策は，まさにこの安全保障上の関心に基づく。しかしM. メルリンゲン（Michael Merlingen）らの指摘によれば，その結果，市民にとって問題である日常的事件がしばしば無視されてきた（Merlingen and Ostrauskaite, 2005: pp. 311-315, 323（[note 53]））。要するにEUは領域内の防衛という課題，すなわち自己利益の追求という目的と，EU外の市民の安全の保障という課題，すなわち定言命法的な目的の二つを抱え，それを同時に達成しようとする。現地社会に浸透しEUの標準である市民社会を構築しようとする介入的政策はこの両者によって正統化されるが，これらの原理はしばしば衝突せざるをえない。前者のみでは国際社会や現地での正統性に問題が生じるし（人権などの規範の尊重こそが強力な規制力を正統化可能であるから），後者のみではEU域内での正統性の問題が生じる（域内安全保障がSSRの本質的動機の一つであるから）。ここにEUの平和構築における原理的普遍性の限界が存在する。

おわりに

　ここまでに次のことが明らかになった。まず EU が平和構築のアクターとして台頭してきた背景には，ボスニア紛争やコソボ紛争での経験があった。特に安全保障をめぐるアメリカとの関係が重要な役割を果たした。また，EU は治安部門改革（SSR）を積極的に推進してきたが，SSR はそれ自体，治安部門の改革を通じて対象となる社会の改良を目指すという意味において，強力な規制力の媒体となりうるものであった。そして，EU の平和構築を通じた規制力は，SSR が本来持つ権力性に EU 加盟という梃子が加わることで最も強化されることが分かった。ただし，EU への加盟の可能性をもってしても権力の浸透性には限界があった。一つは現地社会の固有のシステムからの抵抗であり，もう一つは EU への加盟が限られた国々にとってしか魅力的ではないという限界である。また，そうした権力を正統化する原理的普遍性も，「自己／他者」の二分法を生成してしまうという問題と，EU による自己利益の追求と定言命令的な課題のあいだの緊張関係という問題を抱えていた。

　では，SSR をはじめとする平和構築を通じた EU の規制力が現地社会に受容される条件はいかなるものであろうか。第 1 に，対象地域において平和構築を必要とするほど国家機能が低下している，あるいは存在していないことである。それによって，EU が介入し国家機能を一時的に代替したり国家を建設したりする余地が生ずる。第 2 に，平和構築の対象地域が EU 加盟を望んでいることである。すでに述べたように，対象国は加盟を認めてもらう代わりに EU が提示する条件を飲む。それによって EU の規制力は対象国に受容される。第 3 に，対象地域がロシアなどの大国の勢力圏のなかに存在しないことである。そうでなければ，現地社会も EU の規制力を受容しにくいし，EU による権力の行使それ自体が大国との紛争を招きかねない。第 4 に，その対象地域に対して，EU が十分な関心・利益を持っていることである。脆弱国家や破綻国家は EU にとって安全保障上の関心の対象となる。また潜在的加盟国であれば，当然，

その内政はEUの関心事項となる。そして第5に，EUの平和構築活動が人権や法の支配，民主主義といった規範に基づく標準の実現を目標にしている必要がある。そうでなければEU域内および国際社会において政策の正統性が担保されない。ただし，このEUの標準が必ずしも現地社会において説得性をもつとは限らないことには留意する必要がある。

以上からEUが平和構築を通じて規制力を行使しているということが明らかになったが，同時にその規制力の限界もまた明らかになった。ボスニアでEUが見せたように，EUは平和構築を通じて強い権力性を行使することが可能である。ただし，少なくとも上記の条件を満たさなければならない。つまりEUが潜在的に持つ強い権力性には多くの条件がつき，その行使が制限されている。言うなれば，EUは「条件付きの帝国」であるということができよう。

参考文献

上杉勇司（2010）「平和構築における治安部門改革（SSR）」上杉勇司・長谷川晋編『平和構築と治安部門改革（SSR）：開発と安全保障の視点から』広島大学平和科学研究センター。

植田隆子（2007）「共通外交と安全保障」『EUスタディーズ1：対外関係』勁草書房。

片柳真理（2011）「ボスニア・ヘルツェゴビナへの復興・開発支援と分断の再生」『国際政治』第165号。

篠田英朗（2004）「国際平和活動における『法の支配』の確立：ボスニア゠ヘルツェゴビナを事例にして」『広島平和科学』第26号。

中村健史（2008）「ボスニア・ヘルツェゴビナの平和構築における警察改革：治安部門改革の視点から」Keio SFC Journal, vol. 8, no. 2。

藤重博美（2010）「治安部門改革（SSR）：『安全保障』と『開発』の結合（nexus）？」上杉勇司・長谷川晋編『平和構築と治安部門改革（SSR）：開発と安全保障の視点から』広島大学平和科学研究センター。

細谷雄一（2009）『倫理的な戦争：トニー・ブレアの栄光と挫折』慶應義塾大学出版会。

"A Secure Europe in a Better World: European Security Strategy," Brussels, 12 December 2003.

Ashdown, Paddy (2007), "The European Union and Statebuilding in the Western

Balkans," *Journal of Intervention and Statebuilding*, vol. 1, no. 1, March.

Autesserre, Severine (2010), *The Trouble with the Congo: Local Violence and the Failure of International Peacebuilding*, Cambridge University Press.

Blockmans, Steven, Jan Wouters and Tom Ruys (2010), *The European Union and Peacebuilding: Policy and Legal Aspects*, Cambridge University Press.

Boutros-Ghali, Boutros (1992), An Agenda for Peace: Preventive Diplomacy, Peacemaking and Peace-keeping (Report of the Secretary-General pursuant to the Statement adopted by the Summit Meeting of the Security Council on 31 January 1992): A/47/277-S/24111, 17 June.

Buxton, Inger, "The European Community perspective on SSR: the development of a comprehensive EU approach," in: David Spence and Philipp Fluri (eds.), *The EU and Security Sector Reform*, John Harper Publishing, DCAF.

Chandler, David (2005), "From Dayton to Europe," *International Peacekeeping*, vol. 12, no. 3.

Commission of the European Communities (2006), "A Concept for European Community Support for Security Sector Reform," COM (2006) 253 final, 24 May.

Commission of the European Communities (2009), "Bosnia and Herzegovina 2009 Progress Report," SEC (2009) 1338, 14 October.

Cooper, Robert (2002), "The New Liberal Imperialism," *Observer Worldview*, Sunday April 7.

Council of the European Union (2005), "EU Concept for ESDP support to Security Sector Reform (SSR)," 12566/05, REV 4, 13 October.

Council of the European Union (2006), "Council Conclusions on a Policy framework for Security sector reform," 2736th General Affairs Council meeting, 12 June 2006, Luxembourg.

Cox, Robert (1981), "Social Forces, States and World Orders: Beyond International Relations Theory," *Millennium: Journal of International Studies*, vol. 10, no. 2, pp. 126-155.

de Waal, Alex (2009), "Mission without End? Peacekeeping in the African Political Marketplace," *International Affairs*, vol. 85, no. 1.

Dowling, Alex (2008), "EU Conditionality and Security Sector Reform in the Western Balkans," in: David Spence and Philipp Fluri (eds.), *The EU and Security Sector Reform*, John Harper Publishing, DCAF.

Duffield, Mark (2001), *Global Governance and the New Wars*, Zed Books.

Eekelen, Willem van (2008), "Security Sector Reform: CFSP, ESDP and the

International Impact of the EU's Second Pillar," in: David Spence and Philipp Fluri (eds.), *The EU and Security Sector Reform*, John Harper Publishing, DCAF.

Gross, Eva (2009), *Security Sector Reform in Afghanistan: the EU's Contribution*, The European Union Institute for Security Studies.

Hanggi, Heiner and Fred Tanner (2005), *Promoting Security Sector Governance in the EU's Neighbourhood*, The European Union Institute for Security Studies.

Hansen, Lene (2006), *Security as Practice: Discourse Analysis and The Bosnian War*, Routledge.

Hiscock, Duncan (2008), "EU Support for Security Sector Reform in the former Soviet Union: a Piecemeal Success," in: David Spence and Philipp Fluri (eds.), *The EU and Security Sector Reform*, John Harper Publishing, DCAF.

Humphreys, Michael and Jasna Jelisic (2010), "A Missed Opportunity: State Building in Bosnia and Herzegovina (October 2002 to October 2006)," *The European Union and Peacebuilding: Policy and Legal Aspects*, T. M. C. Asser Press.

Keane, Rory (2008), "Security system reform in the Democratic Republic of Congo: the role played by the European Union," in: David Spence and Philipp Fluri (eds.), *The EU and Security Sector Reform*, John Harper Publishing, DCAF.

Knaus, G. and F. Martin (2003), "Lessons from Bosnia and Herzegovina: Travails of The European Raj," *Journal of Democracy*, vol. 14, no. 3.

Law, David and Oksana Mysholvska (2008), "The Evolution of the Concepts of Security Sector Reform and Security Sector Governance: the EU perspective," in: David Spence and Philipp Fluri (eds.), *The EU and Security Sector Reform*, John Harper Publishing, DCAF.

Mansfield, E. and J. Snyder (1995), "Democratization and the Danger of War," *International Security*, vol. 20, no. 1, pp. 5-38.

Martin, Mary (2010), "Crossing Boundaries. The European Union Monitoring Mission to Georgia," in: Mary Martin and Mary Kaldor (eds.), *European Union and Human Security*, Routledge.

Martinelli, Marta (2008), "Implementing the ESDP in Africa: The case of the Democratic Republic of Congo," in: Michael Merlingen and Rasa Ostrauskaite (eds.), *European Security and Defense Policy: An Implementation Perspective*, Routledge.

Martinelli, Marta (2010), "Strengthening Security, Building Peace: The EU in the Democratic Republic of Congo," *The European Union and Peacebuilding: Policy and Legal Aspects*, Hague: T. M. C. Asser Press.

Merlingen, Michael and Ostrauskaite, Rasa (2005), "Power/Knowledge in

International Peacebuilding: The Case of the EU Police Mission in Bosnia," *Alternatives*, No. 30.

Merlingen, Michael and Ostrauskaite, Rasa (2010), "EU Peacebuilding in Georgia: Limits and Achievemnets," *The European Union and Peacebuilding: Policy and Legal Aspects*, T. M. C. Asser Press.

Samokhvalov, Vsevolod (2007), *Relations in the Russia-Ukraine-EU Triangle: 'Zero-sum Game' or Not?*, The European Union Institute for Security Studies.

Schye, Eric (2008), "Unknotting Local Ownership Redux: Bringing Non-State/Local Justice Networks Back In," in: Timothy Donais (ed.), *Local Ownership and Security Sector Reform*, LIT Verlag.

Spence, David and Philipp Fluri (eds.) (2008), *The EU and Security Sector Reform*. John Harper Publishing, DCAF.

Straw, Jack (2002), "Order out of chaos: the challenge of failed states," in: Mark Leonard (ed.), *Re-Ordering the World*, Foreign Policy Centre.

Szewczyk, Bart M. J. (2010), *The EU in Bosnia and Herzegovina: Powers, Decisions and Legitimacy, March*, Institute for Security Studies.

注

(1) ボスニア紛争の際，国連が設置した安全地帯が攻撃され多くの犠牲が出たことから，このとき国連の権威はひどく低下していた。

(2) 詳細は Law and Mysholvska (2008) を参照されたい。

(3) 藤重 (2010) はこれと類似の指摘をしつつ，さらに安全保障と開発が結合することによって生じる弊害についても論じている。

(4) コンゴにおける EU の活動については Marta Martinelli (2008) と Rory Keane (2008) を参照。アフガニスタンについては Eva Gross (2010) を参照。

(5) 現地社会の誰をオーナーシップのエージェントとするのかは論争的である。エリック・サイ (Eric Schye (2008)) の分類に従えば，オーナーシップの潜在的な主体は以下の4種類である。中央の政府関係者，地方の政府関係者，司法と治安部門のサービス提供する非国家アクター，そしてサービスの受益者である。そのなかでサイはより市民のニーズにあったサービスを提供できるとして，第三の非国家アクターの役割を重視する。

(6) カトリーナ・ゴーレイ (Catriona Gourlay, 2010) が明らかにしたように，国連と EU は必ずしも完全に一貫した政策協力が可能なパートナーではなく，しばしば競合関係にある。しかし，それを考慮に入れても，人間の安全保障を含むイデオロギーやアプローチの一致は両者を分かちがたく結びつけている。

(7) OHR はドイツ，イギリス，フランス，アメリカ，さらに国際組織などから構成されるボスニア和平履行協議会の執行機関（executive body）と位置づけられる。
(8) ボスニアでの警察機構改革の沿革や問題点については中村（2008）を参照されたい。
(9) グルジアと EU の関係に関しては Merlingen and Ostrauskaite（2010），Mary Martin（2010），ウクライナと EU の関係については Vsevolod Samokhvalov（2007），EU による旧ソ連圏における SSR については Duncan Hiscock（2008），近隣諸国全般の SSR については Heiner Hanggi and Fred Tanner（2005）を参照されたい。
(10) http://www.consilium.europa.eu/showPage.aspx?id = 591&lang = EN（最終閲覧2011年4月7日。現在は2011年度版のみ閲覧可能であるが，目的の変更はない）。

※本章は平成20年度科学研究費補助金（特別研究員奨励費）と松下幸之助記念財団2011年度研究助成による研究成果の一部である。

第Ⅳ部　日本はどうするべきか

終章

EUの規制力と日本へのインプリケーション

鈴木一人

1 EUの規制力の実像

　本書は「規制力」という概念を使って，グローバル化する世界において欧州連合（European Union: EU）がどのような力を持ち，どのような役割を果たすのかを明らかにすることを狙いとした。本書では，序章で「規制」概念を定義し，第Ⅰ部の第1章で「規制力」の定義と，その力の源泉に関する仮説を立てた。第2章では，EU法の「規制力」における役割と，そこに含まれる価値の重要性を論じ，第3章ではEU特有の規制のメカニズムであるコミトロジーを取り上げ，第4章ではEUが国際機関などで展開する標準化戦略を概観した。第Ⅰ部を通じて，EUはグローバルな標準設定の場で様々な「規制力」を行使する資源と装置を持ち，それらが意識的にEUの戦略として構築されている状況を明らかにした。

　第Ⅱ部では，具体的な政策分野を取り上げ，それぞれの政策分野でEUがどのように規制力を行使し，その規制力が十分発揮されているかどうかを明らかにした。第5章では競争政策を取り上げ，EUの市場の引力などが規制力となってグローバル市場での大きな権力を獲得していることを明らかにしているが，同時に標準作りの場がグローバルなレベルで十分整っておらず，ゆえに標準作りという点では十分な力が発揮されていないことを明らかにした。第6章では世界貿易機関（World Trade Organization: WTO）を舞台としたEUの国際貿

易における規制力を「動物福祉」というテーマから分析し、EU の規制力は EU 自身の資源や装置だけでは成立せず、WTO によって正当化されなければならない点を明らかにした。第7章では、環境政策の分野において、EU の規制力が一方では環境規範の形成にあり、他方で経済戦略に基づく市場の引力を活用した規制力として描かれている。第8章では、リーマン・ショック後の国際金融の分野において、EU は国際金融ガヴァナンスのメカニズムを作り出すために、その規制力を活用したが、足元のユーロ危機が収まらない限り規制力を発揮することも国際金融ガヴァナンスのメカニズムを有効なものにすることもできないことを示した。第9章では、アメリカがその規制力を発揮して設定したグローバルな標準に対し、域内市場統合を果たした EU が挑戦する姿が描かれ、EU が対外的に規制力を発揮することで、対内的にも規制力が強まることが明らかにされた。

　第Ⅲ部は EU の規制力がグローバル市場だけでなく、非市場分野においても発揮されているかを検証してみた。第10章では、EU の入管政策がとる「人の管理」の難しさと、それに含まれる価値観が一方では域内での自由を、他方では非 EU 市民の排除と結びついており、EU の規制力が、文字通り他者を排除する力にもなっていることを批判的に検討した。続く第11章では、国際的な援助政策において EU が主導的な役割を果たしているのは、EU に近接し、EU が強くコミットしている国々であり、「標準的」な援助政策においては表面的には EU の価値が推進されているとはいえ、実態が十分にともなっていないことが指摘されている。第12章では、EU の平和構築活動、特にボスニアにおける平和構築を取り上げ、EU は平和構築においても規制力を持ちうるが、それを支える基盤は脆弱であり、様々な条件が整わなければ、その規制力を発揮することが出来ないと論じている。

2　EU の規制力の特性

　これらの議論を通じて見えてきたのは、EU の規制力の特性として、(1)市

場の引力はかなりの影響力を持つ，(2)集合的行動能力は国際的なデジュール・スタンダードを定める場においては有効に機能する，(3)アジェンダ・セッティング能力は新規の分野においては効果を持つが，それだけで規制力を担保することにはならない，(4)普遍性（universality）はEUの規制力の資源となりうる一方，EUの価値の矛盾も明らかにする，という四点が挙げられる。少し詳しく見ていこう。

(1) 市場の引力の有効性

第Ⅱ部で見てきた，様々な政策分野で最も顕著にEUの規制力に貢献していたのは市場の引力であった。第5章の競争政策では，EU市場から排除されることの損失の大きさが他国の企業を律する力となっており，第7章の環境政策においても，排出権取引や統合製品政策などは市場の引力抜きには，EUのルールがグローバル化することはなかったであろう。また，非市場分野である第12章の平和構築においても，EU市場に加入するという期待がEUの規制力となっていた側面があり，第11章の援助政策を見ても，EUに近接した国ほどEUの影響力が強い。しかし，同時に第6章の貿易政策で見てきた，WTOにおけるEUの価値実現の困難さは，国際的なルールが確立している分野におけるEUの規制力には限界があり，市場の引力だけでEUの規制力を判断することはできない。

(2) 集合的行動能力の機能

集合的行動能力はデジュール・スタンダードを設定する場が国際的に認知され，そこでのルール作りが決定的な意味を持つ場合，有効である。第4章の標準化戦略で見たようなスタンダード形成過程におけるEUの規制力は他のアクターには見られない特性であり，また，第9章の航空政策で見たように，EUが域内で共通政策を実施することによって，国際的なアクターとして認められるという側面もある。しかし，第8章の国際金融ガヴァナンスで見たように，EUが足元の問題を解決できなければ，それだけ規制力は低下し，グローバル

なガヴァナンス・メカニズムの中で影響力を維持することは困難である。

(3) 新規分野で発揮されるアジェンダ・セッティング能力

アジェンダ・セッティング能力が強く発揮されたケースとしては，第7章の環境政策や第8章のリーマン・ショック後のG7における国際金融ガヴァナンスの仕組みづくり，第11章のミレニアム開発目標（Millennium Development Goals: MDGs）を主導したケースが挙げられるが，本書の分析では必ずしもEUの規制力の恒常的な源泉として機能したとは言えない。第6章の「動物福祉」という普遍的な価値を貿易ルールのアジェンダとして持ちこもうとした際も，既存の規範やルールに阻まれるかたちとなっている。また，第11章のMDGsように，EUが設定したアジェンダがEUによって実施されていないといった問題もみられる。その意味で，アジェンダ・セッティング能力は，まだ明白な規範やルールが確立していないところでは有効であるが，すでに国際的な規範やルールがあるところでは，十分機能しないといえよう。

(4) 諸刃の刃となる普遍性

EUが規制力を持ちうる背景には，特定の利益を代弁していないという不偏性があるとの仮説をたてたが，現実には，EUはすでにグローバルな場でのアクターであり，EUという存在がすでに特定の利益を代表していると見られるようにもなっている。第4章で見た標準化戦略や，第7章の経済戦略としての環境規制，第5章で見た競争政策においても，産業的利益を背景にしていると疑われるケースもある。他方，EUの規制が持つ価値の普遍性は，EUの規制力に強く影響している。第2章で見たように，EUの「正義」は公共善として他国に共有されるものとして設定され，様々な法的装置を通じて実践されている。また，第7章の環境政策でも明らかにされたように，EUが独自の正義と価値を単独主義的に実現しようとすることも見られる。

しかし，この普遍性は同時にEU自身の価値の矛盾を突きつけることとなる。第10章の入管政策で見られたように，EU市民の普遍的な権利を擁護すること

終章　EUの規制力と日本へのインプリケーション　**271**

は，同時にEU域外の人々を排除し，差別的に対応していくことを意味し，その普遍性が域内にとどまるどころか，積極的に他者を排除するメカニズム（たとえばFRONTEX）を生み出してしまう。また，第12章の平和構築においても，「人間の安全保障」という普遍的な原理を掲げながら，「野蛮な他者」を生み出し，EU域内の安全保障を追求しながら，他者の利益を追求するという矛盾を抱えることを示している。つまり，EUが掲げる普遍性が，EUのための普遍性である限り，EUが行う様々な政策に矛盾が生じ，EUの規制力が根本から疑われるような状況を生み出しうる。その意味で，国際社会に「普遍的である」と受け取られている間は，EUの規制力としての源泉となりうるが，EUの行動が普遍的価値と矛盾することが明らかになってくれば，規制力にとってマイナスに働くこととなるだろう。その一つの例が第6章で論じたEUの「動物福祉」の例なのではないだろうか。

このように，EUの規制力は様々な制約と条件の下で，一定の矛盾を孕みながら，政策分野ごとにそのあらわれ方を異にしている。しかし，どの政策分野においても，EUはグローバルなアクターとしての能力とパワーを備えており，グローバル・スタンダードが形成される過程において，無視できない存在であることは間違いない。

3　日本へのインプリケーション

日本においても，グローバル化が進む中で，日本製品の国際競争力が低下していることや，日本がグローバル・スタンダードを押し付けられ，規制の変更を余儀なくされているといった認識が高まり，ここ数年，様々なかたちでグローバル・スタンダードや国際標準といった問題に注目が集まるようになった（磯山，2010；経済産業省，2006；坂村，2005；奈良，2004）。しかし，その多くは日本が持つ技術力が他国に先駆けて新たな製品を開発し，デファクト・スタンダードを獲得するということに力点が置かれ，本書で扱ってきたデジュー

ル・スタンダードを得るためにはどうすればよいのかという議論はなおざりにされてきた（若干の例外として渡部・中北，2002）。また，「規制」を巡る議論は，主として「規制緩和」の問題として取り上げられることが多く，技術力によるデジュール・スタンダードの形成といった「攻め」の姿勢よりは，いかに規制緩和が日本の雇用市場や製品市場，あるいはリスク管理にマイナスの効果を持ったのか，といった議論が中心であった（たとえば『世界』2010）。

しかし，本書で論じてきたように，現代世界においては，デジュール・スタンダードを獲得し，自らの理念や価値を規制というかたちで実現させることで，望ましい世界を形成し，合わせて自らの利益を実現する，EUというアクターが現れている。EUは，これまでの支配的な規制力を持ったアクターであるアメリカに挑戦し，また，新たに現れうる他のアクターよりも優位に立つべく，その規制力を発揮し，グローバルな場におけるパワーとしてきた。こうしたグローバルな規制力のせめぎあいの中で，日本が埋没することを避け，その存在感を維持するためにも，日本自身が規制力を高める必要に迫られているといえよう。

では，日本はどのようなかたちで規制力を高めることが出来るのだろうか。本書の分析を踏まえれば，(1)市場の引力の活用，(2)集団的行動能力を高めるための仲間作り，(3)望ましい世界を作るためのアジェンダ・セッティング，(4)普遍性を持った説得，の四つであろう。これらの要素は密接に関連しているため，ここではひとまとめにして論じておく。

(1) 日本の取るべき戦略

中国に追い越されたとはいえ，日本は世界第三位の経済規模を持っている。つまり，日本はそれだけ大きな市場を持っていることにほかならない。したがって，日本市場に参入し，日本で利益を上げようとする企業は少なからずあるはずである。にもかかわらず，日本はこれまで外国資本を排除する性格の強い規制を適用し，いわゆる「ガイアツ」によって規制緩和を進め，市場を開放するというパターンを取ってきた。また，規制緩和によって市場を開放しながら

も，様々な商慣行や目に見えない障壁によって外国資本の参入は予想されていたよりは大きくない。

しかし，このような防衛的規制と「ガイアツ」による規制緩和という二極化された対応では，グローバルな場における規制力を獲得することは困難である。そこで，EU の経験が参考になるであろう。EU は自ら市場を開放し，外国資本を積極的に受け入れる姿勢を見せながら，同時に，EU の規制を外国企業に説得し，時には一方的に適用しながら，EU の市場に参入するための条件として，自らの規制を域外諸国に受け入れさせてきた。その際，重要になったのは，外国企業に対して毅然とした態度を取ること（たとえば第 5 章で見たように EU の合併規制に対する批判は激しくとも，「ガイアツ」に負けずに立場を一貫させること）であり，また，自らの規制を対外的に説明していくこと（たとえば第 7 章で見たように EU が環境規制で見せたような普遍的価値に基づく説明）であった。日本でも，たとえば米国産牛肉の BSE 問題などでは，科学的根拠を前面に押し出し，自らの規制を論理的に説明しながら適用したが，「ガイアツ」を受け，次第にその立場を軟化させ，結局，一定の条件をつけながらもなし崩し的に米国産牛肉を受け入れるようになっていった。

また，しばしば普遍的な価値に基づく積極的な働きかけを行った場合でも，グローバルな規制作りの場で味方となる仲間を獲得できずに，規制力を発揮することが出来ないケースも数多くある。たとえば，第 8 章で論じた国際金融ガヴァナンスの枠組みとなるバーゼル III の策定過程では，日本は様々な提案を行い，部分的には実現したが，全体でみれば EU に押し切られた印象が強い（大山，2011）。また，本書では扱わなかったが，国際会計基準を巡る攻防でも，日本は多勢に無勢という状態となり，EU が進める国際基準を受け入れざるをえなくなっていった（磯山，2010）。日本はこれまで防衛的な規制を適用し，自国市場を守ることが主眼となった規制政策を展開していたことで，自らが中心になって他国を巻き込み，共同で規制を作っていくことができなかった。時折，国連安保理入りを目指す国々で作る G4（日本，ドイツ，インド，ブラジル）や，WTO のドーハラウンドで農産物の関税を守ろうとする G10（韓国，

スイスなど）と共同歩調を取ることはあるが、これらは利益を共有する集まりではあっても、価値観や理念を共有するとは言い難い集団でしかなく、互いに規制を共同で策定し、それらを自国に適用したうえで、対外的にもその正当性を主張するといったかたちの運動に展開しきれていない。その意味で、単に共同歩調を取る以上のコミットメントのある仲間を作ることが大事になってくる。その意味では、近年大きな議論を巻き起こしたTPP（環太平洋パートナーシップ協定）への参加は、日本がアメリカやオーストラリアなどと規制を共有し、それをグローバルな規制形式の場に反映させるチャンスとなると考えられる。しかし、このTPPへの参加をめぐる議論でも、いかに日本の利益を守るか、という議論に終始してしまい、日本がグローバルスタンダードを作るための仲間作りという議論はほとんどなされなかった。

　また、日本はアジェンダ・セッティングの場面においても、しばしば後れを取ることが多く、グローバルなスタンダードを確立することが出来ていない。しかし、いくつかの例外はある。たとえば、緒方貞子が中心となり、国連の舞台で推し進めた「人間の安全保障」というコンセプトは、いまや世界の援助政策、平和維持・平和構築の基盤的概念となっており[1]、日本がアジェンダ・セッティングを通じて望ましい世界を作る規制力を発揮した例として見ることが出来るだろう。しかし、こうした例は稀であり、人間の安全保障の場合も、日本政府がかなりのエネルギーとリソースを投入し、諸外国と理念を共有するという多大な努力を払った結果であり、毎回こうしたことを実現しようとすると、相当なリソース（人員や財源）を必要とする。したがって、すべての分野でアジェンダ・セッティングをリードすることはできないとしても、戦略的にどの分野にエネルギーを投入し、自らが望ましいと思える世界を作っていくのか、という判断をしなければならないだろう。

　また、人間の安全保障という概念を基軸として日本が規制力を発揮していった背景には、この概念が普遍的な価値を持っていたことを忘れてはならない。人間の安全保障という概念自体は国連開発計画（United Nations Development Programme: UNDP）が提起したものであり、日本のアイディアというわけで

はなく，ゆえに普遍性を得やすかったことは否めない。今後，日本が規制力を発揮していくうえで，自らの手で普遍性のある理念や価値を規制のかたちに落とし込み，それを実現していくためのエネルギーとリソースを投入していくことが必要となるだろう。

(2) 東アジア地域統合へのインプリケーション

最後に，日本が規制力を獲得するうえで東アジアの地域統合が持つ可能性を検討してみたい。東アジアは，当然のことながら，ヨーロッパとは異なった政治経済状況にあり，地域統合がすぐに実現するという兆しは見えない。しかしながら，企業活動がグローバル化し，東アジア地域における相互依存は急速に深まっている。日本企業の多くは東アジア各国に生産拠点を持ち，東アジア地域の貿易額は10年間で約8倍の伸びを示している（経済産業省，2010）。また，1997年のアジア通貨危機によって，この地域における金融秩序は一蓮托生であることが明白となり，2000年のチェンマイ・イニシアティブに代表される地域通貨秩序の形成も進んできている。

しかしながら，こうした経済的な協力関係や相互依存の深まりは，まだ十分に政治的，政策的なレベルにまで展開されてはいない。その背景には，領土問題や歴史問題など，容易に解決できない問題があることは確かだが，それ以上に，東アジアの国々は，各国経済の発展段階にあり，他国と政策や規制のすり合わせを行うことで，自らの成長戦略が妨げられることを嫌う傾向がある。そのため，仲間を作ってグローバルな場における規制力を発揮するということには積極的ではなく，既存のグローバル・スタンダードとうまく折り合いをつけながら，自国の経済成長を優先するという戦略を取っている。それは，まさに日本が明治以来，とりわけ第二次世界大戦後とってきた戦略であり，その意味で日本が範を示したかたちになっている。

とはいえ，これからさらにグローバル化が加速する世界にあって，日本も，そして東アジアの国々も，これまで通りの規制戦略を続けるわけにもいかなくなるだろう。リーマン・ショック後の世界において，欧米諸国の経済が様々な

危機によって衰退の道を進む中，東アジアの経済は危うさを抱えながらも成長を続けている。グローバル・スタンダードが衰退していく EU やアメリカによって定められることを，いつまでも東アジア諸国が甘受するような状況ではなくなっていくであろう。そんな時，グローバル・スタンダード形成の場で経験を積み，一定の発言力と市場の引力を持つ日本が中心となり，一方で TPP を通じて，アメリカや環太平洋諸国と規制を調整し，他方で東アジアの国々と規制をすり合わせ，グローバルな場でそれを実現していくことは，日本のみならず，東アジア共通の利益にもなるだろう。そうした観点からすると，東アジア地域における経済統合，市場統合を進め，規制をすり合わせて行くことで，規制力を獲得し，グローバル・スタンダードの形成に影響力を発揮するという戦略こそが，日本の進むべき道なのではないだろうか。

参考文献

磯山友幸（2010）『国際会計基準戦争　完結編』日経 BP 社。
大山剛（2011）『バーゼルⅢの衝撃：日本金融生き残りの道』東洋経済新報社。
経済産業省標準化経済性研究会編（2006）『国際競争とグローバル・スタンダード：事例にみる標準化ビジネスモデルとは』日本規格協会。
経済産業省（2010）『通商白書　2010年版』。
坂村健（2005）『グローバルスタンダードと国家戦略』NTT 出版。
『世界』（2010）「グローバル資本主義・国家・規制」2010年10月号。
奈良好啓（2004）『国際標準化入門』日本規格協会。
渡部福太郎・中北徹編（2002）『世界標準の形成と戦略――デジューレ・スタンダードの分析』日本国際問題研究所。

注

(1) 「人間の安全保障」という概念自体は1993年に国連開発計画（UNDP）が提起したものだが，これが国連の場で討議され，グローバルなスタンダードとなる過程では日本の関与は大きく，緒方貞子とアマルティア・センが共同議長を務めた「人間の安全保障委員会」の最終報告が2003年に出されたことでグローバルな認知を得たと判断できる。

あとがき

　ギリシャ発のソブリン危機が経済・政治・社会にまたがる EU の実存的危機へと深化してこのかた，EU の話をすると，「タイミング悪いですねえ」などと冷やかされる。とんでもない。その逆である。この最悪に見える時期にこそ，EU が静かに行使し続けるグローバルな規制への影響力とその源泉・特質・限界を明らかにしておく必要がある。そう意気込んで編んだのが本書である。

　かつて ECSC や EEC であった時代から，EU は毀誉褒貶の的となってきた。それは国家間の合意から生じ，常に加盟国との緊張関係を抱えながら，全体として加盟国の役に立つよう進化してきた。1965-66 年，1980 年代前半，1989-91 年，1992-93 年，2005 年と，断続的に――ときに深刻な――危機に見舞われ，そのたびに「欧州悲観主義」なるものに陥ってきた。危機は統合史の一部ともいえる。

　そうした EU が織りなす継続と変化。本書はそれを世界標準・規制のポリティクスに絞って検討した。グローバル化に背を向ける議論が横行するなか，「世界」やグローバル・スタンダードはまるで外から「黒船」がやってくるかのように語られる。そうだろうか。ここで取り上げる具体的な考察や事例は，そうした標準や規制が「天から降ってくるもの」でなく「誰かがつくるもの」であることを教えてくれる。その様な人為性の意識の下で，EU が標準や規制を「自らが作りに行く」ものとして戦略的に考えていることをも示している。それは，規模の確保，仲間づくり，国際組織での代表性の確保に始まり，普遍的な仕掛けの中でルール設定をすることで自己利益をうまく保全する知恵を授けてくれるのである。

　日本もまた，環太平洋経済連携協定（TPP）や ASEAN を中心とした大市

場構想など，多国間交渉と向き合わねばならなくなっている。その際，いくら国内市場への依存度が高いからといって，少子高齢化で国内市場の大きな伸びが期待できない中，グローバルな市場に背を向けるわけにもいかない。逆に，貿易自由化によって，国内で築き上げてきた環境や安全関連の規制を撤去してしまうわけにもいかない。こうしたジレンマは，標準や規制を多国間の中で共有することで，ある程度減らして行くことができるのである。EUの事例はここでも効いてくる。

他方，豊かではあっても低成長の経済がすでに前提となり，軍事大国への野心ももたぬ日本は，世界や地域にどのように影響力やプレゼンスを確保していくのか。ここでもまた，相対的に豊かで成熟し，かねてから軍事に偏重せぬシビリアン・パワーとして位置づけられてきたEUは，市場と離れた分野でも一定の力を確保してきたのである。

これらのEUイメージは，独仏が和解したという平和的観点からのみ捉えるものとは異なるに違いない。しかし，このイメージはまた，戦後60年たってヨーロッパでとうに戦争が想像できなくなっても，なぜEUが生きながらえているのかを逆に説明することにつながろう。それは，やや単純化して言えば，成熟国家が単独では得られない影響力をジョイントで確保するメカニズムなのである。

本書では，危機にあるEUを軽視もせず，平和の観点のみからも語ることもせず，標準・規制の分野における実像を追求した。その際，意識して比較的若い研究者をリクルートしながら，日本における多国間規制研究の世代的橋渡しを図ったことも申し添えたい。率直に言って，彼らのパワフルな研究に，もはや若手とは言えぬ世代が刺激を受けたというのが実情に近いだろうが。

なお本研究は，私が代表を務めた日本学術振興会科学研究費基盤研究B「規制帝国=EUの歴史的形成と展開」（2008～11年度）の成果の一部であるとともに，北海道大学グローバルCOEプログラム「多元分散型統御を目指す新世代法政策学」（代表・田村善之教授，2008～12年度）からも支援を受けた。二人

三脚で歩んでくれた同僚の編者や本書への寄稿者はいうまでもなく，このささやかなプロジェクトの完遂に力を貸してくれた人すべてに心からの感謝を捧ぐ。

日々雪深まる北国にて

編者代表　遠藤　乾

索　引

人名索引

ア行

アッシュダウン, パディ（Paddy Ashdown） ·· 241, 253
ウェステンドルプ, カルロス（Carlos Westendorp） ·· 252
オバマ, バラック（Barack Obama） ·· 168

カ行

ガイトナー, ティモシー（Timothy Geithner） ··· 167
カジェハ, ダニエル（Daniel Calleja） ··· 191
クーパー, ロバート（Robert Cooper） ··· 202, 245
クリントン, ウィリアム・ジェファソン（ビル）（William Jefferson Clinton） ·········· 244
グレッチ, ポール（Paul Gretch） ·· 188
ケーガン, ロバート（Robert Kagan） ·· 202
コックス, ロバート（Robert Cox） ·· 242

サ行

サッチャー, マーガレット（Margaret Thatcher） ·· 64
サルコジ, ニコラ（Nicolas Sarkozy） ·· 164
ストロー, ジャック（Jack Straw） ·· 245
ソラナ, ハビエル（Francisco Javier Solana） ··· 255

タ行

ダフィールド, マーク（Mark Duffield） ·· 246
デ・ヴァール, アレックス（Alex de Waal） ··· 250
デュウース, ルノー（Renaud Dehousse） ··· 64
ドロール, ジャック（Jacques Delors） ··· 38

ハ行

バロー, ジャック（Jacques Barrot） ·· 189
ハンセン, レネ（Lene Hansen） ··· 256
ハンフリーズ, マイケル（Michael Humphreys） ·· 251
ブラウン, ゴードン（Gordon Brown） ··· 177
ブレア, トニー（Anthony Blair） ·· 245
ベック, ウルリヒ（Ulrich Beck） ·· 210

マ行

マヨーネ, ジャンドメニコ（Giandomenico Majone） ································ 7, 31, 208
ミネタ, ノーム（Norm Mineta） ··· 189

メルリンゲン, マイケル (Michael Merlingen) 257, 261
モンティ, マリオ (Mario Monti) 114

事項索引

ASEAN 156, 157, 159, 230, 277
Better regulation（健全な規制）...... 93
CIRAM（Common Integrated Risk Analysis Model）...... 208
CRAF（Civil Reserve Air Fleet: 民間予備航空隊）...... 187
CRATE（Central Record of Available Technical Equipment）...... 208
EPN（European Patrols Network）...... 207, 208
EU 機能条約（TFEU）, EU 運営条約 38, 39, 41, 52, 60, 112, 141, 142
FRONTEX 11, 201, 204, 207-210, 212, 214, 216-218, 220, 271
G2 ...... 4, 17
G20 ...... 162, 164-169, 173, 175, 177
G7 ...... 19, 162-164, 167
G8 ...... 5, 19, 97, 177
GE/ハネウェル事件 121-123
NGO 11, 22, 92, 159, 232, 249
OECD 1, 18, 151, 233, 238, 239, 249
PIIGS 諸国 170
RABITs 209
REACH 規則 154, 155, 157, 159
RoHS 指令 155-157, 159
WEEE 指令 155-157, 159

ア行

アイデンティティ 10, 145-147, 154, 156, 157, 210
アキ・コミュノテール（既得成果）...... 28, 29, 38, 173, 227, 228
アザラシ製品規則 131-138, 141-143
アジア 59, 87, 101, 152, 157, 162, 177, 225, 229, 230, 232, 275, 276
アジェンダ・セッティング 21-23, 28, 58, 164, 166, 169, 175, 186, 191-194, 269, 270, 272, 274
アフガニスタン 12, 17, 19, 248, 250, 251, 262
アフリカ 6, 11, 12, 17, 26-28, 177, 205, 218, 224, 229, 234, 236, 240, 247, 250, 254
アムステルダム条約 209, 244

アメリカ（米国）...... 6, 9-13, 17-19, 24, 25, 27, 53, 61, 87, 89, 100, 101, 103, 112, 115, 119, 120, 122, 123, 125, 132, 146, 151-153, 158, 159, 162, 163, 165-170, 174, 177, 178, 181, 182, 184-196, 197, 202, 221, 224, 225, 229, 230, 234, 243-245, 247, 251, 258, 263, 268, 272-274, 276
アライアンス 193, 195-197
アラブの春, アラブ革命 17, 26, 27, 204, 240
アンチダンピング 70, 71
安定化・連合協定（SAA）...... 252
安定化・連合プロセス（SAP）...... 227, 245, 252
域内市場白書 64, 79
域外適用 43, 119, 120, 152
イギリス 73, 75-78, 81, 85, 86, 100, 101, 103, 124, 152, 158, 196, 218, 219, 244, 245, 251, 263
イタリア 74, 158, 170, 172, 173, 178, 205, 206, 217, 218
遺伝子組み換え食品 23
遺伝子組換生物（GMU）...... 146
移民, 不法移民 11, 12, 19, 26, 77, 203-208, 210-212, 214, 217-220
イラク戦争 17, 25, 251
引力 5, 27, 35, 104, 111, 113, 114, 124, 130, 153, 162, 209, 252, 253
ウィーン協定 103-106
ウクライナ 169, 218, 224, 227, 247, 254, 263
欧州安全保障戦略（ESS）...... 245, 255
欧州安全保障防衛政策（ESDP）...... 244, 245, 247, 260, 261
欧州委員会 7, 38, 40, 55, 91-97, 101, 102, 105, 106, 114, 115, 121-123, 125, 126, 131, 134, 137, 142, 143, 148, 151, 152, 163, 164, 174, 177, 178, 183, 186, 188, 191, 192, 207, 223, 232-234, 245, 253
欧州委員会ガヴァナンス・インセンティブ・トランシェ（ECGIT）...... 232
欧州開発基金（EDF）...... 85, 225, 226, 228, 232, 236, 240
欧州議会 55, 65, 66, 79, 85, 106, 131-134, 142, 143, 215, 220
欧州基本権憲章 48

欧州金融安定ファシリティ（EFSF）…171,178
欧州近隣政策（ENP）……11,201,204-206,208,
　211,214,217,218,231,245
欧州近隣パートナーシップ措置（ENPI）
　………………224,227,228,236,240
欧州経済共同体（EEC）………61,66,73,86,105,
　126,277
欧州原子力安全規制者グループ（ENSREG）
　………………………………………97
欧州原子力共同体………………………………77
欧州憲法条約……………………………4,47
欧州司法裁判所（ECJ），EU 司法裁判所
　……41,42,46-56,60-62,72,74,117,120,126,
　142,152,183,186
欧州食品安全機関（EFSA）……………134,140
欧州人権裁判所………………206,215,218,220
欧州人権条約……………………………48,61
欧州対外行動庁（EEAS）………………226
欧州中央銀行（ECB）………8,163,172,173,176-
　178
欧州電気通信標準化協会（ETSI）…91,103,105
欧州電気標準化委員会（CENELEC）…91,103,
　105
欧州統一規格（EN）………………91,238,263
欧州標準化委員会（CEN）………91,92,95,103-
　105,107
オープンスカイ協定………11,181,182,184-187,
　189-194,196
オープンスカイ判決………………………186
オランダ…………68,74,131,158,185,189,219

カ行

開発協力措置（DCI）……225,228,229,236,240
科学……23,24,35,59,74,107,133,134,137,140,
　142,259,263,273,278
化学品の分類・ラベル付けのための世界調和制
　度（GHS）………………………………147
カシス・ド・ディジョン…………………79
ガスプロム…………………………………114
合併規制………………119-121,123,125,273
カディ事件……………………………54,55
加盟候補国………………………29,173,231
加盟前支援措置（IPA）……81,82,173,224,227,
　228,235,240
関税および貿易に関する一般協定（GATT）
　……56,57,61,132,135-137,139,140,142,143

関税同盟……………………………61,70,72,78
管理委員会…………………66,67,69-72,80,83,85
気候変動（地球温暖化）………23,146,147,149,
　150,159
気候変動枠組条約締約国会議（COP15,
　COP16, COP17, カンクン合意）……147,149
規制委員会…………………66,67,70-74,80,83,85
規制帝国……5,12,28-30,33,139,195,204,211,
　212,215,278
規制の輸出…………………………130,138
北大西洋条約機構（NATO）………61,251,252
規範……2,3,10,23,28,38,44,45,50,52,54,60,
　88,89,105,125,145,146,148,157,202,203,
　207,221-223,230,232,235,236,241,246,248-
　250,254,257,259,268,270
キャップアンドトレード…………………150
境界地…………………………………214
共通安全保障・防衛政策（CSDP）………208
共通外交安全保障政策（CFSP）……25,61,245,
　260
共通航空領域（CAA）……………………186
共通農業政策（CAP）………67-70,84,151,158
共同決定……………………………55,66
金融安定化フォーラム（FSF）…162,163,167,
　177
金融安定理事会（FSB）……………………177
グッド・ガヴァナンス……………………224,232
グループ経済単位の法理………………120
グローバル・ガヴァナンス………4,12,105,242
グローバル・スタンダード（世界標準）………1,
　3-5,8,10,12,13,24,87-90,94,97,102-105,
　151,192,193,271,275-277
経済ガヴァナンス（Economic governance）
　………………………………171,172,174
経済パートナーシップ協定（EPA）………228
結束基金……………………………174
原子力（発電）（原発）……6,22,97,102,103,149
公共財……………………………89,105,166
国際化学品管理戦略アプローチ（SAICM）
　………………………………147
国際原子力機関（IAEA）………………97
国際炭素行動パートナーシップ（ICAP）……151
国際通貨基金（IMF）……5,18,25,162,165,168,
　169,173-175,178,229-231,236,237,255
国際電気通信連合（ITU）…………91,103,105
国際電気標準会議（IEC）………91,103,105-107

索　引

国際標準化機構（ISO）…3, 5, 88, 91, 95, 99-107
国際民間航空機関（ICAO）………152, 159, 192, 193, 196
国際連合（国連）……5, 25, 52-54, 57-59, 61, 62, 102, 146, 147, 164, 177, 206, 242-244, 250, 262, 273, 274, 276
国際労働機関（ILO）……………………………44
国連欧州経済委員会（UNECE）……………102
国連環境開発会議（リオ・サミット）………146
コソボ紛争……………………………244, 258
国家戦略文書（CSP）…224, 226, 230, 233, 234, 236
コトヌー協定……………………………………228
コペンハーゲン基準……………………………227
コミッティー・メカニズム……………………64
コルペール（共同体常駐代表）…………64, 76
コンゴ民主共和国……………………248, 250
コンディショナリティ………2, 169, 226-229, 231

サ行

再生可能エネルギー…………………………149
債務危機……26, 161, 162, 166, 170-173, 175, 178
産品非関連PPM規制………………135, 142, 143
シェンゲン協定、シェンゲン………26, 204, 209-211, 214, 218, 219
シカゴ・バーミューダ体制……………………184
自主規制…………………21, 37, 40, 57, 167, 168
市場の引力………9, 10, 27, 28, 113, 123, 130, 162-164, 166, 169, 173, 175, 186, 188, 190, 194, 210, 267-269, 272, 276
実施法理………………………………………120
シティズンシップ……11, 202, 214, 215, 217, 220
指導者委員会………………………………68, 69
市民社会……44, 58, 204, 235, 249, 254, 256, 257
諮問委員会…………………………………66, 67
集合的行動能力…25-27, 162-164, 166, 169, 175, 204, 269
自由貿易協定（FTA）………………52, 61, 129
主権……19, 20, 25, 37, 39, 46, 48, 53, 75, 76, 81, 172, 175, 182, 203-207
消費者保護………………………………63, 79, 97
人権……2, 12, 24, 26, 43, 48, 52, 54-58, 62, 201, 206, 207, 220, 221, 224, 230-232, 235, 236, 241, 246-248, 255, 257, 259
新自由主義…………………………………230-232
人道性…………………10, 131, 133, 134, 137, 138

新方式（ニュー・アプローチ）……40, 90, 92, 93
制裁金………………………111, 114-118, 124-126, 174
制裁金の減免制度（リニエンシー制度）……116
政府開発援助（ODA）……221-223, 225, 234-236
世界銀行………………………………………229-231, 236
世界貿易機関（WTO）（パネル，上級委員会）
　　……………6, 10, 18, 19, 43, 44, 52, 53, 61, 94-96, 129-144, 228, 267-269, 273
世界保健機構（WHO）…………………………44
セキュリタイゼーション……………210, 218, 219
説得力………………………23, 24, 28, 47, 48, 230, 236
先決裁定制度……………………………41, 42, 48
組織犯罪……………………………………………257
ソフト・パワー……………………………………89
ソフト・ロー…………………………………40, 45
ソブリン危機（ユーロ危機，ギリシャ危機）
　　…………………1, 4, 7, 11, 26, 32, 175, 268, 277

タ行

多国間（主義）（マルチラテラル，マルチ）…6, 9, 10, 22, 53, 59, 64, 105, 129, 146-148, 152, 181, 182, 190, 207, 277, 278
単独主義（ユニラテラル）……129, 147-152, 270
治安部門改革（SSR）……243-253, 256-260, 263
地球温室効果ガスイニシアティブ（RGGI）
　　………………………………………………151, 158
中国…17, 24, 25, 27, 89, 124, 139, 152, 162, 164, 229, 272
直接効……………………………………48-50, 60
デイトン合意…………………………243, 251, 252
適合解釈…………………………………………50
テクノクラート………………………………31, 210
デジュール・スタンダード（標準）…3, 92, 93, 209, 269, 271, 272
デファクト・スタンダード（標準）…3, 21, 92, 206, 271
テロ…11, 12, 19, 53-55, 59, 61, 191, 223, 244, 245
ドイツ…26, 48, 100, 101, 124, 149, 158, 166, 171-174, 185, 196, 219, 263, 273
東欧………………………27, 38, 174, 188, 194, 227
統合製品政策（IPP）………………153, 154, 269
動物福祉……10, 130, 136-139, 141, 143, 268, 270, 271
東方拡大………………………………6, 63, 188
特別農業理事会（CSA）……………………69, 84

ナ行

ナショナル・フラッグ・キャリアー………… 182
難民………… 12, 204, 205, 208, 210, 215, 219, 252
難民の地位に関するジュネーブ条約………… 205
ニース条約………………………………… 51, 226
二国間（主義）（バイラテラル，バイ）…… 58, 62, 97, 129, 139, 147, 148, 152, 178, 184-187, 190, 196, 205, 218, 219, 221, 224, 230, 245
西海岸気候イニシアティブ（WCI）………… 151
西バルカン……………………… 173, 174, 224, 252
日本… 4, 6, 9, 12, 13, 19, 24, 27, 33, 57-59, 62, 81, 89, 97, 105, 112, 114, 120, 125, 140, 151, 153, 156, 157, 159, 162, 165, 166, 175, 177, 178, 222, 271-276, 277, 278
人間の安全保障……… 255, 256, 262, 271, 274, 276
ヌーベル・フロンティエール判決………… 183

ハ行

バーゼル銀行監督委員会（BCBS）…… 162, 163, 165, 166, 173, 177
排出量取引制度（ETS）……… 149, 150-152, 158, 159, 192, 195, 197, 269
排他的権限…………………………… 39, 50, 51, 55
覇権国……………………………… 18-21, 24, 29
標準化指令……………………………… 90, 91, 103
貧困削減戦略文書（PRSP）…………… 230-232
フォーラム標準……………………………………92
不偏性………………………………………… 23, 270
普遍性（普遍的価値）…… 9, 10, 24-26, 28, 52, 58, 138, 209, 220, 241, 254, 256-258, 269-273, 275
フランス…… 2, 22, 40, 48, 59, 64, 68, 69, 83, 100-103, 107, 124, 158, 163, 164, 166, 185, 189, 196, 217, 251, 263
文化の多様性…………………………………… 148
ヘゲモニー………………………………………… 6, 18
ヘッジ・ファンド………………………… 165-167, 175
ベルギー………………… 40, 131, 143, 185, 196, 219
貿易の技術的障壁に関する協定（TBT協定）

…………………………………………… 95, 135, 143
法の支配… 43, 52, 57, 58, 221, 232, 234, 241, 243, 244, 246-250, 256, 259
法もどき……………………… 9, 43-45, 47, 51, 58
ボーイング／マクドネル・ダグラス事件…… 123
保健衛生…………………………………… 63, 79
補助委員会………………………………………69
ボン・パワー………………………… 251, 253, 255

マ行

マーストリヒト条約………………… 41, 51, 223
マクロ金融支援（MFA）………… 169, 173, 178
マドリード報告書………………………………… 255
マルチ慣れ………… 22, 182, 183, 186, 190, 191, 194
民主主義，民主化… 17, 52, 57, 58, 83, 86, 204, 218, 221, 224, 228, 230-232, 235, 236, 241, 243, 246-248, 250, 255, 259
黙示的条約締結権限…………………………… 50, 51
モラル……………………………… 136-138, 143

ヤ行

ユーロ（単一通貨）… 4, 7, 26, 32, 121, 126, 149, 150, 161, 163, 169-174, 178, 221, 277
ヨーロッパ局………………………………… 67-69
予防原則……… 23, 24, 33, 45, 59, 140, 142, 143, 155

ラ行

リーマン・ショック……… 11, 161, 163, 164, 168-170, 177, 178, 234, 268, 270, 275
リスク………… 23, 26, 79, 97, 167, 208, 210, 272
リスボン条約…… 30, 39, 45, 47, 50, 52, 53, 55-57, 59, 66, 83, 85, 139, 141, 226
リビア…………………………… 205, 206, 218
ルクセンブルクの妥協……………………………76
例外状態………………………………………… 203
労働者保護……………………………………… 148
ローマ条約……………… 31, 67, 72, 77-79, 84
ロシア……… 19, 28, 113, 114, 125, 126, 142, 152, 224, 240, 246, 254, 258

【執筆者紹介】（執筆順）

中村民雄（なかむら・たみお）
　　1959年生まれ
　　東京大学大学院法学政治学研究科博士課程修了，博士（法学）
　　現在，早稲田大学法学学術院教授
　　主要業績：『欧州憲法条件――解説及び翻訳』（衆議院憲法調査会事務局，2004年）

川嶋周一（かわしま・しゅういち）
　　1972年生まれ
　　北海道大学大学院法学研究科博士後期課程単位取得退学，博士（法学）
　　現在，明治大学政治経済学部准教授
　　主要業績：『独仏関係と戦後ヨーロッパ国際秩序：ド・ゴール外交とヨーロッパの構築1958-1969』（創文社，2007年）

臼井陽一郎（うすい・よういちろう）
　　1965年生まれ
　　早稲田大学大学院経済学研究科博士課程単位取得退学
　　現在，新潟国際情報大学情報文化学部教授
　　主要業績：'The Democratic Quality of Soft Governance in the EU Sustainable Development Strategy: A Deliberative Deficit', *Journal of European Integration*, Vol. 29（5），pp. 619-633（December 2007）

青柳由香（あおやぎ・ゆか）
　　1975年生まれ
　　早稲田大学大学院法学研究科博士後期課程満期退学
　　現在，東海大学法学部専任講師
　　主要業績：「一般的経済利益のサービスの『阻害』に関する判例法理の展開と86条2項の機能」（『日本国際経済法学会年報』16号，2007年）

関根豪政（せきね・たけまさ）
　　1981年生まれ
　　慶應義塾大学大学院法学研究科博士課程単位取得，修士（法学）
　　現在，慶應義塾大学大学院法学研究科助教
　　主要業績：「GATT 第20条における必要性要件の考察――比較衡量プロセスの内容と意義に関する検討――」（『日本国際経済法学会年報』第19号，2010年）

浅野康子（あさの・やすこ）
　　1980年生まれ
　　筑波大学大学院人文社会科学研究科，修士（国際政治経済学）
　　現在，筑波大学大学院人文社会科学研究科博士課程
　　主要業績：「EUにおける『公共』サービスの自由化はなぜ起こったか――部門レジームの観点から――」（『日本EU学会年報』第28号，2008年）

河越真帆（かわごえ・まほ）
　　1966年生まれ
　　慶應義塾大学大学院法学研究科博士課程単位取得退学，博士（法学）
　　現在，鎌倉女子大学・千葉商科大学非常勤講師
　　主要業績：「航空自由化と政策アイディア──ECにおける『規制緩和なき自由化』アイディアの受容過程──」（『法学研究』第84巻第1号，2011年）

前田幸男（まえだ・ゆきお）
　　1974年生まれ
　　国際基督教大学大学院行政学研究科博士後期課程満期退学，博士（学術）
　　現在，大阪経済法科大学法学部准教授
　　主要業績：「『パスポート・ビザからみた統治性の諸問題』──『e-パスポートによる移動の加速・管理の深化』と『アフリカ大陸への封じ込め』──」（『国際政治』155号，2009年），「パスポート・レジームからみる国際秩序と世界秩序の連動──所有的個人主義，文化，そしてアイデンティティの確保──」（『相関社会科学』20号，2011年）

元田結花（もとだ・ゆか）
　　1971年生まれ
　　MPhil in Development Studies, Institute of Development Studies, University of Sussex 修了，MPhil in Development Studies
　　現在，学習院大学法学部教授
　　主要業績：『知的実践としての開発援助──アジェンダの興亡を超えて』（東京大学出版会，2007年）

五十嵐元道（いがらし・もとみち）
　　1984年生まれ
　　北海道大学大学院法学研究科修士課程修了
　　現在，北海道大学大学院法学研究科博士課程（国際政治専攻）
　　主要業績：「ヤン・スマッツの委任統治論──平和構築の思想的起源」（遠藤乾［編］『グローバル・ガバナンスの歴史と思想』有斐閣，2010年）

【編者紹介】

遠藤　乾（えんどう・けん）
　1966年生まれ
　オックスフォード大学大学院 D. Phil 修了，政治学博士
　現在，北海道大学公共政策大学院教授
　主要業績：Presidency of the European Commission under Jacques Delors: The Politics of Shared Leadership（Macmillan, 1999），『ヨーロッパ総合史』（編著，名古屋大学出版会，2008年），『グローバル・ガバナンスの歴史と思想』（編著，有斐閣，2010年）

鈴木一人（すずき・かずと）
　1970年生まれ
　英国サセックス大学ヨーロッパ研究所博士課程修了，D. Phil（Contemporary European Studies）
　現在，北海道大学公共政策大学院教授
　主要業績：『宇宙開発と国際政治』（岩波書店，2011年），Policy Logics and Institutions of European Space Collaboration（Ashgate, 2003年），『『ボーダーフル』な世界で生まれる『ボーダーレス』な現象──欧州統合における『実態としての国境』と『制度としての国境』』（『国際政治』第162号，2010年）

EUの規制力

2012年2月15日　第1刷発行		定価（本体3600円＋税）
	編　者	遠　藤　　　乾 鈴　木　一　人
	発行者	栗　原　哲　也

発行所　株式会社　日本経済評論社
〒101-0051　東京都千代田区神田神保町3-2
電話　03-3230-1661　FAX　03-3265-2993
info8188@nikkeihyo.co.jp
URL：http://www.nikkeihyo.co.jp/
装幀＊渡辺美知子　　　印刷＊藤原印刷・製本＊高地製本所

乱丁落丁本はお取替えいたします。　　Printed in Japan
Ⓒ ENDO Ken & SUZUKI Kazuto et al. 2012　　ISBN978-4-8188-2191-0

・本書の複製権・翻訳権・上映権・譲渡権・公衆送信権（送信可能化権を含む）は，㈳日本経済評論社が保有します。
JCOPY　〈㈳出版者著作権管理機構　委託出版物〉
本書の無断複写は著作権法上での例外を除き禁じられています。複写される場合は，そのつど事前に，㈳出版者著作権管理機構（電話03-3513-6969，FAX03-3513-6979，e-mail: info@jcopy.or.jp）の許諾を得てください。